和尚起義

明太祖

從前功高震主，
一朝兔死狗烹，
嗜殺臣下卻仁愛百姓

陳深名，鹿軍士 著

中國歷史上
極具傳奇色彩的平民皇帝

自元末的亂世中脫穎而出
開啟最後一個漢人大一統王朝

元末貪官橫行，朝政腐敗，天災四起，百姓苦不堪言。
在痛苦中激發出力量，在碰撞下掀起革命浪潮，
他引領這股浪潮，開創中國歷史全新局面！

他是癩痢頭皇帝──朱元璋

目錄

目錄

附錄：朱元璋年譜

目錄

前言

　　浩浩五千年的中華歷史長河，湧現出了許多帝王，他們曾經烜赫一時，有的是歷史長河中的順風船，有的是中流石，有的似春汛，有的如冬凌，有的是與水俱下的泥沙，有的是順流而漂的朽木……總之，浩浩歷史千百載，滾滾紅塵萬古名，史海鉤沉，各領風騷，薪火相傳，承繼著悠久的中華歷史。

　　在中國，帝王是皇帝和君王統稱，是封建王朝最高的統治者，擁有至高無上的權力。在周朝之前，「帝」與「王」字義相近。而在秦朝以前，帝王是至尊君主，等同「天子」。自秦嬴政稱「皇帝」後，「王」與「皇」有了區別，「王」成為地位僅次天子而掌控一方之諸侯的稱呼了。

　　在中國歷史上，「皇帝」這個名稱是由秦嬴政最先確定的，也是他最先使用的。「皇帝」取「德兼三皇、功蓋五帝」之意。秦始皇創建了皇帝制度，並自稱第一個皇帝，稱為「始皇帝」。皇帝擁有法律制定權、行政決策權和軍事指揮權。自此，中國開始了長達兩千多年的封建皇帝制度。

　　中國從西元前 221 年秦始皇稱帝起，到西元 1911 年宣統帝退位止，在兩千一百三十一年的時間裡，共產生了兩百三十位皇帝。第一個皇帝是秦始皇，最末皇帝是清朝宣統帝。其中在位時間最長的皇帝是清朝康熙帝，在位六十一年；在位時間最短的皇帝是明朝明光宗，在位僅一個月。當然，關於皇帝數量還存在多種說法。

　　這麼多帝王，我們細細思量他們在歷史上的價值，份量有輕有重。他們有的文韜武略兼備，若有蓋世奇功，開創了輝煌歷史，書寫了宏偉的英雄史詩，成為了民族的驕傲，十分值得千古讚頌；有的奸猾狡詐，堪稱混世梟

雄，糟蹋了乾坤歷史，留下了千古罵名，永遠被人們口誅筆伐；有的資質平平，沒有任何建樹，在歷史上黯淡無光，如過眼雲煙，不值一提……

　　但是，無論怎樣，帝王是中國古代中央政權的突出代表，是最高的當權者、政府和社會的核心，享有最高的權力和榮譽。作為歷史的重要角色之一，帝王是當時左右和影響國家、民族命運的關鍵人物。因此，有人忠從，有人利用，有人豔羨，有人嫉妒，有人覬覦，有人怒斥。他們充滿了謎一般的神奇誘惑力，我們能夠從他們身上，集中感受到歷史的豐富內涵與時代的滄桑變化。特別是歷朝皇帝的賢愚仁暴、國運的興衰更迭、政治的清濁榮枯、民生的安樂艱辛，都能為後世所鏡鑑。至於帝王本人的成長修養、家庭的維繫安頓、處世的進退取予、行事的韜略謀斷等，我們都可以從中受到震撼，獲得巨大的啟示。

　　總之，我們主要以這些帝王的人生軌跡為線索，貫穿真實歷史事件，盡量避免對日常瑣事的冗長敘述和演繹戲說，而是採用富於啟發性的歷史故事來表達他們的人生，尤其著重描寫他們所處時代的生活特徵和他們建功立業的艱難過程，以便廣大讀者產生共鳴並有所啟發。

頑童出家為僧

朱元璋走上前向高彬住持施了禮，此時，其他的和尚也都垂手站了起來。

只見高彬住持雙目微閉，手持佛珠，顯出一臉尊嚴。他看了朱元璋一眼後，便吩咐說：「去吧。」

朱元璋被領了出去便落了髮，然後，他換上了一件黑色破舊袈裟，又來到了法堂前。按照往常的規矩，朱元璋要由住持給「燕頂」，也就是在頭頂上用香燒出疤痕來。但是，在今天一切都從簡了。

當朱元璋向高彬磕完頭後，這個拜師與受戒儀式就算結束了。隨後，朱元璋又與各位師兄行相見合十禮，再由大師兄帶領到各殿禮佛。

出生在貧困農家

那是大元帝國文宗皇帝天曆元年，也就是西元 1328 年。這年陰曆的九月，河南的安豐路濠州鐘離縣已是秋風瑟瑟了。此時，在鐘離縣東鄉的一個打麥場，已經沒有了往日的繁忙，只有零散堆放的幾個麥稭草堆子。

與草堆相對，大場北面橫著幾間茅草屋，簡直像是更大一點兒的草堆，在寒風中瑟瑟抖動。這天清晨，草屋主人起得很早，他打開破爛的柵門，向東面的土地廟匆匆走去。他的表情有些興奮，步履也顯得很輕快，因為他的妻子又要生孩子了。

這個人名叫朱五四，今年 50 歲，是個淳厚樸實的普通農民。他臉上堆滿了皺紋，但卻呈現出和氣與慈祥、忍辱與剛強的性格。也許是生活的擔子實在太沉重了，他的上軀明顯前傾，頭髮也已經半白了。朱五四是個熱心腸，誰家要起房蓋屋或有紅白喜事，他都會主動去幫忙。

朱五四的老婆今年 45 歲了，比較爭強好勝，渴望過上美好的生活。她

幻想著即將出世的這個孩子，能給他們家帶來好的運氣。這天夜裡，她做了一個夢，只見一個仙人道士從西北來到她家南面的打麥場，將一粒白丸交給她，她吃下去後，頓時覺得熱氣下沉，滿口清香。她曾經聽父親說起過，懷孕時候夢見和尚、道士是好兆頭，孩子就會大富大貴。她急忙把五四弄醒，迫不及待地把這個好夢告訴了丈夫。

朱五四不相信有哪位神靈會賜福給他這個苦命的人，所以聽到老婆說這件事也並沒有在意。但是，他的老婆卻是那樣興奮，非叫朱五四到土地廟去燒炷香，請求土地神保佑一家平安，保佑即將出生的孩子日後能有個好的生活。

文宗天曆元年，也就是西元西元 1328 年，隨著一陣響亮的哇哇哇的嬰兒啼哭聲，朱五四的小兒子在打麥場旁的茅屋裡降生了。據說，當這個孩子出生後，朱五四抱著兒子到河中去洗浴時，恰好從遠處漂來一方紅羅，朱五四便撿來紅羅做了孩子的襁褓，後來人們稱紅羅為紅羅幛。

朱五四夫婦為這個剛出生的孩子起名重八，這是按照兄弟排行起的。後來，義軍首領郭子興覺得「朱重八」不好聽，就給他取名叫「朱元璋」了。

朱元璋出生時，大姐已經嫁給了王七一，二人結婚後不久，便相繼而亡了。大哥好歹娶上了一房媳婦，但老二老三卻難成家，沒房沒吃也沒有錢娶媳婦。被逼無奈之下，兄弟倆只好都入贅給人家做了養老女婿。後來，二姐嫁給了漁戶李貞。家裡大哥那邊又生了兩個侄兒，是個七口之家，生活也非常艱難。

轉眼之間，小元璋就度過了 16 個春秋。他雖然出生於赤貧之家，但是也自有窮人家孩子的嬌慣和滿足，乖巧伶俐的小元璋，從父母那裡得到了很多的關愛。父母還把他送到了劉家辦的蒙學館裡讀了兩年書，後來在為東家放牛割草期間，母親教了他一些《百家姓》、《千字文》一類的書，還講了很多很多的故事給他聽。小元璋也是一個很懂事很疼愛父母、哥嫂的孩子，隨

著他年齡的漸大，力氣也漸長了，他總是幫著父親和哥哥多幹些活，不管多苦多累他都頂得住。

至正四年的春天，也就是西元 1344 年，當開春轉暖不久時，村裡不少人都病倒了，病人都出現高熱、咳嗽以及眼底和皮膚下面滲出血絲血點等症狀，整個東鄉籠罩在恐怖之中，像是到了世界末日一樣。在朱五四 64 歲時，病魔向他襲來，他是極度地虛弱，接著小元璋的母親、大哥和大姪兒都病倒了。

家裡沒有病人可吃的東西，也沒有藥，聽著父母裂人心肝的一陣陣咳喘和呻吟，小元璋在半夜裡默禱上蒼，他是淚如泉湧。4 月 6 日，朱五四病亡。三天以後，朱五四的大兒子和長孫也病亡了。

小元璋痛不欲生，他是眼睜睜地看著親人在饑餓、病痛的掙扎中嚥下最後一口氣的。但是，他只能壓抑住悲哀，不敢放聲痛哭，因為他的母親也已垂危。他賣掉了家中所能變賣的一切，給母親買了一口吃的，並日夜守護在母親的身旁，希望不要再失去親人了。但是，他知道，留給他們母子相守的日子已經不多了。

4 月 22 日，慈祥和善的母親握住兒子的手抱憾而逝，小元璋號啕大哭，發瘋似的撲向母親逐漸變冷的身子。從 4 月 6 日到 22 日，在這短短的 16 天裡，小元璋家裡竟然死了四口人。小元璋眼睜睜地看著自己的親人一個接著一個地死去，特別是最疼愛自己的母親也離開了人世，他簡直被驚得目瞪口呆。

小元璋望著滿屋子躺著早已僵硬並且還在發臭的屍體，想著往日裡雖然貧困卻也溫情濃濃的家，想著母親曾為他留下的半個雞蛋……小元璋哭了，他一聲接著一聲地哭號著。朱元璋小小的年紀，就已經厭倦了這個昏暗的世界，他恨不得隨母親而去。鄰居汪大娘等幾個熱心腸的人聞聲趕來，要他們儘快安排喪葬後事。

這時，骨瘦如柴的嫂子自言自語地說：「可是，哪裡有地方安葬啊？」說完，便嗚嗚地抽泣著。雖然這時朱元璋只有 17 歲，但他卻是非常地精明

強幹，他成了全家的核心。

朱元璋拉著垂淚的二哥來到鄰村的地主劉德家，他原以為，他們朱家長年替劉家種地，且交了不少的租，他也把劉家的牛養得膘肥體壯的，現如今自己家死了這麼多人，向劉家要塊墓地葬人應該是可以的。

這時，劉德從門縫裡探出頭來橫著眼說：「你的父母死了，與我何干呢？你們幫我幹活，我也給你們飯吃了。」

說完，劉德便將門砰的一聲關上了。小元璋與二哥苦苦地哀求，劉德才讓兄弟倆進了家門。劉德見朱家這戶人欠的債恐怕都難以償還了，別說給一塊地埋人了，就把這兄弟倆痛罵了一頓，還向他們逼要欠債。

朱元璋恨得眼珠子直冒火，他的牙齒也咬得嘣嘣響，難道辛辛苦苦一輩子的父母真的就這麼死無葬身之地嗎？後來，他們在鄰居劉繼祖的幫助下安排了後事。

孤莊村仍然處在饑荒瘟疫之中，緊接著，那遮天蔽日的蝗蟲黑壓壓飛來，樹上、草頭和莊稼地裡到處都是，恨不得把所有青綠色的東西一掃而光，人們只好紛紛逃亡。早已經是家徒四壁的朱家，現在連草根樹皮都沒有的吃了。嫂子看著兩個快要餓死的孩子，為了尋找生路，她背一個孩子抱一個孩子朝娘家的方向走去了……二哥也與朱元璋分手了。朱元璋再度經歷了與二哥、大嫂離別的錐心之痛。

一個原本貧困卻也溫馨的大家庭，轉眼間就不存在了，冰冷的破草屋裡，只剩下了一個孤苦伶仃的放牛娃。除了瘟疫與饑餓，朱元璋早已經是一無所有了。

好心的鄰居汪大娘看到小元璋身陷絕境已無法生存，於心不忍便想讓小元璋有條生路，她思來想去，覺得做和尚或許能讓這孩子活下來。於是，汪大娘就勸朱元璋到皇覺寺出家。後來，汪大娘還託了人情，求了皇覺寺的高彬長老才說妥。走投無路的朱元璋，只好聽憑命運的擺布，答應到皇覺寺出家。

出家修行為僧

那是在 9 月 19 日早上，汪大娘準備好香燭，還給朱元璋拆洗縫補了衣服。等到都準備妥當後，汪大娘便讓兒子汪秀把朱元璋送到了皇覺寺。臨走時，朱元璋對汪大娘深深一跪，想說的話都淹沒在了哽咽聲中。

皇覺寺建於宋朝，金兵與元兵南下時曾兩次遭到破壞。現在的這個廟宇是在元朝初年，由一個叫僧宣的人在廢墟上重建的，它的規模並不是很大。皇覺寺在平日裡香火是很旺盛的，香煙繚繞，人群擁擠。可是，今天的皇覺寺卻顯得十分冷清，這可能與饑荒、災害有關吧。皇覺寺裡沒有一個上香的人，連廟門都沒有開。

朱元璋爬上臺階，只見山門的釉彩早已經剝落了，山門旁的一副楹聯上寫著：

暮鼓晨鐘，驚醒世間名利客；
經聲佛號，喚回苦海夢迷人。

此時的字跡也顯得有些模糊了。這時，一個懶散疲憊的中年僧人把門打開了，他把汪秀擋在了門外，讓朱元璋單獨進去了。其實，朱元璋小的時候就跟隨大人來過皇覺寺。走過山門便是一個大院落，院落那面是前大殿，也叫天王殿，而最奇怪的則是天王殿中間的兩尊神像是背靠著背的。聽別人說，面朝南的這尊神像就是大肚彌勒佛，笑眯眯的倒也挺招人喜歡，背靠著他面朝北的那尊神像是韋馱菩薩。

在彌勒佛的兩旁，則是鎮守佛門的四大天王。與天王殿相對的，就是皇覺寺的正殿 —— 大雄寶殿。大雄寶殿裡面供的就是釋迦牟尼佛，在釋迦牟尼佛兩旁侍立的是文殊菩薩和普賢菩薩。

大雄寶殿與天王殿中間的兩側是東西配殿，東配殿被稱為伽藍殿，殿正中供奉的神是古印度的波斯匿王，旁邊有兩個侍者，左邊的是王太子祇陀，

右邊的則是拘薩羅國的給孤獨長者。

西配殿被稱為祖師殿，正中供著禪宗始祖菩提達摩。菩提達摩的左邊是禪宗六祖慧能禪師，右邊是為禪宗制定清規戒律的百丈懷海禪師。

以前的時候，這些殿堂裡都會有不少香客進出，香煙縈繞於整個院落，而如今卻是異常地安靜。

中年僧人帶著朱元璋從正殿邊的側門繼續往北走，這裡便是僧徒們活動的場所了。朱元璋望著寫著「法堂」二字的匾額，然後，他踏過門檻便看見堂正中的高臺上放著一把座椅，臺下邊則是一些棉布做成的蒲團。朱元璋看見和尚們雙手合十，坐在蒲團上打坐，朱元璋被領到了法堂的一角站立著。過了一會兒，一個年長的和尚走了進來，隨後，他便在高臺椅子上坐了下來，這就是住持高彬。

朱元璋走上前向高彬住持施了禮，此時，其他的和尚也都垂手站了起來。只見高彬住持雙目微閉，手持佛珠，顯出一臉的尊嚴。他看了朱元璋一眼後，便吩咐說：「去吧。」

朱元璋被領了出去便落了髮，然後，他換上了一件黑色破舊袈裟，又來到了法堂前。按照往常的規矩，朱元璋要由住持給「燕頂」，也就是在頭頂上用香燒出疤痕來。但是，在今天一切都從簡了。

當朱元璋給高彬磕完頭後，這個拜師與受戒儀式就算結束了。隨後，朱元璋又與各位師兄行相見合十禮，再由大師兄帶領到各殿禮佛。從此以後，朱元璋就算是受過十戒的小沙彌了。

朱元璋來了以後，使原先早起撞鐘的人解脫了，從此，朱元璋便當起了這個角色。所有老資格的人，都可以在聽到鐘聲後起身洗漱。當朱元璋撞第二遍鐘的時候，這些人才在首座的帶領下到各殿堂做禮拜。拜畢，按理說應該到法堂展卷誦經，但現在也是敷衍了事了。

有幾次朱元璋起晚了，耽誤了撞鐘和上香的時辰，因此他被嚴格地在佛前罰了跪。清掃院落和殿堂也是和尚們的常課，他們往往也會把最髒最累的活讓朱元璋去幹。也難怪，原來廟裡香火旺盛，外出化緣也是滿載而歸；可是如今，只能靠著兩餐粥過活，而且還是越來越稀，這怎麼能夠頂得住呢？

當和尚們看見師父一家每日都是煎煎炒炒的，他們真是饞涎欲滴，因此在心中也不免產生了怨氣，但卻是敢怒而不敢言。於是，和尚們就把怨氣撒在了朱元璋的身上，他們認為師父收留朱元璋，是他們的僧粥每況愈下的直接原因。

其實，高彬之所以收朱元璋為徒，是想要這個貧苦無依的孩子做他家的僮僕。原來這個高彬住持是個有家室的人，所以朱元璋除了做寺裡的活以外，還要為高彬家擔水劈柴、餵雞放鵝，幾乎無所不做。但是，與此同時，朱元璋還要受到師父的責罵與師兄們的刁難。因此，朱元璋在皇覺寺中生活得十分煩悶。

朱元璋開始羨慕大牆外面的生活，他特別懷念與小夥伴們在一起放牛、割草的那段時光。那個時候有劉英、汪秀、湯和、周興祖、謝彥、徐達等十幾個孩子，他們經常在一起玩耍。因為朱元璋鬼點子多，所以做了孩子們的首領，大家玩得不亦樂乎。

這天，朱元璋打掃完了院子，又被叫去打掃殿堂，那些被排得緊緊密密的小佛爺，實在是不好清掃。朱元璋一氣之下，把他們用籮筐通通拖了出來。有一個佛像前面的蠟燭被老鼠咬壞了，朱元璋便找了支筆在蠟燭背後寫下了「發去三千里」幾個字。

此事傳到了高彬的耳朵裡，他對朱元璋又是一頓責罵。由此可見，即使朱元璋身處在極端的困苦之中，亦表現出了樂觀向上、對周圍惡劣環境敢於調侃與對抗的精神。當然，這也是一個人能夠走出逆境的最寶貴的休養。

朱元璋來到皇覺寺後不久，皇覺寺就遇到了前所未有的危機——斷糧了。皇覺寺的吃用花銷主要是來自地租和香客們的捐贈。因旱災、蝗災連著瘟疫的來襲，那些租種田地的農民連活命糧都沒有了，哪裡還交得起租金？

師父師叔們成天輪班到佃戶家要租金，斥責、恫嚇那些佃戶說，再不交就送到衙門坐班房、打板子，可這都不管用。捐贈這條路也基本上是被斷絕了，皇覺寺的和尚們不得不面臨這樣的窘境，那就是廟裡的存糧一天天在減少。

這一天，高彬告訴徒兒們要他們各尋生路。這時朱元璋入寺才 50 天，經文沒念上一卷，各種雜活倒是做了不少，他覺得自己在皇覺寺就是做了 50 天的行童。

為了求得生存，皇覺寺的住持不得不忍痛宣布：凡是有家的和尚都可以回家；會做佛事的和尚則努力開闢第二職業；既無家可歸，又沒有技能的和尚，那就只能背起包袱雲遊四方，以要飯為生了。

朱元璋不會唸經，也不會做佛事，他只好裝著個和尚的樣子：一頂破帽，一個木魚，一個瓦鉢，背上小包袱，拜別了住持，硬著頭皮離開了家鄉。朱元璋是個聰明人，他出發前先向人打聽哪兒的災情比較輕，然後就到那兒去。

這是朱元璋第一次離家遠遊，他獨自走著，前面就是定遠縣了。朱元璋包袱裡的最後一口乾糧也被吃光了，此刻無論是怎樣地難於開口，他都必須靠化緣為生了。

饑餓的驅迫使朱元璋忘記了一切羞辱與危險，漸漸地，他學會了適應各種惡劣的環境。朱元璋沒有了怨恨，也沒有了悲哀，他開始學習應該怎樣去應付這個大千世界。

朱元璋知道化緣也是講究方法和策略的。他專門找一些大戶人家要錢要飯，因為他們知道自己壞事做得太多，怕死後入地獄，所以，他們就會發點

「善心」，修修來世，求菩薩保佑多發財，生生世世享福，不只這輩子做地主，祈求下輩子也能做地主。

他們要得到菩薩的保佑就得對和尚客氣一些，因此他們會把從佃戶身上榨取來的血汗錢，留出一點點做布施，這也算是對菩薩的賄賂了。當他們聽見木魚響時，就知道是做「好事」修來生的機會到了。有時是一勺米，有時是幾文錢，他們也是絕不會吝惜的。要是大戶人家沒有人出來，這時，你只要有耐性把木魚敲得更響些，佛號聲喊得更高一些，遲早會有人出來的。

找大戶人家也會經過人煙稀少的地方，或者餓上幾天，或者挖點野菜充饑，這也是常事。朱元璋白天走鄉串村，晚上就找個破廟棲身，受盡了風霜之苦。幾年的流浪生活，使朱元璋受盡了冷落與嘲笑，也飽嘗了人間的辛酸苦辣。

北風刺骨，大雪紛揚，現在的朱元璋既可以在碾房磨道蜷縮一宿，也可以找到好心的老人收留他住上個三五天。朱元璋知道哪些人樂於布施齋飯，也看得出哪些面孔存著惡意。

朱元璋穿上破爛的窄衣短袖為人家劈柴挑水，由此來換得三升兩斗；他又常常穿起袈裟，在暮色蒼茫中投奔禪院，並哄得大小沙彌歡天喜地。隨著朱元璋逐漸長大，他的意志也變得更加堅強了。

艱苦流浪的生活，單靠乞討難以維持生計。為了生存，朱元璋也常常會幫別人做苦力。他長期營養不良，難免也會出現體力不支的時候。這一天，朱元璋來到了廬州地面，這時，從近旁岔道上走過來兩個道士，他們相互問候之後便一路同行了。天色漸漸黑了下來，三個人便一同在村邊的土地廟休息。

躺下不久後，朱元璋忽然覺得寒冷逼人，渾身滾燙讓他不知所措，緊接著，朱元璋便不由自主地說起了胡話。幸虧兩個道士悉心地照顧他，弄了柴

草烤暖屋子,用廟裡的銅香爐燒了熱水,還把自己身上的外衣脫下來給朱元璋蓋上。

第二天,他們又分頭去化齋哀求,一些好心的老人送了些薑湯和熱水給他們,這才使朱元璋轉危為安。之後,他們又扶著朱元璋前行。在一座寺廟裡安頓下來,最後終於幫他渡過了這場災難。這也真是朱元璋命不該絕呀。在化緣的過程中,朱元璋更加直觀地看到了元朝統治者給民眾帶來的苦難。在面對那些貧苦的農民和富足的地主時,朱元璋更加深刻地體會到了社會分配的不合理。

幾年的遊歷生活,還使朱元璋漸漸熟悉了淮西、豫東一帶的風土人情、地勢關卡,這為他以後的起兵打下了良好的基礎。化緣中朱元璋還結識了許多朋友,這對朱元璋日後的事業無疑是非常有幫助的。

朱元璋與兩個道士分別後便一路向西走去,當他到達廬州府的六安州時,已經是初夏。當朱元璋從一個穿著長衫的儒者模樣的老人身旁走過時,只見老人汗流浹背,原來老人的身上還背著一個箱子,因此他走起路來顯得很吃力。於是,朱元璋便停下了腳步,幫著老人背起了箱子,老人十分高興。

二人走到一棵大槐樹下休息,老人仔細打量著眼前的這個好心的小夥子,他問了朱元璋的生辰八字後沉吟了一陣。然後,老人嚴肅地說道:「我看過的人很多,可是,相和命都無法與你相比,你要善自珍重啊!」聽到老人這樣說,朱元璋臉上掠過了一絲苦笑。後來,老人又告訴他,此次出行往西北方向走更加有利。朱元璋借老人的吉言,乖乖地聽從了他的指引。

在此後的 3 年中,朱元璋幾乎踏遍了河南南部的山山水水。3 年的乞討生活讓朱元璋學會了很多,他會為了一碗羹湯而去不斷地揣摩別人的心理,從而獲得自己所需要的東西。也就是經過長時間的揣測,朱元璋練就了敏銳的目光以及善於洞察人們心理的能力。

當朱元璋來到一戶人家進行乞討時，一個婦人探出頭來，臉上充滿了對朱元璋的憐憫。這人世間苦命的人實在是太多了，他的年紀還這麼小，我的苦與他比……婦人痛苦地想著。其實，這個婦人也是個窮苦的人。朱元璋從婦人那憐憫的臉上已經得到了莫大的安慰，這時，婦人走了出來，她專注地望著朱元璋的那個齋碗，隨著她的手勇敢向前，一塊菜餅便落進了小和尚的齋碗裡。然後，婦人便猛然轉過身衝回了屋中。

原來，這塊菜餅便是婦人家的全部存糧了，是她強忍了一日的飢餓，留下來準備給兒子吃的。可是婦人還是給了素不相識的小和尚朱元璋，她同情這個弱小的孩子，因此，不得不說婦人的精神是令人敬佩的。朱元璋是個聰明的人，他早已經從婦人那充滿憐憫的臉和淒然的嘆息聲裡，明白了這塊菜餅對婦人來說是多麼得重要。

這時，朱元璋感到有人來到了他的面前，而且正在瞅著他的齋碗，不由得一驚，他猛地抬起頭來，雙手將齋碗攏在胸前。原來是一位身材高大、有一張厚實的臉的男子，正強打精神地望著朱元璋齋碗裡的菜餅，就像當初自己剛出來化緣時一般，朱元璋從他那不好意思的臉上看出了他心裡的厚道。

朱元璋看著眼前的男子，好像有些熟悉，說道：「湯和！你是湯和嗎？」朱元璋想起了他的名字。

「是的。」湯和似乎也想起了朱元璋，他的眼睛濕潤了，是那種見到親人般的感動。湯和突然感覺到眼睛有些朦朧，他已經 3 天都沒有吃東西了。湯和不愧是個男子漢，即使自己已經餓得快不行了，他也不願意因為自己而去傷害別人，只見湯和的眼神毅然離開了朱元璋齋碗裡的那塊菜餅。

朱元璋知道湯和是多麼渴求這塊餅，但即使是這樣他也不會主動爭搶這塊餅。湯和是個有骨氣的同鄉，這種人不會為自保去掠奪不義之財。朱元璋想著，隨即撕下了一半菜餅塞進了湯和的手裡。湯和在推讓中感覺到了朱元

璋的誠意，便接下了這半塊菜餅。吃完菜餅後，湯和立即感覺到了生命的復甦，他打心裡佩服這個比自己小的同鄉。

當朱元璋與湯和分開後，朱元璋一鼓作氣爬上了山頂，他在山頂上翹首眺望著遠方，不由得想起了自己的家。那是一個他曾經擁有過歡樂與親情的地方，想著這些，朱元璋的眼睛已經被淚水占據了。

幾年來的流浪生活，使朱元璋嘗盡了人世間的辛酸，也看到了各地百姓的困苦。到處是衣衫襤褸，到處是面色如土，到處是成群結隊的逃難人群。此刻的窮苦百姓們，便把滿腹的希望寄予在了佛祖、菩薩的保佑上。朱元璋在化緣的這幾年時間裡，他也不知道是從什麼時候起，開始喜歡在山頂上獨坐遠眺，靜靜地思考著曾經耳聞目睹的一切，分析著所經歷的人情世故，這成了朱元璋的一個習慣。

朱元璋在逃難的人群中尋覓著可以填飽肚子的食物，這實在是一件天大的難事。好在他已經過了幾年的乞討生活，現在的他就是餓個一兩天，也是沒關係的。

朱元璋舉目四望，想找一處能夠棲身安睡的地方，睡下了也就可以暫時不用去為饑餓煩惱了。此時的朱元璋已經是非常地疲倦了，他又累又餓已經走不動了。可是，朱元璋一直在硬撐著，一直在向前走著，他跟著逃難的饑民，一直走到了半夜。

朱元璋終於支撐不住了，他倒下了。當朱元璋睜開眼睛時，他看到了湯和那張厚實的臉，他們又見面了。當朱元璋發現自己正躺在一個土丘上時，便問湯和：「我怎麼在這裡？」

「你可能是餓昏了，就躺在了這裡。」湯和望著朱元璋說道。湯和又說：「我本來已經進了泉城，聽人說有個小和尚死在了路邊的土丘上，我怕是你就來了，果然真的就是你。」

「我真的是要死了，我已經好幾天都沒有吃東西了。」

「你不會死的，你看這是什麼？」湯和說著便塞給朱元璋一塊沒有野菜的煎餅，餅還有些溫熱，這是湯和把煎餅藏在胸前已經好幾天了，他自己也沒捨得吃留存下來的。

「我真不知道該怎麼感謝你。」朱元璋感激地對湯和說道。

「你別這麼說，快吃吧。」湯和撕下一塊煎餅塞進了朱元璋的嘴裡。朱元璋用力地咀嚼著煎餅，而湯和卻在嚥著口水。

「湯和兄，你待我真是太好了。」湯和笑著搖了搖頭。

這時，太陽已經落山了，那塊煎餅給了朱元璋新的生命力，他感覺自己又有了力氣。突然，朱元璋在湯和面前跪了下來，深深地向湯和作了個揖，以此來感謝湯和救了自己一命，湯和急忙去扶朱元璋。然後，他們趁著黑夜還沒有降臨，便急匆匆地往前面的泉城趕去。

他們一口氣走了 2 個多小時的路才趕到，在泉城的北門，他們看到了聚集在城門外的逃難人群，正像潮水般不斷地向泉城湧來。此時，泉城縣令竟然讓衛兵關閉了城門，不再讓難民進城去。

湯和與朱元璋原本是抱著生的希望來的，可是現在，緊閉的城門已經擋住了他們進城的路，也隔斷了他們對生的希望，因而他們的心中充滿了悲苦和絕望。

正當朱元璋與湯和備受煎熬的時候，他們突然看見逃難的人群像著了魔一般，朝東南方湧去。

「他們這是要去做什麼呢？」朱元璋向一位老者問道。

「他們是去聽人講經。」老者回答說。

「我們也去吧？」朱元璋對湯和說道，湯和點點頭答應了。這兩個無可奈何的人，便毫不猶豫地追隨著那一群逃難者向東南方向湧去。

頑童出家為僧

這是一座殘舊的寺廟，一把用紅綢子蒙上的紅木椅子擺放在寺廟中，一位雅士正端坐在椅子上。湯和與朱元璋擠在人群中間，因為離得遠，所以他們根本就看不清那個人的長相，但卻能清楚地聽到那位雅士洪亮的聲音：「自釋迦牟尼死後，整個世界都變壞了，當官的只顧自己，有錢人也變得更加自私。那些高高在上的異族統治者，也只知道欺壓百姓。因此，天發怒了，要懲罰惡人……」

「講得太好啦！」人們大聲地議論著。

朱元璋和湯和也是這麼認為的，他們聽到那位雅士說的話後有一種豁然開朗的感覺。這時，那位雅士大聲喊了起來：「現在，我們已經苦到了邊緣，我們不能再繼續苦下去了。因為，如果再這樣下去，那我們只有死路一條！」

人群又一次沸騰起來：「我們要生，我們不要死！」

「你們不要死，上天也不會讓你們死。今年，彌勒佛便要出世，世界也會變樣子，光明就會降臨到人間……」白蓮教主韓山童，在上面慷慨激昂地講著。原來，之前說的雅士便是白蓮教主韓山童。

白蓮教淵源於佛教的淨土宗，正式產生於南宋初年。他的創始人是吳郡崑山人茅子元。在孝宗的時候，作為太上皇的宋高宗，曾召茅子元到京城德壽殿講解淨土法門，而被賜號為白蓮導師，自此白蓮教大振。把廣大貧苦百姓團聚在一起的白蓮教，往往成了農民造反的一種發動組織形式，所以自南宋末年以來當局對白蓮教便屢弛屢禁。

韓山童慷慨激昂地演講，就如同所有的起義領袖一樣，有充足的理由和演講能力，使那些弱勢無援的民眾聽從他的召喚，然後跟著他去行動。此次的講經會開得非常成功，並且一直延長到了午夜。

與所有的逃難者一樣，朱元璋和湯和的心也都在被震撼著。那些逃難者勇敢地拿起了刀，他們要為自己生的希望而戰。僅僅是白蓮教主韓山童的一

番話，便使那些想過安穩日子的普通百姓，變成了以殺人為生的起義士兵。他們並不清楚首領是誰，但卻明白只有拿起刀去戰鬥，才能夠迎來彌勒佛的誕生，從而才可以爭取到衣食無憂的幸福生活。

做事一向謹慎的湯和，此時也在躍躍欲試。可是，朱元璋卻多了些想法，化緣生涯使他深諳了許多人生世相，也更加明白了當世的形勢狀況。今天，朱元璋在這裡聽到了韓山童的講經宣傳；去年在湖北化緣時，他也聽到了彭瑩玉、徐壽輝等同樣的宣傳。朱元璋雖然說是滿腔的熱情，全身心的渴望，但是對於起義的事情，他還需要再好好地想一想。後來，當湯和聽說朱元璋要回皇覺寺時，他有些傷感。

至正七年秋，朱元璋在聽到家鄉已經渡過了災荒，並且有好多人都已經回到了故里時，他也決定返回鐘離縣，那個他闊別 3 年的故鄉。回到家鄉，朱元璋急切地看望了汪大娘、劉繼祖以及他的那些少年朋友。當朱元璋由一個孱弱的孩子，變成了一個 20 歲的粗壯漢子出現在他們面前的時候，他們彼此都恍若一夢、悲喜交加。

隨後，朱元璋又回到了皇覺寺，他發現皇覺寺的香火冷冷清清，高彬住持也已經謝世了，那些有家的師兄也另謀出路去了。只有幾個與朱元璋一樣沒有地方去的和尚還在這裡打發著歲月，他們的日子過得也是悽慘無比的。故人相見，特別親切，朱元璋與他們共敘了兄弟之情後，便再度開始了在皇覺寺的生活。

後來，隨著回鄉的人逐漸增多，寺裡的香客煙火又漸漸興盛了起來。那些師兄也願意將那《金剛經》、《壇經》、《法華經》等字教句解地傳授給朱元璋。

自隋唐以來，釋教、道教以及儒教都在相互排斥中逐漸互相融合。此時的佛寺也藏儒、道教的書，和尚們也讀老子的《道德經》、孔子的《論語》、孟軻的《孟子》等，他們就像士大夫們研習佛經一樣。朱元璋也因此能在學識字讀佛經之外，向人們請教其他知識。

此外，佛寺還是人們求籤問卜的地方，和尚們往往兼通卜筮。據說，皇覺寺的籤就很靈驗，因而吸引遠近客人們求問吉凶，朱元璋在這裡也學會了卜筮之法。

在當時流行著一種抽籤的方法，對此朱元璋顯得十分感興趣。如皇覺寺中的觀音籤，共有籤 100 支，其中上籤 30 支，中籤 55 支，下籤 15 支，中上籤佔到 85%，這樣一種好壞吉凶的搭配，自然是大慈大悲觀世音對苦難人的寬慰。此外，在每支籤上還有一句古人古事，並且注有籤詩和籤解。

起初，朱元璋只是覺得好玩，便經常抽籤給自己卜個吉凶，總是好一籤壞一籤，似乎也並無定準。這時，師兄告訴他說，卜不過三，神不可侮，心誠則靈。聽了教誨之後，朱元璋便漸漸地莊重敬畏起來。

從至正七年到至正十一年的 4 年中，朱元璋一直生活在皇覺寺中，他在這裡學習了誦經、化布施、做道場、上香、劈柴、擔水、讀書、識字等，白天清齋幾碗，晚間香甜一覺，倒也是自由自在。

混亂時期的艱難

當朱元璋正棲身於皇覺寺之中，整天出入僧房、立志勤學的時候，此時的元朝實際上已經開始土崩瓦解了。元朝是以蒙古族為首建立的中國歷史上統一的王朝，那個時候，蒙、漢統治階級都在瘋狂地掠奪土地。諸王等以封賞名義也占有很多土地。

沒收宋朝后妃田地歸太后所有，另一大片被沒收的田地則歸皇后所有，二者都設有專門管理機構。而此時真正的勞動人口，除了極少數例外以外，卻沒有地。勞動者淪為佃戶或者奴隸，數量遠遠超過了過去的時期。他們同時遭受著雙重殘酷的剝削和壓迫。

不僅如此，元朝政府的崩潰還起因於元世祖廢除大會選舉大汗，轉而模

仿漢人立嫡長子為帝位繼承者的制度，使得蒙古貴族上層不斷發生衝突對立，以至於政變和內亂不斷發生，政治局面十分不穩定，從而也削弱了政府的統治力量。

此外，元順帝即位後，也不把治理國家放在心上，整天沉醉於花天酒地。另外，水災與旱災等天災的出現也使統治者們身心俱疲，火上澆油擴大了各種矛盾。於是，治河也成了大起義的導火線。

當時，黃河在白茅口決堤，元丞相脫脫主張要抗洪防災害，堅決要堵口。脫脫首先派人到現場做了長期細緻的勘察工作，工程人員呈到脫脫丞相手裡的報告卻否定了他的宏大方案，主要理由是工程浩大，花費時間不可估計。更關鍵的因素是，起義軍正在河南一帶大肆活動，修築如此巨大的工程，沒有大批的工人是不行的。問題就出在這裡了，如果工人和起義軍集結在一起，那麼，事情也就更麻煩了。

此時，一心想要堵口的脫脫丞相根本就聽不進去來自任何方面的勸阻，他執意動工。他任命水利專家賈魯為工部尚書兼河防使，召集各地服徭役者十五萬、戍軍兩萬人來治理黃河。黃河一再決口，多次泛濫使得河兩岸百姓流離失所，家破人亡，本來這百姓就不是很多，如今官府又要讓他們去挖河，監工和官吏不僅苛扣他們口糧，還常鞭打他們，使他們身處絕境，受著多重欺壓。工人怨聲載道，憤怒至極。在整個修河工地上，堆滿了仇恨的乾柴，只要有一個小小的火星就會迅速地燃燒起來。

元朝兵將搶掠財物，擄獲百姓，迫使百姓們不想反也得反。這時，白蓮教主韓山童看準時機，便進行巧妙策劃，準備發動起義。至正十一年五月，韓山童在白鹿莊聚集三千人，他被首推為明王，任劉福通為輔佐，並確定起義日期。在起義前一天，他們殺白馬黑牛，告天地，並且以頭裹紅巾為記號，歃血立誓為盟，準備正式起義。

　　可是消息卻不知怎麼被洩露了出去，官兵包圍了起義軍所在地。劉福通率眾苦戰衝出了重圍，而韓山童卻不幸被捕犧牲了，他的妻子楊氏帶著小兒子韓林兒逃到了河北武安山中。從此，劉福通便成了領導大起義的實際首領，也是他率領起義的群眾組成了富有戰鬥力的軍隊，軍隊頗有威信，也深得人心。

　　大起義的帷幕拉開後，從汝、潁開始，並且迅速擴大。不到十天的時間，中原大地上到處都燃起了人民的怒火。由此，元朝的統治地位也從根本上被動搖了。

　　起義軍占領了潁州、羅山、上蔡等地方，進而又占領了朱皋，這裡是有名的米倉。於是，起義軍開倉放米，深得老百姓歡迎。大起義爆發後，黃陵岡的河工們得到信號，他們憤怒地殺了監工的河官，並且頭纏紅巾與主力軍進行會合。很快，起義隊伍迅速發展壯大，並且達到了幾十萬人。他們因為頭包紅巾，高舉著鮮紅的大旗，所以被稱為紅巾軍。

　　紅巾軍大起義把元末的人民反抗推向了高潮，得到了人民的廣泛響應。元朝統治者立刻派遣精銳部隊進行鎮壓，但是結果卻並不理想，起義從星星之火，逐漸轉變為燎原之勢。從此以後，大起義變得一發而不可收，它敲響了元朝滅亡的喪鐘，也為朱元璋建立新王朝拓展了道路，開創了有利的契機。

　　接著，各個地方大起義接連發生了，徐壽輝起於蘄州，李二、彭大、趙君用起兵於徐州。各地紛紛響應，形成了滔天大勢。郭子興也是在這些揭竿而起的好漢中起來的，而朱元璋也是從這裡起家的。

　　郭子興祖籍山東曹州，原是定遠街頭算命先生，一張利嘴頗讓一些人信服。郭子興為人慷慨，他會用算命得來的錢財，約上幾位江湖好漢喝上幾杯，因此在定遠一帶口碑很不錯。這時，郭子興已經從迅猛發展的義軍中看到了自己的出路，因此暗地與紅巾軍聯絡。

　　後來，在江淮南北連天烽火中，郭子興聯合孫德崖及俞某、潘某、魯某等於至正十二年正月十一日起兵於定遠，定遠和鐘離的數萬百姓起義響應。元朝統治者派兵前來鎮壓，卻懾於紅巾軍的威猛，僅在遠隔濠州城南三十里處進行紮營，並不敢前去攻城。可是，他們卻不斷騷擾各村的老百姓。百姓受驚不堪，便天天有人入城投奔義軍。元軍對百姓的暴虐越來越烈，郭子興的勢力也就變得越來越大。

　　二月二十七日，郭子興的軍隊攻下了濠州，郭子興自稱為元帥。饑餓的百姓們一旦成群結夥地拿起武器，闖進地主的宅院、富家的門樓，就會像餓虎撲食，他們的嫉妒與仇恨也會一下子迸發出來，搶掠燒殺便是不可避免的，正義與邪惡的區分也並不總是那麼的涇渭分明。

　　就在郭子興部隊進軍濠州時，城鄉都陷入了燒殺與混亂之中。菩薩神靈也是自身難保了，皇覺寺的糧倉、衣物、金銀也被掠奪一空，可巧燭倒油傾，烈焰沖天，皇覺寺便被掩埋在一片火海之中，朱元璋也與寺僧們一起逃散。傍晚時，朱元璋無處可以託身，便又返回到了寺中。

　　皇覺寺離元軍紮營處並不遠，此時，朱元璋與湯和分開回到皇覺寺已經 6 年了。身處殘破的皇覺寺中的朱元璋，已經聽到了「汝、穎兵起，騷動濠州」的消息，這就如同暴風雨已經來到了身邊一樣，在面臨起義的大好形勢下，應該何去何從，對於這一決定性的選擇，朱元璋採取了相當慎重的態度。

　　朱元璋在曾經的乞討生涯中，也接觸到了白蓮教的種種宣傳，他自己更是目睹了人民悲慘的生活現狀。在看到元朝統治者的兇殘腐朽的時候，朱元璋知道天下就要大亂了。此時，作為一個窮和尚，朱元璋暗自為這即將到來的大亂喝彩，他渴望著能夠透過大亂來改變自己的命運。於是，朱元璋歸寺之後，他一面謹依著化緣時總結出「示弱」「分利」的做人原則，廣交朋友，

準備幹一番事業；一面又在繼續苦讀詩書，苦練拳腳，從而增長知識和強身健體，以適應做大事的需要。

經過六年的努力，對於文武之道，朱元璋確實是瞭解不少，他已經從一個目不識丁的放牛娃，成長為略通文墨的僧人，讓人刮目相看。考慮到當時這種混亂的局勢，想到在此時投奔紅巾軍的人大多是烏合之眾，統軍人物也是參差不齊，且還沒有一個統一的指揮和統一的政令，在這種瞬息萬變的形勢下，朱元璋在靜觀其變。

這天黃昏，朱元璋正在燈下讀書，忽聽有人敲窗，湊近一看，只見一個身材高大的男子手握長劍，頭紮紅巾，原來是湯和。

湯和進屋後，回頭對後面的人交代了幾句。經過交談，朱元璋得知湯和已經做了千夫長。湯和看了一眼朱元璋手上的破茶壺，打量著這間殘破的屋子，真誠地對朱元璋說道：「其實，你能夠過得更好些。」

「這年頭，只要不餓死，我也知足了。」朱元璋說道。

湯和不由得搖了搖頭，當他被郭子興提升為千夫長後，他感到人生有了希望，湯和又說道：「如今天下大亂，和尚也要挨餓，不如跟我一起去投了郭元帥，謀一個好的出路。」

朱元璋看看湯和，其實，他早已經懂得了該怎樣去珍惜或許可以改變命運的機會，但是，他更愛惜自己的生命，他認為自己的生命應該更有些價值，不想就這麼輕易地被丟掉，他要慎重地走好這一步。

「聽說郭元帥的副帥孫德崖不太服他？」朱元璋問湯和。

「郭元帥也沒有辦法，所有的軍餉都靠孫副帥籌措，而且郭元帥的那個兒子，偏偏又總是站在孫副帥一邊。」湯和說。

朱元璋搖搖頭，自言自語說：「他子與父離，夥伴也離心，這是謀大事的大忌，他內不能服眾，外不能擴張，就這入夥，只怕是……」

　　這時，一個紅巾軍推門進來，急促說：「元兵大隊朝寺廟來了。」「兄弟們都別慌，跟我從後門走。」朱元璋異常鎮定，帶著湯和等十來位兄弟穿過皇覺寺，經過一條暗長的洞穴，便進入一片石林叢中。「你隨我們去吧，我一定到郭元帥那兒保舉你。」湯和繼續說著，可還是被朱元璋給拒絕了，最後湯和告訴朱元璋如果想好了可以到濠州城裡來找他，朱元璋答應了。

　　望著湯和一班人消失在山路的盡頭，朱元璋又從暗長的洞穴中鑽了出來，他看到此時的皇覺寺已經被元軍給燒了。望著一座好端端的寺廟在熊熊的大火中坍塌毀滅，望著自己唯一的棲身之地在熊熊的大火中逝去，朱元璋長長地嘆了口氣。

　　就在這個時候，從側面躥出來兩個人，原來是花雲與吳良兩個師弟，朱元璋不由得轉憂為喜，問道：「你們怎麼沒走？」

　　「我們四處找你，想讓你帶我們一道去投紅巾軍。」花雲說。

　　「原本我還想再等等看，現在也顧不得許多了，這可能就是天意吧！」朱元璋自言自語地說著。

　　「你答應帶我們一起去嗎？」吳良說。

　　「對！我聽說那位郭元帥是賞罰分明的人，我們現在去投軍，最好是給他帶些見面禮，這對於我們今後的發展也是有利的。」

　　「我們聽師兄的。」花雲、吳良一起回答道。

　　於是，這三個和尚便順著山道急速前行，豪情滿懷地去追趕燒殺搶掠的元兵。朱元璋雖然想清楚了殺元兵的必要性，也下定了殺元兵的決心，可這畢竟是他生平第一次殺人，心跳仍然不由自主地加快了速度。朱元璋冷冷地望著那十二個元兵，認真地打量著眼前的環境，思考著解決元兵的辦法。

　　突然，朱元璋瞥見山梁上的幾根大木頭，頓時心生一計。既然不能從正面來進攻，但可以讓他們從正面來進攻。那就可以居高臨下，再利用木頭、

石塊把他們砸個稀巴爛。於是，朱元璋將師弟二人喚到了身邊，詳細地給他們講了自己的計劃，兩個師弟聽了也是連連點頭。

　　計劃制訂好後，三個和尚便開始了他們一生中的第一次殺人行動。他們將木頭翻到斜坡邊，還撿來一大堆石頭。一切就緒，兄弟仨人便亮開嗓子唱起來：「天譴魔軍殺不平，不平人殺不平人，不平人殺不平者，殺盡不平方太平。」這是當時紅巾軍在進行宗教活動時唱的，只要誰唱這歌，百姓便知道他是紅巾軍。

　　當山下的元兵聽到了這樣的歌聲時，頓時驚慌了起來。當他們看清山上只有三個和尚時，不由得勃然大怒，只見他們握緊刀劍衝上山來。元兵做夢也沒有想到，當他們快要到達山頂時，只見朱元璋和兩位師弟將一根根大木頭滾下山來。

　　元兵才知上當，想要轉身離開，可已經晚了，木頭早已滾撞下來，衝著他們砸了過來。木頭使完了，就用大石頭，一塊接著一塊，不停地滾下來。一個個元兵在痛苦慘叫呻吟後，便一動不動地死在山腳下了。

　　三個和尚瞪眼看著他們，都長長舒了口氣。朱元璋又從地上撿起一把元兵大刀，將十二個元兵的耳朵一隻隻割了下來。然後，他將割下的二十四隻元兵耳朵用一根籐條串起，來到兩位師弟面前說：「走，我們去投軍！」

　　朱元璋拎著十二對元兵耳朵，帶著他兩位師弟，出現在濠州城裡。這年朱元璋剛滿二十五歲，他便投奔於郭子興麾下，成為了紅巾軍的一員。

舉旗東討西征

有一天晚上，朱元璋帶領貼身護衛小先鋒張煥夜間巡視，被巡邏哨兵阻攔盤問，張煥忙上前解釋說：「這是大人。」要他趕快放行。

哨兵說：「我不管你們是什麼大人，只知道犯夜的人一律捉拿。」張煥好說歹說才算放行。朱元璋見晚間秩序良好，巡哨也是非常地認真，很是高興。

第二天，朱元璋派人給了那個哨兵二石米的獎賞。在飽經戰亂和洗劫之後，婺州士紳百姓能夠見到這樣紀律嚴明的軍隊，感到十分慶幸。隨後，朱元璋又開倉賑濟，下令禁酒，更是遠近傳頌。

投奔義軍郭子興

那是至正十二年閏三月初一，當朱元璋帶著他的兩位師弟抵達濠州城的城門時，門卒和巡卒疑心他們是敵人的暗探細作，便不由分說就把他們綁了，朱元璋掙扎嚷著說要見大帥。

見到郭子興後，朱元璋並不畏縮，好像比任何時候都更加氣足更加自信。當這個25歲長面修身的粗壯漢子戳在郭元帥面前的時候，倒有一副威武奪人之概；當郭子興看到朱元璋拎著12對元兵的耳朵來做見面禮時，就更加喜歡朱元璋了。

郭子興並沒有什麼超人的才能，可是，當他見到朱元璋的那一刻時，卻表現出了與眾不同的慧眼。郭子興從朱元璋非凡的相貌上，看出了這個飽經憂患的年輕人絕非等閒之輩。後來，透過和朱元璋的一番對話，他看到了朱元璋寬廣的胸懷以及對時事評論的準確性，因而他更加認為朱元璋是一位難得的可用之才。

朱元璋當了兵，他被人領到了小隊長那裡，脫去一身的和尚裝束，戴上了紅頭巾，又領了一套作戰服裝，然後又拿起棍棒跟著眾人一造成操場上練武去了。

朱元璋在跟著高彬住持的時候，也曾學過一些拳腳功夫，會唸經，識得字，而且在外遊歷多年，也見過好多世面，悟性又好，比起那些純粹的鄉下漢子，當然是多了不少的計謀。

朱元璋自己非常明白，要想出人頭地，就必須拚命努力。所以他總是比別人練得刻苦，練得認真，到這裡沒有幾天的時間，他便在小隊裡成了厲害的人物。

在出城探哨時，朱元璋表現得沉著冷靜，隨機應變，每次都能立些小功回來。隊裡的兵卒也因此在心中暗暗地佩服他，就連小隊長遇事時也常常會找他進行商量。有時，小隊長還會把操兵練武的任務交給朱元璋。

那是在兩個多月後的一天，大帥郭子興帶著兵出來進行巡查，在經過營房時，他見全隊排成了「一」字向主帥行禮，農民軍中哪有過這般禮節陣勢，郭子興見了十分高興，便問是誰在此領兵操練。朱元璋站出來回答說：「報告大帥，是小人。」

郭子興當即就認出了面前的這個人就是那個和尚，兩個月不見，和尚的頭上已經長出了齊齊的短髮，只見朱元璋身著粗布戰袍，手持長槍，越發顯得威武了。

朱元璋入伍後，因為作戰勇敢，而且機智靈活、粗通文墨，很快就得到了郭子興的賞識。於是，郭子興當即就決定把朱元璋留在身邊，作為親兵。郭子興還給他起了「朱元璋」這個名字，這件事對朱元璋的前途具有決定性的意義。以至於後來，朱元璋在回憶郭子興時就會說這一安排令他「再生之恩，終世難忘」。

從此，朱元璋在郭子興的身邊鞍前馬後，也因此得以展現自己的才能和智慧。朱元璋有勇有謀，身先士卒，武藝又好，在一年的時間裡立下了不少的戰功。

朱元璋在軍中的所作所為他贏得了很高的聲譽，他在元帥府小心辦事，有功不居，不僅得到上級的垂青，而且也得到了同輩弟兄們的擁護。朱元璋非常努力，他以出色的才能讓郭子興堅信自己並未看錯人。

郭子興非常喜歡朱元璋，每次領兵出擊都會把他帶在身邊。而朱元璋也總是小心地護衛著郭子興，作戰十分勇猛，斬殺、俘獲過不少敵人。遇上事情，郭子興也總不忘徵求一下朱元璋的意見，每次他都盡力謀劃，使郭子興越來越覺得他有膽有識，有勇有謀，是個將才。

由於作戰技術的逐漸成熟，郭子興便派朱元璋單獨領兵作戰。每次打仗，朱元璋總是身先士卒，衝殺在最前面，得到戰利品，他又分毫不取，全部分給部下，使得部下都非常擁護他，每一次出戰，大家都齊心協力所向披靡。

郭子興見朱元璋帶領的部隊凝聚力空前增強，戰鬥力也大為提高，於是比以前更加器重他了，特別想把他收為心腹，讓他死心塌地地跟著自己幹。

精明能幹的朱元璋的確為人所稱道，可是令郭子興感到困惑的是應該怎樣才能更好地利用朱元璋，後來，他想到了裙帶關係是結交心腹的最好手段。

有一天，有位姑娘朝朱元璋走了過來，姑娘的臉稍微長了些，皮膚也有點黑，但是那雙眼睛卻透出萬分的豁達與聰慧，令朱元璋非常動心。姑娘見朱元璋在注視著她，卻沒有絲毫的扭捏和害羞，她禮貌地一笑，以老朋友似的口氣說道：「你一定要盡力幫助郭元帥呀！」

「請問小姐，你是什麼人？」朱元璋問道。

「我叫馬秀英，父母早亡，因家父生前曾與郭元帥是好朋友，所以郭元帥就收養了我。」

「郭元帥真是大仁大義，姑娘請放心，我一定會盡心盡力效忠元帥的。」

「我在這裡替郭元帥感謝你。」

「姑娘快別這麼說，我只是個當兵的，怎能消受得了你的感謝。」

「我看人是沒錯的，人這一生是講不清的，在我小的時候，家裡很窮，可是到了 12 歲那年，家裡卻突然變富了，富了母親拿錢去接濟窮人。可是還沒到 3 年，父母就雙雙慘遭殺身之禍，我一下子就變成了孤兒。」姑娘講到這裡，便有些傷感了。

朱元璋正奇怪郭府怎麼會有這般充滿智慧、善解人意的女子時，女子的訴說卻讓朱元璋想到原來她也有著痛苦的經歷，頓時生出許多好感。朱元璋充滿感情地說：「姑娘，你別傷心！」相同的命運，將這兩個素昧平生的男女突然拉得很近，他們似乎有許多說不完的話想要說給對方聽。

送走馬秀英後，朱元璋在回營的路上心情顯得非常舒暢。他回到兵營後便把軍裝穿在了身上，他左顧右盼地自己瞧自己，感覺自己精神了許多。

在一次探察元軍時，朱元璋為了保護郭子興受了點輕傷。這一天，郭子興因五河縣求援一事要與孫德崖等商議，朱元璋趁空又來到了那座小院門前。真巧，這個時候馬姑娘正好從裡面走了出來。倆人相繼停下了腳步，馬姑娘關心地問朱元璋，說道：「聽說你受傷了，你好些了嗎？」

朱元璋不覺心頭一驚，這麼多年以來，他已經很久都沒有聽到這麼溫馨的問候，一時竟愣在了那裡。原來，那天視察元軍時，他們認出了郭元帥便來襲擊，朱元璋拚死保護右臂被刺了一刀，如今傷早已經痊癒了，沒想到馬姑娘竟是如此地關心他。

「一點小傷，早好了，感謝馬姑娘掛念。」朱元璋真誠地回答。

「小傷也要注意調養好。」

「已經好了，請馬姑娘放心。」說著，朱元璋便彎起左手使勁地搖了搖。

馬姑娘笑了笑，又輕聲問道：「聽說你們是在城南五里處遇上元軍的？」

「是的。元軍近期可能要撤兵，他們在城南三十里外紮營這麼久，卻又不來攻城，肯定是心裡害怕，派人來看，是擔心我們去打他們。」朱元璋回答道。

「元軍肯定是要撤走的，他們最擔心的是背後的張士誠。」馬姑娘頗有主見地說道。朱元璋不由得打心眼裡佩服她的判斷。

「你怎麼不將這些想法跟郭元帥講講？」

「我，一個女流之輩。」馬姑娘淡淡一笑，說，「如果你也是這麼看的，還麻煩你給郭元帥講一講。」

「我一定將馬姑娘的看法轉報給郭元帥，我們不要花精力去對付南面的元軍，有張士誠在背後牽扯著他們。」朱元璋笑著說道。

「聽說元軍在圍困五河縣？」馬姑娘又問。

「我也是剛剛聽說的，現在郭元帥正在與孫副帥他們商量救援五河縣的事。」

「元軍怎麼會去圍困五河縣？我看這中間一定有鬼，你能不能冒險去探聽一下真實情況。」馬姑娘說道。

「只怕郭元帥不讓去，他們正在商量救援的事情。」

「我來想個辦法，就說我有事找你去辦。至於這兒的事，我看郭元帥他們三五天之內是不會拿定主意的。」

朱元璋既敬佩又感激地看著馬秀英，有一種心心相印的感覺。朱元璋心裡想：天下竟然會有如此聰明的女人！

就在郭子興舉義於濠州時，臨近的五河縣與永豐縣也先後有人舉義成功。雖然說都是紅巾軍，但是彼此間也有吃掉對方的念頭。正因為如此，五河縣義軍首領常遇春派人來求援，郭子興也拿不定主意到底是救還是不救。

幾天下來，郭子興與他的文臣武將們都在商討這件事情。

此時，文臣武將也分成了兩派。主張救援的主要是武將，以大將郭彪為首；主張不救的，主要是文臣，以謀士張超為首。孫德崖對戰爭一無所知，因此很少提出自己的看法，郭子興也拿不定主意，時間一拖又過去了一日。郭子興手下的文臣武將還是爭不出高下，郭子興正在傷腦筋時，朱元璋卻押來個瘦弱的元兵。

「快將實情說給我們元帥聽。」朱元璋拉著腰上的佩劍，對元兵喝斥道。

「將軍饒命，小人實說。」俘虜哭喪著臉，說道，「小人是鐵木乎手下的探子，奉命前來探聽濠州的軍情，鐵木乎將軍說，只要濠州派兵去支援五河，我們就乘虛出兵攻取濠州。」

情況既然如此，不救五河縣便是順理成章的事情。帥府中，主張不援助的文臣一個個似有先見之明的樣子，而主張援助的幾員武將乾瞪著眼睛，一時也無話可說。

「拉下去，給我砍了。」郭子興指著下面跪著的俘虜，一揮手說道。隨後，郭子興因朱元璋捉了元軍的探子有功，把他升為副將。

「感謝元帥提拔。」朱元璋恭敬地說，「不過，小人有些看法，不知能不能說？」

「既有看法，不妨說出來，大家都聽聽。」

「小人請求元帥，暫緩砍那元軍探子的頭，待小人把話說完，元帥要砍再砍。」

「本帥答應你。」郭子興點頭說完，旁有侍從忙趕出去喊：「刀下留人！」

「小人認為，元軍攻打五河縣城的目的是為了圍之打援，意在取我濠州，我們既明這個情況，更應前去救五河縣之圍。」

郭子興不解地望著朱元璋，朱元璋接著說：「原因有這麼三條，其一，元軍既然是圍敵打援之計，圍困五河的元軍一定很弱，我們只需一支千人輕騎便可取勝；其二，五河紅巾軍與我們雖說是素無往來，但這次若救了他們，今後必然成為友鄰，等到元軍北退時，我們在擴展地盤時也多個幫手；其三，元軍此次圍困五河，本意就是要奪我濠州，派一支輕騎速去速歸，既解五河城之圍，又使元軍一時不敢急攻濠州。只要元軍稍待半月，劉福通的紅巾軍就能打到開封，元軍便再無能力取我濠州。到那時，我們便可放手擴展地盤啦！」

一席話，說得帥府蕭然，郭子興眼珠轉動，哈哈大笑：「說得好，各位將軍，你們誰去援救五河縣？」

眾人面面相覷，就是不說話。這時，朱元璋站出來說道：「如果元帥允許，給小人一千兵馬，小人願意去救五河縣之圍。」郭子興同意了，朱元璋也立下了軍令狀。

天快要亮時，朱元璋帶領著一千精兵到了離元軍營帳只有兩里的山坳裡。在這次的救援過程中，朱元璋是異常小心謹慎的。因為元軍有三萬多人，而他們只有千人，要以一當三十，他不僅需要一個好的謀略，需要武功一等的精兵，更需要一位良友，現在的朱元璋已經將湯和當成了自己的親兄弟。

湯和是個極其忠義又寬厚之人，面對此去凶多吉少，他還是義無反顧，欣然前來助他的老鄉一臂之力。朱元璋看到湯和前來心裡非常高興，如今兩人就要去並肩作戰，去打一場險惡的戰爭，不免生出許多感嘆，也有許多說不完的話語。

然而，還沒有來得及交談幾句，就有探馬來報告：元軍營中靜悄悄的，並無半點動靜。朱元璋看著湯和，想先聽聽他的看法。

「現在元軍睡得太死，崗哨也在打瞌睡，我們可以一面率軍衝進敵營殺敵，一面派人進城通知五河縣的兵傾城出來接應。這樣一來，等到元軍回過神來時，五河縣的兵也到了，我們再聯合起來也有近萬人了，先圍殲他二千，只要有一營人被我們打跑，其餘人就會跟著跑。這樣，我們必然是勝券在握。」湯和說道。

朱元璋又補充說道：「如果我們現在馬上派人進城，告訴五河縣守將常遇春郭元帥已派出三萬精兵，要他們配合行動，這樣一來他們一定勇氣倍增。我們隱蔽在這裡，等到天明時元軍攻城快破時，再去放火將元軍營帳燒個精光，然後向前擊殺後撤的元軍，這樣一來，元軍一定會驚慌失措，失去戰鬥意志。這麼打，把握就又多了好幾成。」聽到這裡，湯和佩服得五體投地。

不久，天剛微亮，吳良來報：「稟將軍，元兵軍營人動馬嘶，像是要去攻打五河城了。」

朱元璋對湯和一笑，讓湯和去把他的意思告訴士兵們。等到湯和走後，朱元璋又派花雲去五河城內報信。儘管血戰在即，朱元璋還是要趁隙休息一下，養精蓄銳，以應對即將到來的慘烈戰鬥。

圍攻五河城的將軍叫海呼兒，是元朝的名將，這個人不但作戰勇猛，而且很有謀略。昨天晚上，海呼兒得知濠州郭子興已捉住了他們的探子，弄清了他們虛圍五河城實打濠州的計劃，便即刻召集手下，來商議如何應對這件事情。

商議了好一會兒，大家最後一致認為：既然郭子興已經知道了他們的用意，一定做了很好的準備，那乾脆先不打濠州，直接去攻打張士誠，一旦消滅了張士誠，濠州也會不攻自破。聽完大家的意見，海呼兒皺著眉頭說道：「可如今我軍已經圍了幾天了，倘若要是再攻不下就撤了兵，這樣會大挫軍心。所以，我決定，在去攻打張士誠之前，一定要拿下五河城。」

於是，海呼兒下令：拂曉前，全軍出動，太陽出來後攻占五河城，把常遇春活捉捆了去攻打張士誠。這個時候，五河城的守軍，在海呼兒強大的攻勢之下，已經死傷過半。眼見五河城危在旦夕了，就在這個時候，只聽遠處大聲喊著：「元帥，軍營被燒了。」

海呼兒回頭一看，只見自己的軍營烈煙騰騰，一片火海。於是，海呼兒趕忙命令撤兵。兵敗如山倒，海呼兒一馬當先衝回自己的軍營，熊熊燃燒的營帳驚得他目瞪口呆，心裡那點怒氣漸為膽怯所替代，正不知怎麼辦才好，只見朱元璋、湯和領著一隊軍馬直向他殺來，海呼兒帶著剩餘的兩萬多人倉皇往北逃去。此時的海呼兒做夢也沒想到，來襲擊他的部隊，才僅有千人。

這次是朱元璋投身軍隊後指揮的第一場戰爭，以少勝多取得了巨大的勝利。朱元璋不但解救了五河城，還得到了大量的戰利品。

常遇春在城門口迎接朱元璋的隊伍，當他知道朱元璋僅帶了千人來救他時，佩服得五體投地，當眾誇獎了朱元璋。這個常遇春，相貌奇特，體態雄壯，勇力過人，因其生性豪放又知體恤百姓，所以深得軍心和民心。

朱元璋見常遇春神情激動，知道他是發自肺腑，於是便上前一步，緊握住常遇春的雙手，說道：「常將軍如此誇獎，朱元璋真是愧不敢當。其實，朱元璋更佩服常將軍，如不是常將軍有勇有謀，膽識過人，又怎能孤軍守城如此之久，而且還能發起如此猛烈的衝鋒？」

聽了這番話，常遇春佩服之餘，又多了幾分親切，對朱元璋說道：「要說膽識過人，誰比得過你朱將軍？但是你這步棋也實在是危險了些。」

「危險，難道你怕危險麼？」朱元璋說完，兩人都哈哈大笑起來。兩人雙目對望時，都有一種相見恨晚的感覺。後來，朱元璋又將湯和介紹給了常遇春，大家高興地談論著。

五河之戰不僅讓朱元璋首建奇功，而且還讓他結識了一位後來幫他打天

下的大將。常遇春把朱元璋迎到城內，設盛宴款待了他。宴後，兩人又徹夜長談。臨別時，常遇春傾其所有，湊足了 3,000 兩銀子交給朱元璋。朱元璋與常遇春依依惜別後便離開了。

回到濠州後，朱元璋讓花雲與吳良抬著 3,000 兩白銀交給郭子興，特別申明這是常遇春將軍獻給元帥的。郭子興看到朱元璋打了勝仗，自己又得了這麼多的白銀，自然是眉開眼笑，對朱元璋、湯和、花雲和吳良都有所晉升，還大方地賞賜朱元璋 1,000 兩銀子，作為修建「鎮撫府」之費用。

經過長時間的接觸，郭子興覺得朱元璋處事沉穩，計慮周詳，好多事情都能從他那裡討個分曉，因此很願意同他交談。郭子興見朱元璋是個人才，便把養女馬姑娘嫁給了他。這位馬姑娘，也就是後來的馬皇后。朱元璋能與大元帥的女兒結親，自然是身價倍增，使得人們對這位小沙彌不得不刮目相看。

馬姑娘是一個謙虛和深明大義的人，對此，朱元璋也是非常地讚賞，他更以自己的夫人能有這樣的人品而自豪。自從馬姑娘與朱元璋結婚後，夫婦的感情一直都很好。此外，她對朱元璋的事業也是很有幫助的，她也是中國歷史上有名的皇后。

朱元璋是個有大志的人，注定要去開創大業，如劉邦一樣「大丈夫當如此也」。可以說，朱元璋白手起家的第一步便是從郭子興這裡開始的，由於他的才能與拚搏，不久他便旗開得勝。

有了自己的「小家」，這成為了朱元璋在日後能夠定天下的跳板，他借攀鳳跳入了「龍」門。自從朱元璋做了郭子興的女婿後，郭子興更加信任他了。從此，郭子興才真正地放心讓他帶兵外出去攻城略地，而朱元璋也不負郭子興的期望，屢次取得輝煌的戰績。

其實，郭子興要網羅朱元璋也不是沒有目的的。那時，濠州城內統帥之間也是矛盾重重，你爭我鬥得相當激烈。當初，一起舉事的郭子興、孫德

崖、俞某、魯某、潘某在占據濠州以後，便涉及到一個排座次的問題，五個人都是各不相讓，最後不得已就都稱為元帥。

郭子興為了顧全大局，還是讓出了第一把交椅，而屈居第五。可是，郭子興能打仗，也善於使用計謀，而孫德崖、俞某、魯某、潘某都是莊稼漢出身，他們不識字，性情粗獷，在遇到要處理的事情，四個人直瞪著眼張著嘴發呆。

這時，郭子興總是能說個頭頭是道，得意忘形之時還會奚落幾句，然後揚長而去，惹得那四個人十分羞怒。於是，那四個人便想聯合起來對付郭子興。

郭子興也是被氣得十分懊惱，他經常在家裡生悶氣。如果遇到了公事，四個人也不等郭子興便自行處理了。此時的五個人，雖然彼此還都按捺著，隱忍著，但是，實際上他們相互猜疑、提防，已經形同水火。而就在這個時候，徐州城的彭大、趙君用等戰敗逃亡而來的人，使濠州城的形勢變得更加複雜了。

那是至正十二年九月，攻打徐州失敗的義軍，以彭大、趙君用為首率餘部來濠州投靠，在增強了濠州的軍事實力的同時也使原有的緊張關係更加複雜了。

在彭大、趙君用得志於濠州之後，他們也相互撕咬起來。彭大處事果斷又有心計，趙君用不是對手，他只好唯命是從。這時，郭子興看出了這個端倪，便主動結交彭大而冷落趙君用，從而使趙君用大為憤恨。於是，趙君用就同孫德崖等人結黨。自此以後，在濠州城內兩派勢力重新組合，爭鬥進一步發展，以至於導致了公開的衝突。最終，竟鬧到孫德崖一夥綁架郭子興的地步。

這一天，孫德崖、趙君用指派的人看到郭子興正單獨行走在大街上，便一擁而上將他綁架了。然後，他們把郭子興放到了孫德崖家的地窖中。

　　這時，朱元璋正在淮北前線作戰，得到消息後便立刻決定趕回來。朱元璋知道郭子興的存亡，直接關係著他的家庭、他的前程還有他的生死。這個時候，有的朋友勸朱元璋說：「你這個時候回去，豈不是白白送死嗎？」朱元璋並沒有聽從朋友的勸告，因為他始終都記著郭子興對他的恩德，於是，他決定去搭救郭子興。

　　朱元璋趁著夜色摸到了郭家並問清了詳情，然後，小張夫人叫來了郭氏兄弟。朱元璋說：「此時，要救出元帥，就必須請老彭出面。」大家覺得有理，即讓朱元璋帶天敘他們馬上活動。朱元璋夜見彭大，陳說利害，並說道：「濠州城裡誰不知道我們元帥佩服彭大帥有勇有謀，料事高人一等。這遇事自然就向大帥多請教多商量些，關係更親密些，可誰想到因此就得罪了人。他們這樣幹明明是拔大帥的羽翼，拆大帥的臺。自古來多少事都被這幫嫉賢妒能的人給攪了。」

　　彭大本來就喜歡元璋，聽了他這一席話，便想起了對趙君用、孫德崖一夥人素日的厭惡與怨恨。於是，他立即站起身，隨即喝令左右，集合隊伍，兵圍孫德崖家。朱元璋等人也一同前往。

　　到了孫家後，還沒有進行交涉，朱元璋就跳牆而入。他找到了幽禁郭子興的地窖，砸破械枷鎖鏈，把郭子興救了出來。救郭子興一事無疑是朱元璋的一個義舉，這件事對朱元璋來說是頗有意義的，不僅鍛鍊了他在處理突發事件時的能力，而且也增加了他在應對政治鬥爭時的經驗，同時還體現了朱元璋作為一名前途遠大的青年將領的責任心和道德情操，從而奠定了他在軍中的威望。雖然這次火拚被暫時制止了，但是將帥們之間的仇恨卻日益加劇了。

　　此時，進攻徐州的元軍乘其鋒銳對淮西紅巾軍發動了猛烈的攻擊，城內將士避開前嫌共同抗敵。後來，元將中書左丞賈魯再次發動總攻時，跌下馬

後死於軍中，元軍不得不撤了回去。

　　然而，濠州城中愈發艱難且混亂了。在幾個月的困守中，糧食吃用殆盡，兵員損失嚴重，將士們都出城劫掠去了。與此同時，朱元璋又回到了家鄉去招兵。就在快要到東鄉的時候，朱元璋看見前面有位老人像是跌倒了，旁邊還有一個小孩正在努力地將他攙扶起來。

　　朱元璋立即勒住了韁繩，他下了馬走到老人跟前將他扶了起來。當他看到老人、小孩手上的破碗時，就知道他們這是要去沿街乞討。頓時，朱元璋覺得心裡憋得慌，他摸摸身上還有些碎銀，全部拿了出來塞給了老人。

　　老人驚得目瞪口呆，他一輩子都沒有見過這麼多的銀子，感激地不知道該說什麼好，他們交談了一陣便一同上路了。

　　當他們走進村口時，周圍已經圍了不少人。朱元璋對眾人高興地說：「我也是窮人的兒子，這次是來招兵的，希望可以擴大我們窮人自己的軍隊。」

　　「我相信你，我信！」老人捧起手上的銀子，「他是我們的救星，窮人的救星來啦！」老人這一喊叫，圍觀的人越來越多了。

　　「這不是前寨孤莊村朱家的……」一個中年人仔細地打量著朱元璋。

　　「是的，我叫朱重八，誰要是信得過我，就跟我一起去打仗吧。」朱元璋充滿激情地說著。

　　「你們還猶豫什麼，快跟朱重八去！」老人喊起來。

　　在這個鄉村裡，人們更願意去相信老人的話。比起年輕人來，他們更有號召力。聽了老人的喊叫，青年人都跟著吼起來：「我們跟朱重八走！我們跟朱重八走！」

　　年輕人有的回去準備，有的仍然跟著。沿路走去，越來越多的人跟上了，其中有些是認識朱元璋的，他們互相轉告著，當走進村時，已經有一大群人了。

有一個聽到了呼喊聲的壯實漢子，握了把砍柴刀，走到朱元璋面前，激動地說道：「重八哥，你還認得我麼？」

「胡大海！你是胡大海吧？」朱元璋喊起來。沒想到小時候瘦弱的胡大海，如今這麼壯實，只是那相貌卻還能分辨出來。

接著又來了二十多個人，朱元璋非常地高興，當即擺了十多桌酒席，宴請鄉親們同飲。直到下午才帶了眾人，依依不捨地離開了村子。

這回招來的都是自己的鄉親，朱元璋對他們感到特別地親近，特別地放心。他彷彿是找到了自己的親人，心中充滿了一種溫馨的感情。朱元璋下定決心一定要好好地培養他們，讓他們一個個都當上大將軍，成為自己今後進一步發展的主力軍。

在那樣一個兵荒馬亂的年月，有槍就是王。不管時局多麼艱難，明天後天命運如何，憑手中的幾千幾萬兵馬，這方圓十里百里就是老子的天下。此時，濠州城裡的將帥們都想過過王侯的癮頭。好在大家是分灶吃飯，各幫各夥，也就互相遷就，彼此容忍了。

可是，每個將領的處事方式也是不同的，正所謂官尊脾氣長，對下屬特別是對郭子興他們的軍官愈來愈加凌虐橫暴。朱元璋覺得再在這裡委屈下去，只有招辱取禍。而濠州城裡也沒有一個可以成得了氣候的，郭子興也是外剛內柔，不能夠相托。於是，朱元璋經過反覆思索，他決定離開濠州，去開闢新的天地。

這一年，是朱元璋的關鍵時期，如果不能迅速崛起，就只能被他人所滅。經過商議，朱元璋決定奪取滁州。於是，朱元璋從自己招募的新兵中挑選了心腹徐達、湯和等24人離開了濠州，南略定遠。

在南略定遠的途中，朱元璋先招撫了張家堡驢牌寨民兵3000人，後又招降了豁鼻子秦把頭的800人。朱元璋統率著這支隊伍向東進發，他們乘夜

攻破了定遠橫澗山的元軍營地，元帥繆大亨投降。朱元璋從降軍中挑選了精壯漢人 20,000 人編入了自己的隊伍，並南下滁州。

其實，朱元璋在定遠的一舉一動，正被一個讀書人密切關注著，他就是李善長。李善長的祖籍是安徽歙縣，他比朱元璋大 14 歲，小時候曾在歙縣靈金山閉門苦讀。

李善長喜歡讀兵家、法家著作，喜歡探求裡面的計謀權變。可是他的學識並沒有得到元朝政府的青睞，元朝政府並沒有給他提供任何升官做吏的機會。

後來，李善長決定棄文經商，來往於徽州、定遠之間。果然，他的才能在這裡得到充分施展，因而很快發了財。財大氣粗的李善長，再加上他的計謀遠略，成為了遠近知名的人物。

在元末的荒亂中，李善長時刻都在等待著讓他大顯身手的機會。眼下，朱元璋的膽識和智慧，使他隱約看到了希望。後來，馮氏兄弟的主動投靠使他最後下定了決心。於是，李善長把家稍作安排，就去追趕朱元璋的隊伍了。

那是在西元 1354 年，已經 42 歲的李善長身著儒生服，在朱元璋去滁州途中歇腳處請求召見。當朱元璋聽到來訪者是定遠名人李善長時，心中不禁大喜。李善長以自己的老謀深算，深深知道應該如何去打動這個野心勃勃的青年人的心。

李善長與朱元璋見面後，他一言不發，卻對著朱元璋的相貌審視起來，隨後，他忽然興奮地說道：「總算天有日民有主了。」就這麼一句話就把朱元璋的心給抓住了。

朱元璋作為三萬大軍的統帥，他急於想問個明白，李善長也有好多話要當面陳述，於是兩個人越談越投機。你問我答，整整談了一天。晚飯後，他們二人繼續秉燭對坐，談興更加濃厚了，蠟燭換了一支又一支，不知不覺東方便露出了晨光。

在徹夜的談話中，朱元璋感覺自己與李善長一見如故，一席長談不但鼓起了朱元璋的雄心，而且對他今後的事業產生了極其深遠的影響。在朱元璋看來，李善長的到來很可能就是蕭何轉世。

朱元璋任命李善長做記室，與此同時，一切機密謀議都會認真聽取李善長的意見。朱元璋還希望李善長擔負起協調諸將的任務。從此以後，李善長成了朱元璋的臂膀和心腹，擔負起了軍師和後方供給的任務。朱元璋不斷囑咐他要好好協調將領之間的關係，以便更好地共創大業。朱元璋攻下滁州後，他的侄兒朱文正、姐夫李貞帶著外甥保兒前來投靠。後來，朱元璋又收養了二十幾個義子。

這時，濠州城中的郭子興也正在經受著煎熬。彭大戰死後他的兒子彭早住當了魯淮王，但也只不過是徒有虛名。而趙君用卻成了天，他在控制了彭早住的同時，又要消滅郭子興。趙君用把郭子興挾持到泗州，準備在這裡將他除掉。

朱元璋知道後，覺得必須要去救郭子興，因為郭子興是他的恩人。可是，朱元璋不能發兵泗州，那樣就會中了趙君用的詭計。而此時，趙君用已經發來讓他駐守泗州的命令，其險惡用心是很明顯的。

朱元璋決定採用外交方式與趙君用進行鬥爭，他派了一個人到濠州面見趙君用，陳說大義，曉以利害。朱元璋又以實力做後盾，再挑開濠州內部矛盾，此時趙君用不能不再三斟酌。朱元璋又命人給趙君用的左右都送了大禮，郭子興才將他一萬多人馬帶了出來，並轉移到滁州城。

在郭子興入城時，他受到了朱元璋隆重的歡迎，朱元璋並無眷戀立即交出了兵權。只見三萬軍馬整齊劃一，嚴明號令，使郭子興十分高興。可是，當他再看看自己鬆鬆垮垮的部隊，不由得心中產生了不快，一種油然而生的自慚形穢之感填滿內心。況且，這次還是被人驅趕才來到此地的，像是在寄

居別人的屋簷下。郭子興不由得神經緊張起來，他擔心此時的朱元璋心裡會怎麼看他。

郭子興手下的將領也充滿妒意，有時郭子興當著朱元璋面責罵他們無能，進一步增加了他們對朱元璋的忌恨。於是，他們串通一氣向郭子興進讒言，說朱元璋作戰不利，說他背後對元帥有怨氣。

於是，郭子興對朱元璋越來越疑慮，越來越刻薄。重要的戰鬥不再派朱元璋做統軍，實際上剝奪了他的兵權。接著，郭子興又把朱元璋的屬員一個個調到元帥帳下。眼下又要把他的智囊李善長拉過去，朱元璋也只得由他。李善長不是一個簡單的角色，面對目前的局勢他早就有了細緻的分析，因為他瞭解郭子興，更加瞭解朱元璋。

時間一長，郭子興對朱元璋的不滿越來越多。由於郭子興的刻意刁難，朱元璋夫婦在生活上的處境也變得十分困難。郭子興以糧餉緊張為藉口，對他們夫婦的伙食摳得很緊。

夫人為了保障朱元璋能夠吃飽，只能自己忍饑挨餓。有一天，家裡實在沒東西吃了，夫人就到郭子興那邊廚房去幫忙，趁人不備，她將一張剛剛出鍋的烙餅貼在身上，用衣襟掩飾起來，並帶給了朱元璋。

等到她從懷中取出烙餅時，身上已經燙出了一個焦疤。夫人聽朱元璋說要去打點，便急將自己的一點私蓄拿了出來，通通孝敬了兩位張夫人。錢真是能通神，兩位張夫人果然十分歡喜，不斷在郭子興的面前說好話。於是，郭子興對他們的態度也漸漸有了新的改變。再說李善長那邊，他憑藉著伶俐與狡點，使他們的臉色也慢慢地友善了起來。

郭子興恢復了對朱元璋的信任後，這一年下半年，元軍以百萬大軍在高郵大敗張士誠後，又分兵圍六合。這時，守將孫德崖、趙君用的勢力危在旦夕，向郭子興求救，郭子興因之前的事情而拒絕發兵相救。

這時，朱元璋高瞻遠矚勸說大家，他認為六合與滁州唇齒相依，不救則自斃；六合失守，滁州必然不保。所以，不能因小失大。郭子興聽了心服口服，同意發兵救助孫德崖和趙君用。

朱元璋率部隊東下六合，搶占瓦梁壘要塞。無奈寡不敵眾，好幾次都險些被捉。由此可以看出，在對敵上不能硬拚，只能靠智取了。於是，朱元璋斂兵入壘，他派出一些婦女對著元兵大罵，元兵被這種突如其來的場面弄得舉足無措。

後來，元兵又見壘內放出了一些牛，婦女們在中間追趕，而壯丁們則在兩旁護衛。元兵不敢近前，眼見她們大搖大擺退回營中並向滁州方面撤退。元將方才覺得是受了奚落，於是急追。這時，耿再成進行邊打邊退的策略，他把元軍引到滁州城外的山澗。頓時，伏兵四起，城中將士也吶喊而出，元兵大敗而逃。

這一場滁州保衛戰考驗了朱元璋的勇敢與智謀，對此，將領們對朱元璋沒有不服氣的，就連郭子興對他也是刮目相看。

在這次援救六合的戰役中，從開始到勝利都充分顯示了朱元璋的遠見卓識、臨危不懼、顧全大局的氣概，從而贏得了這支紅巾軍官兵的敬佩和信服；同時也回擊了郭子興的偏見和淺薄，使郭子興充分認識了朱元璋的為人和軍事才能。

西元1355年，朱元璋一舉攻克了和縣，郭子興立即任命朱元璋為總兵官鎮守和州。朱元璋知道這個總兵並不是好做的，這些將領大多都是郭子興的舊部，他們一向驕橫放縱，總是憑藉著老資格不把朱元璋放在眼裡。如果此時立即宣布郭子興的命令，拿出總兵的氣勢來升堂議事，反倒會搞砸了。

於是，朱元璋想了個辦法，他命令將議事廳的公座撤掉，一律都換成小木椅。每天五鼓議事，諸將先到，就把右首上座依次占據了，留給朱元璋的

是左下首的末座。

朱元璋款款就座，每次在商議軍政大事時，將領們一個個呆頭呆腦，不能置一詞。朱元璋卻能剖決如流，處理得恰當妥帖。為了加強防禦，決定修築和州甕城，各將領分段承包，並且限期完工。

將領們根本就不把這件事當回事，等到驗工時，只有朱元璋負責的一段完好竣工。於是，朱元璋便把臉沉下來，在議事廳正中南向落座，把郭子興的委任狀擺在桌子上，命諸將上前觀看，隨即又說道：「你們違約失期，該當何罪？」將領們臉都嚇白了，不敢仰視。

朱元璋又稍稍緩和了一下口氣，說道：「念大家都是初犯，這次就免了。從今天起，如果再有違抗命令的人，一定軍法從事！」諸將連連稱是，這時，他們才知道這個一向謙恭和善的年輕人不可戲侮。

朱元璋在做總兵時還發生過一件事情。當上總兵的朱元璋不僅領兵打仗，還很注意用紀律來約束軍隊，其中「和州立約」便是一例。

當朱元璋在駐守和州時，有一天，雄雞剛剛叫過兩遍，朱元璋便起了床。這時，東方才微露光亮，全城百姓、軍兵都還在沉睡之中，只有幾家炸油條、炕燒餅、磨豆腐的店裡透出了燈光。朱元璋起床後就朝城外走去了，一來呼吸一下新鮮的空氣，二來也是練練武藝。

朱元璋來到北城口，守兵連忙打開城門，時值冬天，天氣嚴寒，朱元璋緊了緊戰袍，大步跨出城門。這時，在城門牆腳下，朱元璋看到一個面黃肌瘦的小男孩正蜷縮在稻草裡，旁邊還放著一隻要飯的籃子。

朱元璋觸景生情，想起了自己逃荒要飯時的苦難經歷，不禁一陣心酸。於是，朱元璋便上前喊道：「小兄弟，小兄弟！」他把那個小男孩喊醒後，便問道，「小兄弟，你有家嗎？」小男孩點了點頭。

朱元璋又問道：「你的爹娘在哪裡？你為什麼不跟著他們呢？」

小孩子哭了一會兒才說道：「我爹爹在城裡的軍營中餵馬，我娘也在軍營裡，她在一個當官的人家。」

朱元璋聽說小男孩的爹娘都在他的軍營裡，頓時吃了一驚，這就像一個拳頭猛地打在了自己胸口上。他強忍住憤怒說道：「小兄弟，別害怕，跟我進城去，我幫你找到他們。」隨後，朱元璋便帶著小男孩來到了軍營的馬棚，果然找到了孩子的父親。

朱元璋又問馬伕說：「孩子他娘在哪裡呢？」

只見馬伕搖了搖頭，默不作聲。朱元璋此時已經明白了究竟，便對馬伕說道：「等會兒，你到我的住處去，我有話要跟你說。」說罷，他又拉著小男孩走了。

朱元璋拉著小男孩來到了軍營將士的駐地，在一個小將士的家裡，找到了孩子的娘。那婦女 30 多歲，一看到自己的孩子便哭了。

朱元璋又領著那婦女回到了自己的住處，當見到自家男人時，女人頓時眼圈一紅禁不住地哭了起來，哭著哭著那婦女「撲通」一聲跪到地上，只見她邊哭邊說道：「總兵老爺呀，你救救我們吧，我們是十幾年的夫妻了，那回城破了，我丈夫就被抓來養馬了，我被那官……從那天起，我們有家不敢歸，有子不敢認，夫妻不敢稱。求求總兵大人，你可要給我們做主呀！」

那婦女哭著連連磕頭，又拉過小男孩，叫他也跪下一起磕頭。朱元璋本是個硬漢子，但見了這個情景，也不免鼻子一酸、眼圈一紅落下淚來。朱元璋當下決定傳令各路將領到他的軍帳訓話。

此時的朱元璋已經意識到，部隊的軍紀存在著嚴重的問題，他們攻破城池後，發生了擾民滋事、擄掠婦女的事件，如果再繼續這樣下去的話，部隊將會失去民心。

當朱元璋把所有軍官召集在一起時，他對大家說道：「大家從滁州來到

這裡，有一些人擄人家的妻女，使百姓夫婦離散，敢怒不敢言。軍隊沒有紀律，只能擾民，怎麼能安眾？今天，你們能夠把所擄的婦女交出來，咱們萬事皆休，倘若霸占隱瞞，絕不輕饒！」

俗話說「軍令如山」，總兵既然已經下了命令，誰還敢不遵從？當即，將領們就將全部搶來的婦女送到了總兵部。

第二天，朱元璋召集全城百姓在兵營集合。朱元璋命令城中男子集中站立在兩旁，讓婦女們一個個去相認。同時，朱元璋還宣布：「果真是夫婦，就相認；不是夫婦，不得隨便相認。」於是夫婦攜手而歸，家庭得以團聚。部隊在百姓們心中的形象也有了改變。此事廣為傳頌，朱元璋也更加深得民心。

後來，孫德崖借郭子興到和陽的機會，施計謀挾持了朱元璋。孫德崖之弟給朱元璋套上了鐵鎖欲加害，幸遇一位姓張的友人救了性命。郭子興自從聽到朱元璋被擒去，驚疑致疾，一病不起，3 月卒於和陽，歸葬滁州。明朝建立後，洪武三年，也就是西元 1370 年，郭子興被追封為滁陽王，並建廟奉祀。

看著朱元璋的勢力越來越大，同時也是為了化解與朱元璋的矛盾，郭子興的小張夫人把自己的女兒嫁給朱元璋做了第二夫人，也就是後來的郭惠妃，很顯然此目的是為了得到朱元璋更好的保護。不久，郭興、郭英兩將軍遵其父郭山甫的囑託，又把妹妹送給朱元璋做了第三夫人，這也就是後來得寵的郭寧妃。由此不難看出，朱元璋的影響正在一步步地擴散，實力也在一步步地增強。

大舉攻占集慶

朱元璋一直都在郭子興的手下忍辱負重，而郭子興又是個剛愎自用且心胸狹窄的人，朱元璋因此吃了不少的苦。

郭子興病逝後，小明王韓林兒任命郭子興的兒子郭天敘為都元帥，妻弟張天佑為右副元帥，朱元璋為左副元帥。名義上，都元帥是軍中之主，右副元帥的地位比左副元帥高。但是，滁州與和州的軍隊，多是由朱元璋招募收編的，而且朱元璋比郭天敘和張天佑有勇有謀，並且手下又有人才，所以，在事實上朱元璋已經成了這支隊伍的主帥。

郭子興死後，紅巾軍的內部矛盾暫時得以平息。他的喪事辦得也是非常地隆重，全軍上下都替郭子興佩戴白紗，而二公子郭天敘卻在父親去世後的第三天才趕回來。

當朱元璋與郭天敘四目相望時，郭天敘不由得倒吸了一口冷氣。從朱元璋投奔濠州城的第一天起，郭天敘就對他看不順眼，開始是看不起他，後來便是十分忌諱，再後來在忌諱中不由得生出些害怕來。如今父親去世了，濠州城裡就那麼幾萬人馬，他朱元璋單是留守定遠的就有四萬餘眾，還有那個常遇春、湯和、花雲等一班生死弟兄。朱元璋能服從我嗎？郭天敘在心裡問著自己。

隨後，朱元璋讓郭天敘去帥府議軍政大事，但卻被郭天敘給推託了，其實他是內心因為害怕朱元璋，才有意避開的。郭天敘回到府裡，心腹張和、趙青雲正在等著他。郭天敘端坐帥椅問道：「如今孫德崖已死，我帥印在手，朱元璋該怎麼辦？」

「朱元璋狼子野心，老帥在時，他就不把你放在眼裡，現在恐怕更是不服，我看不如乘此大好機會……」趙青雲做了個抹脖子的動作。

「你看呢？」郭天敘又掉頭去徵求張和的意見。

　　「我想也只能如此，如今他們就三個人，待明天到帥府議事時，全部請來，我們先在周圍埋伏好刀斧手……」張和聲音越說越低，只見郭天敘連連點頭，他對他們說道：「你們分頭去安排，明天大功告成後我們再擺酒慶功，到時，我封你二人為大將軍。」說完，郭天敘便匆匆離開了。如今帥印在握，郭天敘做事也是有恃無恐了。

　　朱元璋回到府裡後，馮國勝、湯和和馬秀英都一起望著他。朱元璋告訴他們說：「我約郭天敘去帥府議事，他說太倦便匆匆去了。」大家會意地一笑，剛才他們已經在討論這件事了，他們一致認為郭天敘一定會殺了他們的。朱元璋和他們說還是走吧。

　　馮國勝要朱元璋把這件事想清楚，他認為現在是關鍵時期，並且還給朱元璋進行了一番分析。朱元璋也談了自己的一些看法：他承認軍師的分析確實有理，但有恩還是得報，郭元帥剛剛入土，我就如此對他兒子，實在是下不了手。

　　馮國勝聽了沉思一會兒又說：「我認為郭天敘如是能成事之人，您去強奪，自是不仁不義。但這郭天敘實是成事不足、敗事有餘之人。且大丈夫在世，須以天下人安危為己任，你對他一人之仁，整個郭家軍隊將毀於他手。」

　　朱元璋想了想還是認為不妥，覺得愧對郭元帥的知遇之恩，會心裡不安，馮國勝和湯和便不再言語了，他們把目光投向了馬秀英。

　　馬秀英挺著個大肚子對馮國勝說：「若依軍師之言，元璋確實事成有望。你們明天就設法速速離去，有我留在這兒，天敘定會對元璋少些忌憚，也不定非除去而後快了。」

　　「真要走，現在就得走。」馮國勝說，抬頭望著朱元璋。朱元璋點了點頭，目光不由得落在馬秀英身上。

「你放心地去吧，這兒有小紅照顧我，待你們走了，我把義母也接來。」朱元璋不再說話，他慢慢地朝馬秀英走了過去。眾人見了，都識趣地離開了。

朱元璋輕輕地擁著馬秀英，說道：「你還沒生，我們又要走了，真是太難為你了。」說著，便忍不住流下了眼淚。馬秀英替丈夫擦去淚珠，看朱元璋一個大男人流了淚，自己也忍不住流下了眼淚。朱元璋又伸手替她去擦。

這個時候，馬秀英讓朱元璋給他們的孩子取個名字。朱元璋說：「生的若是個兒子，就單名一個『標』字；生的若是個女兒，那就叫『臨安』。」

「真難為你為我們兒子的一番苦心，朱標，好。」馬秀英破涕為笑，高興地說道。

第二天清晨，郭天敘早早就醒了。這時，張和與趙青雲告訴郭天敘，一切都安排得妥妥帖帖，就等著朱元璋前來送死了。郭天敘聽罷一揮手，灑脫地坐在元帥椅上。

可是，時間一分一秒地去過，也不見朱元璋的影子。郭天敘不免有些著急起來，就在這時，馬秀英來了。她對郭天敘說道：「稟郭元帥，昨日深夜定遠來人報急，說是滁州元軍興兵進犯，元璋等人連夜趕回去了，只是害怕郭元帥擔心，特讓我一早來稟告，待他平定進犯定遠之兵，即刻前來請罪。」

隨後，朱元璋抓住時機統率起義隊伍，展開了新的戰鬥。劉福通所擁立的龍鳳政權既有很大實力，又在北方與元朝作戰，為朱元璋減去了腹背受敵的壓力。也正是有了這樣的有利條件，朱元璋才能在南方施展抱負，敢於渡江攻打集慶。集慶也被稱為南京，因為它是元朝在南方統治的重鎮，所以它的軍事防禦也是比較堅固的。

朱元璋吸取了歷史上的經驗，制訂了攻取集慶的作戰計劃。西元1356

年，朱元璋領兵攻採石，元軍慘敗。從此以後便打破了元軍扼江挾制的形勢，也為進攻集慶掃除了最大的障礙。

在不斷進行戰爭的同時，朱元璋還很注意招納賢士。從江北跟隨而來的，除了李善長、馮國勝、范常之外，還有濠州郭景祥、李夢庚，定遠毛騏，滁州楊元杲、阮弘道、樊景昭，舒城汪河，王習右、楊歔干、范子權等。

這些人有的管理文案，有的出謀劃策，有的則是諮詢顧問，他們各負其責。透過這些賢士的幫助，朱元璋也增長了不少的知識，變得更加成熟起來。

朱元璋與讀書人往來，一方面在補充各種知識文化課，結合軍事政治鬥爭的實踐瞭解先輩們積累的各種經驗；另一方面也是在緩和與各地士大夫的矛盾，消除他們的敵意，朱元璋對士人的爭取也越來越重視了。

文臣武將們感激朱元璋對他們無限的信任，他們在一起商議著攻打集慶的事情時，馮國勝說：「現在的集慶守軍不過 3 萬多人，而我們如果加上俘虜，就有 15 萬多人，比敵人多出 4 倍。而且，我們的士氣高昂，我想用不了多少日子我們就能攻下集慶。此時，我們需要努力謀劃，求一良策，奪取一個完整的集慶，以報元帥的信任之恩。」

徐達與常遇春等聽了，紛紛表示贊同。馮國勝見大家統一了想法，便親率降軍為先鋒攻城。這一仗，打得非常激烈，整整一天，雙方的死傷都比較慘重。第二天，馮國勝與常遇春各率一支大軍，同時展開猛烈的進攻。經過一天的浴血奮戰，常遇春的部隊終於殺上了北樓。

魯達花赫福雖然說是個文官，但是勇氣過人，懷揣一顆忠心。兩天來，他手握長劍巡視城上，並且不斷地鼓舞士氣。他又把家中的金銀都拿了出來，獎給守城有功之人。雖說守軍少了一半，但是餘下將士鬥志還是異常堅定的。

魯達花赫福見到常遇春的軍隊只有少數人殺上了北樓，並不感到驚慌，他指揮部隊迅速地向突破口衝來。由於魯達花赫福帶來增援的人多，不一會兒就把衝上來的人悉數殺死，又重新堵上了突破口。常遇春在下面看了，只能在心裡滴血。

第三天，馮國勝、常遇春再次組織大軍，發動更加猛烈的進攻。又是攻了整整一天，直殺得天昏地暗，血流成河。常遇春與馮國勝的部隊，都曾多次攻上高高的城牆，可結果還是給打退下來，而且死傷特別嚴重。這一次又以失敗收場，馮國勝、常遇春倆人都焦急萬分。

凡事不過三，馮國勝與常遇春此時都非常明白，像這樣的進攻，如果再繼續下去，部隊的死傷就更加嚴重了，對他們也是極其不利的。如果想不出一個好些的辦法，這集慶恐怕一時是難以攻下來的。於是，他們請來諸將，大家一起商議。

這時，徐達緩緩地說出了自己這幾天來的一個想法：「從這幾天攻城的情況來看，我軍之所以還占領不了集慶，其主要原因是城上魯達花赫福親自率領的增援部隊太有殺傷力。因此，我們要先將魯達花赫福親自率領的這支增援部隊引開。我們可以讓水軍督尉俞廷玉來，讓他派出一支精銳水軍，帶上火藥，從水上繞道西門城下，轟炸城門。到時候，那魯達花赫福必然要往西門去，趁此機會，我們大家全力攻城，到那時便可一舉攻破。」徐達說完，徵詢地望著常遇春與馮國勝。

「徐將軍所言，非常有理。如此一來，集慶破在近日。」常遇春高興地說。

「對！我們就這麼辦，立即派人去告知水軍督尉俞廷玉，令他們速派出水軍，帶著火藥，繞道西門城下，轟炸城門。」馮國勝也非常贊同徐達的意見，諸將領馬上作了安排部署。

第二天，馮國勝、徐達和常遇春將人馬整編好，又將雲梯也準備好。到

了午時，只聽得西門連珠炸響。馮國勝估計魯達花赫福已經離開去西城門了，便一聲令下，常遇春和徐達奮然上前，只見千萬兵士架起雲梯勇敢向上，爬上城牆後便與元軍搏戰。隨著爬上去的人越來越多，元軍漸漸體力不支，使得他們向城下敗去。

這時，徐達與常遇春奮然登城一路殺去，將元軍追至城門正樓。常遇春揮刀砍斷繩索，過橋掉下城門大開，馮國勝揮劍高呼：「衝啊！」

「衝啊！」隨著軍師的呼喊，千萬軍士齊聲響應，大家呼喊著一路殺進城去。

魯達花赫福帶著一隊精銳部隊趕往西城門，只見轟炸聲停了，硝煙散了，就不見敵人進攻，這才知道上了當。當他正準備重回南門時，只見南門守軍張義慌忙跑來：「大人，南門已破，我們護你往北門出逃。」

魯達花赫福對張義看看，仰天長嘆一聲，便一劍了結了自己，張義見狀便慌忙丟劍逃跑了。

徐達趕到西門，只見地上躺著魯達花赫福的屍身，對手下人說道：「真是一位忠義之士，只可惜生不逢時，把他給厚葬了吧！」說完，徐達帶領著軍隊前去追趕張義等人。

占領集慶是朱元璋在軍事上和政治上的巨大勝利，朱元璋與李善長隨著大軍，浩浩蕩蕩進了城。進城之後，朱元璋召集官吏、平民，發布了激動人心的告諭：

> 元朝政治腐敗，所在紛擾，天下到處起兵反抗，百姓吃盡苦頭。你們大家身處危城之中，整日提心吊膽，生命沒有保障。我帶兵到這裡來，是為你們除亂的，今後大家要各自安業，不要疑懼。如有賢人君子願隨我一起建功立業的，我必以禮相待；各級官員不得橫暴、禍害百姓；舊政府舊制度對百姓不適合的，我要為你們廢除。

　　同時，朱元璋還提出了當官的切勿貪暴殃害良民。這一告諭的發布，既安定了民心，又在集慶城建立起了正常的生活秩序。於是，偌大個集慶城沉浸在了一片祥和的氛圍中，百姓慶幸脫了元朝苦海，因此，他們對朱元璋十分擁戴。同時，本地的一些豪紳也都前來投靠朱元璋。

　　朱元璋請李善長做他的參議，所有軍事上的策略安排，軍隊的管理制度，也都讓他參與謀劃與制定方略，李善長成了身邊的第一人物。進城後，朱元璋帶領徐達等巡視全城，當他看到集慶城的雄偉、富庶和繁華時，朱元璋恍如在夢中，那種激動與興奮簡直無法形容。

　　當朱元璋看到「金陵府」這三個字時，不覺地搖了搖頭。馮國勝問道：「元帥是否以為『陵』字不妥？」

　　「陵者，墓也。」朱元璋說道。

　　「南京乃虎踞龍盤之地，元帥何不將其更名為龍盤府？」馮國勝說道。

　　「龍盤府好是好，但是卻有些張揚了，會惹得各路義軍群起而攻之。」朱元璋思索著說道。隨後，朱元璋扭過頭問李善長的意見。

　　「元帥舉兵攻城，乃是順應天時，解救百姓，可否更名為『應天府』？」李善長說道。

　　「『應天府』，好！那就叫『應天府』吧！」朱元璋高興地說道。

　　當朱元璋坐上雕花的大木椅放眼望去時，只見殿內是一片宏偉華麗的景象，堂下將軍威風凜凜，這應天府可真比滁州強多了。朱元璋看著喜氣洋洋的文臣武將，不禁想到：如今該是給他們加官晉爵的時候了！

　　在這以後的三天時間裡，朱元璋將諸事都交給了李善長、馮國勝、徐達等人去做，自己則關起門來，認真地考慮給各位文臣武將的官銜，朱元璋明白用人的關鍵是要把官銜授給適宜的人。

　　後來，經過朱元璋三天的深思熟慮，他對文臣武將進行了封賞。朱元璋

任命徐達為總督軍馬行軍大元帥，常遇春為前軍元帥，李文忠為後軍元帥，湯和為左軍元帥，鄧友德為右軍元帥，胡大海為提點總管使，李善長為參議官，馮國勝為親軍指揮使……

「至於我自己麼，快馬將捷報給小明王送去，他給我封什麼官，我就做什麼官吧。」朱元璋自嘲地說道。

「元帥，我有一言不知當講不當講？」一個豪紳上前說道。

「請講。」朱元璋回答。

「我看元帥已成大業，擁兵十餘萬，今又占應天府，完全可以與其他各路義軍相衡，不再臣服在小明王之下，而是與他們平起平坐稱王。」

「是啊，我們懇請朱元帥稱王？」幾個豪紳，還有朱元璋麾下的一些文臣武將都齊聲說道。

朱元璋看看馮國勝，又看看李善長，三個人會心一笑。稱王一直都是朱元璋非常渴望的事情，可是，在與馮國勝、李善長商議之後，朱元璋也感到自己現在不能稱王。在此時，已經稱王的就已經有幾家了。論實力而言，朱元璋是完全可以稱王的，可是一旦稱了王，就要遭到更多人的攻擊。這樣一來，就會使自己處於外有元兵、內有義軍攻擊的困境之中，實不利於發展實力，爭取人心。

朱元璋雖然年輕，但是他十分清楚：在這種腥風血雨的年代裡，實力比任何榮譽都重要得多。這麼想清楚了，年輕的統帥決心捨虛名而求實力。正是因為這樣，朱元璋與李善長、馮國勝才這樣會心一笑。為了說服眾人，朱元璋示意李善長給諸位文臣武將解釋一下。

李善長會意地點點頭，說道：「由於元朝的統治基礎不牢固，一遇天災人禍，最下層便猛烈相左，整個制度便會崩潰瓦解。而如今已經發展起來的各路起義軍，並不明白這些道理，在自己力量還沒有強大到足以御國的時

候，便忙著稱霸封王，結果相互爭戰，必然走下坡路。而我們正可趁此良機，從近而遠，從小而大，迅速地對周邊元軍進行掃蕩，在占領周邊城鎮的同時發展實力，從而更加快速地擴大勢力範圍，爭取民心，待到力量足以御國之時，帝王之位，不封自來也。」

朱元璋是個聰明的人，他發覺自己現在正處在韓林兒、張士誠、徐壽輝這三股力量之間，這三股力量中隨便哪一股都可以與元軍力量匹敵。他們現在都稱了王，各自都在與元軍激戰，無力他顧。如果自己能夠利用好這一有利形勢，打著韓林兒的旗號，消滅周圍一些與大部隊分散的元軍，一年之內便可以拿下應天周圍的鎮江、長興、常州、寧國、江陽等地。

等到北方的仗打得差不多時，自己的力量也就強大起來，就可以與所有力量抗衡，就可能避免為他人所滅的命運。因此，他需要的不是虛榮的名號，而是真正的實力。朱元璋這麼想著，微微地笑了笑。

常遇春一直在看著朱元璋，他不知道朱元璋為什麼會笑。在聽了李善長的一番話後，常遇春覺得雖然很有道理，但是還是認為朱元璋這樣太委屈了，於是他站出來說道：「可是，元帥還是得有個封號才好，不能太委屈了元帥。」

馮國勝聽了表示贊同，這裡在古時被稱為吳國，不如就建議朱元璋稱吳國公。想到這裡，馮國勝說：「常將軍的話很有道理，依元帥現在的實力、聲譽，封王早已足矣，只是不願太露鋒芒，為眾矢之的。既然如此，元帥不妨暫稱吳國公，大家看看可好？」馮國勝轉過頭去，徵詢地望著李善長。

「吳國公，我認為好得很，只是不知元帥意下如何？」李善長將目光停留在朱元璋身上。眾人的目光，也都轉向了朱元璋。

「既然如此，那就叫吳國公吧。」朱元璋便笑著說道。

朱元璋的行動，從這時起就顯示出一種為將來遠大前途著想的策略眼

光。他不是圖一時的錢財，也不在於僅僅改善一下原先的貧困生活，而是要建立一個政權，占領地盤，收羅人才，尋求繼續擴大勢力範圍，以此來準備和群雄進行爭衡。

朱元璋此時已經占據了長江沿線的蕪湖、太平、和州、溧水、句容、溧陽等地。他要拱衛應天府，那就必須儘快拿下下游的鎮江路。此時的朱元璋擔心的是兵無紀律，他認為，在江南的複雜形勢下，誰能安定民心、安定社會，誰才可能有長足的發展。

3月12日，朱元璋召集全軍將士訓話。在講了嚴明軍紀的道理和歷次軍令之後，朱元璋歷數一些將領殺戮搶劫的罪過，隨即把臉一沉，說，全部拉出去砍了。將領們一個個面無人色，一齊跪地磕頭。

這時，李善長出面求情。朱元璋便說道：「看在諸將和李都事的面上，罪過權且記下。你們知道，我自起兵以來，從未枉殺過一人。你們往後行軍打仗，也斷不可濫殺濫搶，糟踐百姓。馬上徐達等人要帶兵攻打鎮江，你們一定要很好地體悟我的用意，嚴格戒戢士卒。城下之日，不得燒，不得掠，不得隨意殺人，有違犯的，處以軍令。倘使你們約束不嚴，我絕不寬恕！」

將士們都不敢作聲，連大將徐達都是戰戰兢兢的，連忙說：「一定聽從命令。」

3月16日，徐達、湯和、廖永安等率隊浩浩蕩蕩地出發了，嚴整的威武雄師在第二天就拿下了鎮江。

3月19日，設置了淮興鎮江翼元帥府，以徐達、湯和為統軍元帥；又設秦淮翼元帥府，以俞通海為元帥。朱元璋以應天府為根據地，擁有集慶路、太平路、鎮江路、廣德路等江南地面，十幾萬軍隊，成為了江南很有實力的割據政權。

此時，在朱元璋的上游有徐壽輝，下游有張士誠，今天浙江的寧波、臨

海沿海一帶有方國珍，江南其他地區仍為元朝所占據。江北則有韓林兒、劉福通的大部隊牽制著元朝主力，做了南方起義軍的屏障，使他們得以肆意地蠶食元屬領地，並彼此之間展開廝殺。

從此，在長江以南，形成了以方國珍、徐壽輝、張士誠、朱元璋各霸一方的割據態勢。

成功組建水師

軍隊修整幾天後，這一天，朱元璋與大臣們說到了戰船和水師的問題，大臣們認為無船隻、無水軍，當遇到要進行水戰時，就算讓軍士臨時收購些船隻去渡江，由於沒有水戰經驗那也將會大敗無疑。

朱元璋覺得大臣們說的句句在理，於是，他經過與大臣們反覆商量，決定派李文忠、鄧友德前往巢湖，與水師總兵趙普勝、李普勝商議共取平江之事。

徐壽輝是紅巾軍的領袖，自從起義之初，倪文俊便被任為元帥。那是在西元 1355 年，倪文俊在率領南方紅巾軍出擊元軍時，就命他的巢湖水師督尉趙普勝、李普勝前去攻打和縣奪取糧食。誰知道，當時因為兩位督尉與水師總兵在鬧脾氣，結果動作慢了半步，給從陸上趕來的徐達搶先占了和縣，糧食也都被徐達得到了。

趙普勝、李普勝懊惱不已，挨了倪文俊的訓斥，結寨巢湖 3 萬水軍的糧食也不知該如何解決。整整 2 個多月了，他倆商議來商議去，都沒有想到解決的辦法。

眼看水軍的糧食就要斷頓了，兩人還是想不出一點兒辦法來。一日無糧千軍散，到時候可怎麼辦呢？當他們正急得火燒眉毛時，忽聽報告：「外面有朱元璋的兩個手下李文忠、鄧友德求見。」

李普勝聽了點點頭，大聲吩咐：「讓他們進來！」

　　李文忠、鄧友德大步進來。李普勝、趙普勝仔細地打量著他倆：只見李文忠雖說二十出頭，卻顯得沉穩威猛，眉宇間盡顯英氣勃發；再看那個鄧友德也是年紀輕輕，卻高大挺拔，氣度不凡。再想起那個神武勇健的徐達，李普勝、趙普勝心裡不由一陣嘀咕：朱元璋的手下怎麼一個個都是英雄豪傑。想到這裡，二人的心裡頓時覺著很不是滋味。

　　「你們二人到巢湖來有何事？」

　　「是為奪平江之事。」

　　「什麼奪平江之事？」趙普勝有些不耐煩地問道。

　　「是這樣的，」鄧友德趕忙解釋道，「平江素有江南糧倉之稱，我家元帥有意奪之，大軍已往平江開拔。因為想起趙、李二位督尉也缺糧食，就想與二位督尉聯手共取平江。奪得了糧食，我們分而食之。」

　　李普勝聽了，心想：那個朱元璋會有什麼好意，恐怕是他們沒有船隻，無法過江去打平江，這才來打我們巢湖的主意。說穿了，他就是想要我們巢湖的水軍。想到這裡，他很不客氣地問道：「你們得了糧食，會給我們？」

　　一旁的趙普勝想到和縣之事，氣憤地打斷了他的話：「什麼平分糧食，恐怕是想連我巢湖水師也一起吞了吧？」

　　「這是不可能的，大家都是義軍，我們元帥絕不會做如此有違天理之事，遠的不提，就看他怎樣對待一心要殺他的郭天敘就可以知道了。我們元帥不但厚葬郭天敘，還讓他的弟弟……」

　　「好了。」趙普勝打斷李文忠的話說，「你們休息一下，待我們商量後再說吧。」等李文忠、鄧友德走後，趙普勝同李普勝商量著計劃。

　　「俗話說，擒賊先擒王，只要把朱元璋先幹掉，群龍無首之時，他的軍隊裡，誰還能服誰？那時，必然是互相攻擊，不戰自亂，我們再趁勢攻之，不就可以吞下朱元璋所占領的領地了嗎？」

　　於是，李普勝湊近趙普勝的耳朵，講述著自己的計劃，趙普勝聽得連連點頭稱是。好一陣，他二人四目相望哈哈大笑。笑聲停止後，他們命人喚來李文忠和鄧友德，李普勝笑瞇瞇地瞅著他倆說：「我們商量好了，你們回去告訴朱元璋，要想聯合他就親自前來細談。」

　　李文忠剛要開口說話，被李普勝揮手止住了：「這事只能這樣，捨此一切免談！」李文忠和鄧友德雖然氣憤，但是卻沒有一點兒辦法。他們回來後，將情況報告給了朱元璋。朱元璋瞭解到情況後，急忙招來了常遇春、徐達等人商議對策。

　　「依我看來，李普勝、趙普勝二人此次請元帥去巢湖議事，定是不安好心。」常遇春說，「我們可否借一緣由，誘其上岸，驟而囚之，奪其水師。」

　　「趙普勝、李普勝倆人詭計多端，元軍多次對他們進行剿滅都沒有成功。他們結寨水中，來去無蹤，占盡地利，如今見我軍勢眾，恐怕難得誘其上岸。」湯和說。

　　「各位將軍，看有什麼良策來誘殺李、趙？」朱元璋的目光移至徐達處，示意要他講講看法。

　　「依末將之見，不如從其所請，欣然赴約，途中生變，反誘之殺之。」徐達說。

　　「萬萬不可！」胡大海急了，「明知趙、李心懷不軌，元帥若去豈不非常危險？更何況，到了水中便是他趙、李天下，又如何能誘之殺之？」

　　「胡左軍切莫著急，聽我將具體安排道清，能否可行，還請元帥定奪。」徐達說著具體安排，眾人皆點頭讚許。

　　「元帥去了，常將軍理應坐在軍中發號施令。」湯和說，「還是讓我與元帥同赴巢湖。」

　　「我願與元帥同赴巢湖！」胡大海、郭英、沐英都爭相說道。

「我認為我與元帥同赴巢湖比較合適。」待眾人說完，徐達才冷靜地說，「昔日奉元帥之命，我領兵奪了和縣，為此李普勝、趙普勝對我恨之入骨，這次如果我與元帥同往，欲報搶奪和縣之仇，李、趙二人更容易上鉤。」

「徐達言之有理。」朱元璋拍板說，「就請常將軍坐鎮軍中指揮各部，湯和協助，徐達與我同往巢湖，胡大海、郭英隨後船接應。速速派人通知趙、李兩普勝，說朱元璋即來巢湖商談共奪平江之事。」

在巢湖水寨中，李普勝、趙普勝不斷接到朱元璋部隊的消息，知道朱元璋親統大軍已入和縣，又是高興又是擔憂。

這天，趙普勝正在與李普勝說話，軍士來報：「朱元璋的信使求見。」

「快傳進來。」趙普勝結束高論說。來的就沐英一人，他告訴趙、李兩普勝明日午時前，朱元帥與徐副將就一船二人來與他們商議攻占平江一事。等到沐英一走，他們立刻召集親信到軍營中挑選三十幾個膽大心細、武藝高強的勇士，並一一作了細緻的安排，單等朱元璋和徐達的到來。

第二天上午，朱元璋與徐達上了條大木船。這船裡還藏了條小船，裝了許多易燃之物。由於划船的只有徐達在攻占和縣時救下的船家父子，人數太少，船行走緩慢。划了足足一個多小時，船才到了能看清水寨行人的地方。按照原來商量好的辦法，朱元璋令船家父子故意將船繞進巢湖內唯一的暗礁堆裡。不一會兒，船便擱淺了，怎麼划也划不動。朱元璋端坐艙內，徐達讓兩個艄公齊聲大喊：「船擱淺，請趙、李二位督尉過來議事。」

當趙普勝、李普勝遠遠地看到朱元璋的船時，心裡非常高興。看著船隻行動過於緩慢，趙普勝對李普勝說：「看，朱元璋的手下都是笨蛋，船划得這麼慢。」

「要論水上作戰就數你我兩人，朱元璋的部下怎麼能熟悉水戰呢？」李普勝正說著，又見朱元璋的船駛進了暗礁堆裡，忍不住哈哈大笑起來。

「我們不去，讓他們過來。」李普勝說。趙普勝聽了，點點頭，便讓軍士回道：「等一等，我們派人去接你們過來。」

「不行。」徐達說，「請趙、李二位督尉過來議事，不然，我們就讓後面的船接我們回去。」

李普勝、趙普勝朝遠處一看，果然見離朱元璋乘坐的船不遠處，還有條船停在那兒，李普勝說：「後面的船不準向前，我們立即過去。」

一條小船帶著兩個將軍模樣的人漸漸靠近，徐達暗示朱元璋當心。兩個將軍模樣的人上來，徐達迎上去問道：「來人可是李普勝、趙普勝兩位督尉？」

「我們不敢冒名頂替。」來人說，「我們都是督尉手下的副尉，奉命前來查驗，如無異常，督尉即刻前來。」

「請吧。」徐達非常友好恭敬，「我家朱元帥就在艙內，二位請詳盡查驗無妨。」兩個副尉到船上四處察看，看到些易燃之物，並沒有引起多大注意，回去沒多久，趙普勝、李普勝兩人過來，有四個端著酒菜的女子隨同。

朱元璋吩咐船家父子去把那條小船拖到船尾，便同徐達迎接趙普勝、李普勝上船，就在他倆先後躬身進入艙裡，還沒坐下時，朱元璋與徐達雙雙出劍。

趙普勝的劍來不及拔出已被徐達刺中左胸，翻身掉入水中，然後，徐達又與朱元璋一前一後將李普勝砍倒在血泊裡。隨後，徐達舉起燃燒的蠟燭，點燃船上的乾草後，便與朱元璋趁勢奔到船尾下了小船。

趙普勝、李普勝的部下看到大船起火，駕著船拚命划來。他們划到近前把滿身是血的趙普勝救起，而李普勝早已經燒成灰燼了。再說朱元璋與徐達，他們早已經上了胡大海與郭英的大船。

第二天，巢湖水師發生了天翻地覆的變化，小部分由李普勝的兒子李勝

雲帶去投奔了徐壽輝的天完政權，大部分則由一向與趙、李兩督尉不合的俞廷玉父子、廖永安兄弟率領投靠了朱元璋。

朱元璋別提有多高興了，他親自宴請俞廷玉等水師將士，並任命俞廷玉為水師督尉，統領全部水軍，並給所有投靠的人連升三級。此後，朱元璋一邊加造船隻，一邊擴充、訓練人馬，積極組建著自己的水師。

巢湖水師也是白蓮教徒團聚成軍，它是彭瑩玉西系系統。元朝末年，彭瑩玉女弟子金花小姐為巢湖區域白蓮教徒所尊崇，至正十一二年間，乘勢而起，拉起隊伍，李普勝、俞廷玉和他的三個兒子以及廖永堅、廖永安、廖永忠兄弟都是得力戰將。

同時而起的，還有趙普勝、左君弼。趙普勝，驍勇敢鬥，善使雙刀，人稱雙刀趙，是叱吒於長江南北的一員猛將。左君弼也是白蓮教首，他在攻占盧州後割地自保，投降了元朝。

那是在西元 1354 年，金花小姐戰死，李普勝占領無為州。趙普勝從江南返回占領了含山縣。廖氏兄弟也曾追隨彭瑩玉、徐壽輝轉戰大江南北，永堅做了徐壽輝的參政，永安被提升為萬戶。

到了西元 1353 年，彭瑩玉、徐壽輝部在江西受挫，廖永安、廖永忠兄弟率隊回鄉，與俞廷玉父子及李普勝、趙普勝等水師聯合，結寨巢湖，巢縣趙仲中、趙庸兄弟，合肥張德勝、葉升，無為桑世杰，含山華高等，也整隊前來，號稱戰船千艘，部眾萬餘，自稱彭祖家。這支部隊雖然雄勁，但卻受到了盧州強敵左君弼的巨大壓力，隨時都有被吞併的危險，所以才決定主動投靠朱元璋。他們三次派遣使者前往，請朱元璋儘快派人進行接管，以免夜長夢多導致部隊散亂。

趙普勝自巢湖敗走之後，就帶著幾千兵勇奪取了樅陽，然後他繼續招兵買馬，發展極為迅速。在不到一年的時間裡，趙普勝已經擁有兩萬多人馬

了。後來，趙普勝又乘勢夜襲，奪取了軍事重鎮安慶。

原想在安慶整頓軍馬，並伺機再圖更大發展的趙普勝，卻被陳友諒的到來打亂了計劃。陳友諒強令趙普勝去奪池州，然後與南下的朱元璋軍隊進行對峙。

自從陳友諒殺了倪文俊後，他便想殺了徐壽輝取而代之，但是陳友諒又擔心屬下不滿，其中最為擔心的便是趙普勝。因此，陳友諒就是想借朱元璋的手，來消滅趙普勝，自己再樂得個坐山觀虎鬥，如果有一方受傷，便去襲擊另外一方，那豈不是個很高明的方法嗎？

其實，對於陳友諒的如意算盤，趙普勝早已經是心知肚明，但是迫於陳友諒強大的武力，他只好率軍來到池州。因為在趙普勝看來，對付朱元璋自然比對付陳友諒要容易得多，而且，他對朱元璋也是恨之入骨的。

趙普勝想：這樣一來，他既能夠不與陳友諒立即對抗，也可以奪了朱元璋的池州；既可報巢湖之仇，又可趁此擴大自己的實力，豈不一舉兩得嗎？不過，朱元璋也非等閒之輩，我必須得小心謹慎地來打好這一仗。我必須先搞清楚朱元璋的詳細情況，然後才好有的放矢地作出安排。於是，趙普勝便派了許多探馬，前去探聽朱元璋的消息。

沒過幾日，趙普勝派去的探馬便來報：「朱元璋放棄池州，孤軍南下了。」趙普勝聽到後，不由得萬分高興，對他的副將安雲華說：「朱元璋這禿和尚的死期到了！」

安雲華聽了也很高興，他建議說：「我們可以趁朱元璋兵到青陽時，伏兵聚而殲之。」

趙普勝搖了搖頭，非常自信地說：「我要巧施妙計、借力打力，讓朱元璋領教領教我趙普勝的厲害，也讓他知道，我趙普勝也非等閒之輩。」

「還請將軍明示。」安雲華真誠地說道。

「現如今，陳友諒隨時都在謀劃著我們，希望我們早日被朱元璋殺盡，這樣一來，他就可以當上皇帝了。因此，在這種情況下，我們不能為了建小功而傷了自己的實力，反而要不斷地擴大實力，從而使我們能夠立於不敗之地。因此，我們如今必須安坐池州，放手招募兵勇，待那朱元璋在歙縣打得火熱時，然後舉兵襲擊銅陵，截其糧草。這樣既可以充實我軍需，又可以壯大我軍力。」

趙普勝說完後便下令三軍：好好養息，沒有軍令不得擅自出擊。

安排停當後趙普勝心裡十分高興，便約了師爺吳貴前來下棋。吳貴平日裡對趙普勝畢恭畢敬，但在這棋盤上卻是絲毫不留情，殺得趙普勝額頭上直冒汗，正在難分難解時，突然見安雲華滿身是傷地衝進來說：「大事不好，宋軍已經衝進城來了。」

「又上了那和尚的當！」趙普勝雙手將棋桌掀翻，咬牙切齒。畢竟是久經沙場的老將，趙普勝很快便冷靜了下來，只見他大聲命令：「各部且戰且退，往北門集結，突圍出去，一定要保存實力。」

這時，安雲華湊到趙普勝的耳旁悄悄說道：「現在，唯獨北門沒有宋軍。」

趙普勝聽後轉動眼珠，是不是那和尚又在使詐，伏兵於此？想到這裡，他眼裡露出凶光，在心裡說：就算他伏兵城外，我也要擊敗他。這麼想著，趙普勝揮舞雙刀，率軍向北門衝去，安雲華提槍緊隨其後。

等殺到了北門時，身邊已經聚集了眾多將領。趙普勝下令打開城門，帶了眾將直奔江邊，一路過去，竟沒有宋兵攔截。正在奇怪時，江邊來了幾十條自己的大船接應，此時的趙普勝高興萬分，便率領幾萬將士渡江而去。

趙普勝立於船頭，迎風眺望，心中卻是百思不得其解。這次雖說丟了池州，可死傷卻是甚少，宋軍既然是早混進城裡開了城門，按說死傷一定重

69

大，依照朱元璋的實力，來個全殲又未嘗不可。可是沒料到，幾乎能全師而回，這朱元璋又在搞什麼名堂呢？趙普勝心中暗暗思忖著。

此時，朱元璋、李善長和常遇春正在南門的城樓遙望江中逃命的趙普勝，彷彿是猜透了他心中的疑慮，不由地相對而笑。這時，李善長說道：「讓趙普勝去纏住陳友諒，我們就可以放心南略歙縣了。」

「花雲留守池州，不知可守多久？」朱元璋問李善長。

「暫時無妨，這要看陳友諒何時誅殺趙普勝，陳友諒一旦得手，必來攻打池州。」李善長很有把握地分析著。

朱元璋聽著李善長的分析，心中卻在對自己說：這個趙普勝也並非是等閒之輩，不是一下子就能殺得了的。想到這裡，朱元璋又問李善長：「那麼，依先生來看，陳友諒這回有沒有膽量讓趙普勝進攻安慶城？」

「我一下子也拿不準啊。」李善長說道。

其實，關於這個問題，朱元璋已經想得很清楚了，只是一時沒把這層意思說出來，他把目光投向李善長，微笑著點點頭，李善長見了也微笑地點點頭。

其實，李善長與朱元璋對於這個問題是想到一塊去了。他之所以不明說出來，正是想給朱元璋一份自信。因為在與朱元璋相處的這段時間中，李善長深深地感受到，朱元璋並不喜歡他的臣子處處都比他強。

李善長深知帝王之術，更明白為臣之道。所以，他一面盡力為朱元璋出謀獻策，另一面又注意不讓朱元璋感到他處處比他高明。李善長的這個想法，對他未來的發展無疑是非常有益的。

離間怒殺趙普勝

西元 1359 年，朱元璋派手下大將俞通海，去攻打陳友諒的手下趙普勝駐守的安慶城，俞通海沒有把安慶城攻下來，只好退了兵。

開始時，趙普勝與俞通海等駐紮在巢湖，一起歸附於徐壽輝，後來趙普勝又叛歸了徐壽輝。此時，趙普勝正為陳友諒駐守安慶城。此外，他還多次引兵爭奪池州、太平，到處進行搶掠，朱元璋為此擔憂不已。

朱元璋見俞通海無功而返，便派人祕密打探趙普勝的情況，透過打探朱元璋才知道，趙普勝有一個門客，頗有計謀，趙普勝完全是靠這個門客給他來出謀劃策。

打探到這個消息後，朱元璋便想到了一個計謀。他派人帶了很多財物去了安慶，私下與趙普勝的門客套近乎，很快便與門客成了熟人。然後朱元璋又派人暗地散布謠言，說門客與朱元璋的人有來往。

朱元璋故意給趙普勝的門客寫了一封信，讓人送到安慶去，臨行時，朱元璋又對送信人交代了一番，讓送信人裝出不知道的樣子。

趙普勝最近已經聽人傳言門客與朱元璋的人有來往，見送信人那遮遮掩掩的樣子，就起了疑心。他拿過信來，拆開一看，原來是朱元璋寫給門客的親筆信，不由得怒氣沖天。他把門客找來詢問此事。

門客不知道發生了什麼事，忙問：「將軍，出什麼事了？」

「你做的事還裝作不知道，看看這是誰寫給你的！」趙普勝大吼。

門客拾起信來，匆匆看了一遍，連忙對趙普勝說：「趙將軍，這是朱元璋的計策，他這是故意離間我們的關係，你可不能上他的當呀！」

「你還想哄騙我。以後再發生這樣的事，別怪我不客氣！」魯莽自信的趙普勝當然不相信門客的解釋。事情過後，想起趙普勝那發怒的樣子，門客就感到恐懼，他知道趙普勝剛愎自用，說到做到，他這樣懷疑自己，說不定

哪一天就會把自己殺掉。又想到朱元璋廣招賢才，還真不如投奔朱元璋。於是，門客便連夜潛出安慶，來到應天投靠了朱元璋。

朱元璋見門客前來十分高興，他把門客待為上賓，門客見朱元璋如此看重自己，就把趙普勝的情況全部告訴了朱元璋。隨後，朱元璋讓門客帶上重金，潛往陳友諒的駐地，到處散布趙普勝對陳友諒不滿的謠言，又用金錢買通陳友諒身邊的人，讓他們在陳友諒面前說趙普勝的壞話。

陳友諒本來對趙普勝就不放心，經人這麼一說，就更懷疑了。而趙普勝還蒙在鼓裡，自以為功勞大，經常在陳友諒使者面前自吹自擂，對陳友諒還有點瞧不起的意思。陳友諒知道後，對趙普勝就更加惱火了。

朱元璋認為時機差不多了，就派大將徐達率大軍攻打潛山。徐達占領潛山，朱元璋又暗中派人到陳友諒附近說：「趙普勝想投奔吳國公朱元璋，所以故意放棄了潛山。」陳友諒信以為真，就決定殺掉趙普勝。

有一天，陳友諒派人送信給趙普勝，說要帶兵到安慶會軍，然後按約定的時間到了安慶。趙普勝沒想到陳友諒會對自己下手，聽說陳友諒到了，就到陳友諒船上去拜見。哪知剛登上陳友諒的大船，就被五六個軍士拿下縛了起來，並被就地砍了頭。就這樣，朱元璋採用離間計，借陳友諒之手殺了趙普勝。

鄱陽湖大決戰

元至正四年，自從袁州起義失敗以後，彌勒教徒彭瑩玉就開始祕密地在淮西一帶進行傳布教義、組織民眾。他信仰堅定，有魄力，膽子大，又會說老百姓自己的話，能夠給苦難的人以希望和信心，因而深受農民的敬愛。那是在西元 1351 年，彭瑩玉和麻城鐵工鄒普勝、黃州漁人倪文俊組織西系紅巾軍，舉起了革命的旗幟。

　　彭瑩玉可以說是個典型的職業革命家，革命是他一生的事業，勤勤懇懇播種、施肥、澆水、拔草。失敗了，他就研究失敗的教訓，再從頭做起。彭瑩玉絕不居功，也絕不肯獨占所收穫的果實。

　　第一次起義稱王的是周子旺，第二次做皇帝的是徐壽輝，雖然誰都知道西系紅巾軍是彭瑩玉建立起來的，彭祖師的名字也會嚇破元朝官吏的膽，但是，起義成功以後，他就像煙一樣地消失了。

　　以至於在任何場所及記載中，都找不到這個人的名字了。15年以後，羅田還有人假借他的名義鑄印章、設官吏、結眾起事，可見彭瑩玉對當時的影響是多麼的深刻。

　　再說徐壽輝，他曾經是個販布的漢子，又名真逸、真一。後來，徐壽輝趁亂跟著舉義了，結果因為他身材魁梧、相貌堂堂，被眾人推為首領。在徐壽輝那儀表堂堂的相貌裡，藏著的卻是一顆膽怯、無能的心。

　　徐壽輝創建政權後，提出了「摧富益貧」的口號，因而得到了廣大貧苦農民的擁護。與此同時，紅巾軍紀律嚴明也是深得人心，使得部隊迅速擴展到了百萬人，他們縱橫馳騁於長江南北，控制了湖北、湖南、江南、浙江以及福建等廣大地區。

　　至正十七年九月，正當紅巾軍迅速壯大、士氣日盛的時候，徐壽輝的部將倪文俊卻心懷叵測，企圖暗殺徐壽輝篡奪帝位。其陰謀敗露並被陳友諒所捕殺，陳友諒因功被升為平章政事，併吞併了倪的舊部。

　　在戰亂的年代裡，雖然最多的是殺戮無辜、弱者的慘死，但也會出現一些荒唐、滑稽的事情。像徐壽輝這麼個膽小的人，在攻下蘄水，打敗了元朝威順王寬徹不花後，竟然也要立蘄水為都，自己做起了皇帝來。至正十一年，也就是西元 1351 年，徐壽輝建國號天完。

　　徐壽輝的軍隊紀律極好，不殺百姓，不姦淫擄掠，口念彌勒佛號，十分

受人民的擁護。相反的，元軍軍紀壞到了極點，打勝仗搶一陣，打了敗仗更搶，克復城池，大殺大搶大燒，尤其是從湖廣調來的軍隊，他們簡直是無惡不作，搶得乾淨，殺得盡頭，曾經駐防過的地方比歷經戰爭還慘烈。

軍隊是如此地腐敗，那麼在政治上呢？元朝政府恨漢人，尤其是南人不肯服從，還時常進行反抗的行為讓元朝政府更加地忿恨。民間地主為了保身家產業，組織義軍。此外，在鎮壓起義軍的戰爭中立了功的人，即使守住了地方，甚至全家戰死，也因為是南人而得不到封賞，甚至連一句安慰的話也沒有。

當然，也有地主帶了盤纏到大都去謀一官半職的，不但落個自討沒趣，而且還會被挖苦奚落一番。那些想一心一意幫元朝的南人、漢人，也被冷落得寒透了心。

徐壽輝是個忠厚老實、無見識的人，對於未來他也沒有個計劃。因此，儘管徐壽輝所占的地方很大，但是卻守不住。因此，受苦的只能是老百姓。

元至正十七年九月，倪文俊謀殺徐壽輝未成功，逃到了黃州。他的部將陳友諒，以打魚為生，後來投奔了紅巾軍，多次立功。作為領兵元帥，陳友諒懷著一顆野心。

倪文俊逃到黃州，那正是陳友諒的地盤，陳友諒用計殺了倪文俊，並奪取了他的軍隊。隨後，陳友諒向東侵占安慶、池州、南昌諸地，和朱元璋接境。兩軍常起戰事，互有勝負。

元至正二十年五月，陳友諒攻下太平，大軍進駐採石，以為剋日可以占領應天，便以採石五通廟做行殿，暴風雨裡，陳友諒即皇帝位，國號漢，改年號為大義，盡占江西、湖廣之地。

隨後，陳友諒要與朱元璋奪天下，就於西元 1360 年夏天約張士誠共同進攻朱元璋，張士誠沒有回應。陳友諒就迫不及待地率領幾十萬大軍從採石出發，東下應天。江面上旌旗蔽日，戰船前後相連足有十幾里路長，聲勢十分浩大。

在各路群雄之中陳友諒的軍隊是最為精銳的，他的野心也是最大的。朱元璋在應天，在陳友諒看來他就是碗裡的肉，伸手就能夠拿得到。他親自帶領水陸大軍從江州順流東下，水軍大艦名為混江龍、塞斷江、撞倒山、江海鰲等，共 100 多艘，真是「投戈斷流，舳艫千里」。

消息一傳到應天，大家都嚇慌了，有的人主張以投降為上策，有人說不如放棄應天，躲過風頭再看，主戰的提出主動出擊太平，牽制陳友諒兵力⋯⋯七嘴八舌，亂成一團。膽子小的竟背地裡收拾行裝，盤算著在城破後的去處。

朱元璋召集文武將士商議對策後，他心中不同意眾人的意見，於是，他私下召見了劉基。說起劉基，在當時可是大名鼎鼎的。他是處州青田縣人，字伯溫，人們把劉基看作是張良、諸葛亮一流的人物。劉基比朱元璋大 17 歲，是揚國公劉光世的後人，世代書香門第，所以自幼受到了很好的家庭教育，在鄉間有「神童」之稱。同時，劉基還是一位出類拔萃的預言家。

朱元璋是個很有主見的人，從來都不會輕易相信別人，唯獨對劉基是個例外。朱元璋問劉基對大家的看法有什麼建議，劉基直截了當地說：「照我看來，先把主張投降的人與主張奔逃鐘山的人斬首示眾！」朱元璋笑了，他知道劉基與自己一樣反對眾人的意見，於是問道：「先生有什麼好計策嗎？」

劉基不緊不慢地說：「陳友諒雖然人多勢眾，但並不可怕。他遠道而來，意在速戰，我堅守城池，以逸待勞，何愁打不敗他？再說您如果打開庫府，散發錢糧收買民心，樹立您的威信，用計謀打敗陳友諒，成就霸業，就在此一舉！」

朱元璋激動地站起身來說：「您說得很對，就這麼辦！」於是，朱元璋號召全體將士積極準備，迎戰陳友諒，他先派大將胡大海領兵繞道去攻擊信州，在背後牽制陳友諒。

朱元璋又把將領康茂才找來，說道：「你以前曾與陳友諒是朋友，現在陳友諒要來攻打應天，可是還沒有到，我想讓他來得快些，辦這件事非你不可。」

康茂才疑慮地說：「這件事我能辦成嗎？」

朱元璋鼓勵他說：「你能辦成！你寫一封信給陳友諒，就說願意投降他，作為內應，並促使他趕快前來攻打，要他兵分三路，分別進攻應天，以便削弱他強大的實力。」

康茂才答應了：「好吧，我認識一個老家人，曾經在陳友諒身邊幹過事，我讓他去送信，陳友諒準相信。」

「那實在太好了！」朱元璋高興地說。

在一旁的一個文臣對朱元璋的計策感到不理解，朱元璋笑了笑，說：「這叫因情設計，陳友諒相約張士誠一同來進攻我們，萬一他們兩個人的力量聯合起來，我們就難以對付了。我們如果很快地把陳友諒引來，先破陳友諒，那麼張士誠知道，就害怕不敢前來了。」

聽了朱元璋的解釋，那人對朱元璋敬佩地說：「您的計策實在是高明哪！」

康茂才按照朱元璋的吩咐，給陳友諒寫了一封信，派老家人送到陳友諒那裡。陳友諒正愁不瞭解那裡的情況，不敢貿然進軍，讀了康茂才的信，真是喜出望外。

於是，陳友諒擺酒設宴招待了老家人，並一再叮囑老家人：「你回去告訴康茂才，就說我很快就率大軍趕到，等我到江東橋時，就以喊『老康』為聯絡暗號，記住了嗎？」

「記住了！」老家人認真地回答。老家人回到應天，把情況向朱元璋作了匯報，朱元璋聽了非常高興。

　　陳友諒的進軍路線清楚了，軍力分配也清楚了。朱元璋一面調胡大海進取廣信，搗毀陳友諒的後路；一面按陳友諒的進軍路線設下埋伏。

　　隨後，朱元璋命令人連夜拆掉江東橋，在原地重修了一座鐵石橋。然後開始點將布兵，命馮國用、常遇春帶 5 萬人在石灰山埋伏，徐達帶兵 2 萬在南門外列陣，楊睿駐兵大勝港，張得勝、朱虎率水軍出龍江關。

　　朱元璋自己統領大軍駐紮在盧龍山，命 5,000 士兵手持黃旗在山左埋伏，5,000 士兵手持紅旗在山右埋伏，告訴他們：「敵人來到就舉紅旗，需要伏兵出來攻擊敵人時舉黃旗。」一切布置停當，各路將士嚴陣以待，單等陳友諒大軍到來。

　　沒過幾天，陳友諒帶領水軍開進大勝港，楊睿帶兵進行抵禦，阻止陳友諒的水軍前進，因為大勝港水路狹窄，只能容納兩只船同時透過，陳友諒的水軍無法前進，只得轉道長江奔江東橋而來。

　　來到江東橋，陳友諒以為橋是木橋，就命令用大船衝撞，以便撞倒橋後讓大批船隻透過。然而大船撞到橋身上，船反被撞得七扭八歪，這才發現是鐵石橋而不是木橋。

　　陳友諒心中驚疑，站在船頭，按事先約定好的暗號連喊「老康」，可是，喊了一會兒，沒有回應，陳友諒連忙說：「不好，我們中計了！」於是，陳友諒馬上帶領水軍衝向龍灣。來到龍灣後，他先派 1 萬多士兵上岸，在岸上立起木柵欄，以抵擋朱元璋軍隊的進攻。

　　朱元璋看了看天色，決定等下雨時再進攻。果然，霎時間，電閃雷鳴，大雨如注，朱元璋一聲令下，埋伏在山右的五千士兵馬上舉起紅旗，將士們見紅旗舉起知道敵人來了，一聲吶喊，衝了上去，爭相上前拔去陳友諒設置的木柵欄，陳友諒指揮軍士前來爭奪，雙方展開了短兵相接的激烈戰鬥。

　　朱元璋又命令軍士擂動戰鼓，埋伏在山左的五千士兵聽到戰鼓響起，舉

起手中的黃旗，四周埋伏的兵馬見黃旗舉起，便從四面圍攻了過來，水陸並進，前後夾擊，一陣猛殺。

陳友諒的軍隊支持不住敗逃九江。這一仗打得十分俐落，殺死陳友諒的軍士無數，俘虜了 2 萬人，繳獲戰船幾百艘。朱元璋站在山頂，望著滾滾東去的長江，望著龍盤虎踞的應天，臉上露出了勝利者的驕傲與自豪。

陳友諒吃了敗仗並不服輸，7 月間，他又派軍攻下了安慶。朱元璋氣憤極了，他開了一個軍事會議，決定溯江西伐。龍驤巨艦上豎立大旗，寫著「弔民伐罪，納順招降」八個大字。

朱元璋研究了敵情，想趁陳友諒將帥不安之際、軍心離散之時，大舉進攻，這要比等著被攻有利。於是，朱元璋便親自統軍順風溯流，一鼓攻下安慶、江州，守將丁普郎、傅友德全軍歸附。

陳友諒逃到了武昌，而江西州縣和湖北東南角都成為了朱元璋的版圖。一個擴大，一個縮小，幾年來的局面，完全扭轉了過來，朱元璋的兵力已經可以和陳友諒一決雌雄了。

當江南朱陳兩軍血戰正酣的時候，江北的軍事也發生了極大的變化，紅巾軍接連失敗，形勢很是危急。元朝大將察罕帖木兒收復關隴，平定山東，招降紅巾軍丞相花馬王田豐，軍威極盛。

幾年來，在山東宋朝大帥毛貴禮賢下士，開闢田土，治績斐然。原來的濠州的趙均用和彭早住，駐軍淮泗一帶，早住病死，均用北上和毛貴合夥。二人大鬧意見，均用殺了毛貴，毛貴部將又殺了趙均用。殺來殺去，軍力衰減，給察罕勝利的機會。

山東失去後，小明王的都城安豐恐怕保不住，連朱元璋的根據地應天也岌岌可危。朱元璋幾年來的安定和發展，全靠小明王大軍在北邊牽扯元軍主力。

　　如今局面突變，要直接和元朝大軍接觸，估計軍力對比相差太遠，實在抵擋不住。兩次派代表去見察罕帖木兒，送上重禮和親筆信，要求通好，預伏一筆，以為將來打算。這時察罕帖木兒正在圍攻益都，紅巾軍奮死抵抗，朱元璋料益都一時不致失陷，察罕帖木兒在肅清山東之前還沒有餘力來進攻安豐，才敢趁這間隙，西攻陳友諒。

　　察罕帖木兒的代表戶部尚書張昶帶了御酒，八寶頂帽，和任命朱元璋為榮祿大夫、江西等處行中書省平章政事的宣命詔書，元至正二十二年，也就是西元 1362 年 12 月由江西到應天，其時察罕帖木兒已被田豐刺殺，子擴廓帖木兒（又名王保保）繼為統帥。

　　不久又得到情報，擴廓帖木兒和另一大將孛羅帖木兒在搶地盤，打得正熱鬧，眼見得元軍不會南伐了，越發定下心，斷了投降的念頭。當察罕帖木兒的代錶帶著元朝官誥到應天的時候，寧海人葉兌寫信給朱元璋，勸他不要接受元朝官爵，自創局面，立基業，並且還指出了進行軍事行動的策略步驟。

　　朱元璋覺得葉兌的攻取策略面面俱到，確有見識，心裡佩服，要請他做官。葉兌卻推託不肯，回到了家鄉。後來，就經過幾年平定東南和兩廣的規模來說，果然和葉兌所說的差不多。

　　小明王從稱帝以來，凡事都由劉福通做主。領兵在外的大將，原來都是福通的同伴平輩，不太聽調度，軍隊數量雖多，軍令卻不一。占的地方大，不久又被元軍收復。有的大將打了敗仗，不願受處分，索性投降敵人，翻臉打紅巾軍；有的前進太遠太突出了，完全被敵人消滅；其餘又被察罕帖木兒和孛羅帖木兒兩支軍隊打垮了。只剩下山東一部軍力，做安豐的掩護。

　　到益都被擴廓帖木兒包圍以後，劉福通親自率軍救援，大敗逃回。益都陷落之後，安豐就孤立了。龍鳳九年二月，張士誠的大將呂珍乘機攻圍安豐，城裡糧食吃完，糧道斷絕。劉福通見情勢危急，派人到朱元璋處搬兵解圍。

在朱元璋出兵之前，劉基極力阻止，以為大兵不宜輕出，如果救駕出來，作何安置？不如讓呂珍解決了，借刀殺人落得省事。而且陳友諒在背後，萬一乘虛來攻，便進退無路。

朱元璋則以為安豐失守，應天失去屏障，從軍事觀點上來說，不能不救，遂親自統兵出發。劉福通趁黑夜大雨突圍逃出，朱元璋擺設鑾駕傘扇，迎小明王暫住滁州，臨時搭建宮殿，把皇宮裡的左右宦侍都換上自己人，供養極厚，防護極嚴。小明王名為皇帝，其實是俘虜，受到朱元璋的保護與控制。

那是在2月14日的那天，小明王內降制書，封贈朱元璋三代：曾祖九四資德大夫、江西等處行中書省右丞、上護軍、司空、吳國公，曾祖母侯氏吳國夫人；祖初一光祿大夫、江南等處行中書省平章政事、上柱國、司徒、吳國公，祖母王氏吳國夫人；考五四開府儀同三司、上柱國、錄軍國重事、中書右丞相、太尉、吳國公，姚陳氏吳國夫人。

當朱元璋出兵安豐的時候，陳友諒果然乘機進攻，以大兵包圍洪都。這回真正是兩線夾攻，雖然張士誠還不明白。對方規模比上次更大，陳友諒看著疆土日漸縮小，氣憤不過，特造大艦，高幾丈，簇新的丹漆，上下三層，每層有走馬棚，上下層說話都聽不見，載著家小百官，傾國而來，號稱60萬。

洪都守將朱文正死守，陳友諒用盡攻城的方法，朱文正也用盡防禦的方法。經過85天的激戰，城牆攻破了幾次，敵兵湧進，都被火銃擊退，連夜趕修工事，攻城守城的人都踩著屍首作戰。一直到了7月，朱元璋親統率20萬大軍來救，陳友諒才撤兵，掉過頭來到鄱陽湖迎戰。

這一場水戰，也許是中國有史以來規模最大的一次。兩軍主力苦戰了36天之久。這一戰的結局，決定了兩雄的命運。

在會戰開始的前四天，朱元璋留下伏兵，把鄱陽湖到長江的出口封鎖，堵住敵人的歸路關起門來打。兩軍的形勢，一邊號稱 60 萬，一邊是 20 萬。水軍艦船，陳友諒的又高又大，聯舟布陣，一連串十幾里；朱元璋的都是小船，要仰頭才能望見敵人，兩下一進行比較，就顯得渺小可憐。

論實力和裝備，都是朱元璋方面居劣勢。但是，他也有優勢：就士氣來說，陳友諒大軍在南昌頓挫了 3 個月，寸步進不得，動搖了必勝的信心；而朱元璋方面則千里救危城，生死關頭決於一戰，士氣不大相同。

就艦船說，數十條大艦連在一起，轉動不便；小船進退自如，運動靈活，在體積方面是劣勢，運動方面卻占了優勢。就指揮而論，朱元璋有經驗豐富的幕僚，作戰勇敢的將帥，上下一心；而陳友諒性情暴躁多疑，將士不敢發表意見，內部出現裂痕。

更重要的是補給，朱元璋軍隊數量少，有洪都和後方源源不斷的接濟；而陳友諒軍隊的後路已經被切斷了，糧盡士疲，使之失去了戰鬥的意志。

朱元璋軍隊的主要戰術是火攻，用火炮焚燒敵方的大艦，用火藥和蘆葦裝滿幾條船，敢死隊駛著沖入敵陣，點起火來，和敵方幾百條戰艦同歸於盡。接戰時分水軍為 12 隊、火銃長弓大弩分作幾層，先發火銃，再射弓弩，最後是白刃戰。

短兵相接，喊殺震天，從這船跳到那船，頭頂上火箭炮石交錯，眼睛裡一片火光，一團刀影，湖面上是漂流著的屍首，在掙扎著的傷兵，耳朵裡是轟隆的石炮聲，噼啪的火銃聲。

陳友諒的船是紅色的，而朱元璋的船是白色的，一會兒白船圍著紅船，一會兒紅船圍著白船，一會兒紅船白船間雜追趕。有幾天白船像是占了上風，有又幾天紅船占據了優勢。朱元璋激勵將士苦戰，多少次身邊的衛士都戰死了，座艦被炮石打碎，換了船擱淺動不得，險些被俘。

一直打到最後幾天，陳友諒的軍隊已經絕糧，右金吾將軍建議燒掉船，全軍登陸，直走湖南，左金吾將軍主張再戰，陳友諒同意走陸路的辦法。左金吾將軍怕降罪，領軍來降，右金吾將軍看情形撐不住了，也跟著投降了。陳友諒軍力愈加削減決定退兵，打算衝出湖口，不料迎面又是白船，前後受敵。

陳友諒正要親自看明情勢，打算決一死戰，於是，他把頭伸出了舷窗外，不巧即刻就被飛來的箭給射死了，至此陳友諒的軍隊也全部潰敗，部將護著陳友諒的屍首和太子陳理，連夜逃回了武昌。

戰事的勝利取決於最後一分鐘，造成陳軍潰敗的是陳友諒的戰死。朱元璋雖然勝利了，可是他也是極其危險的，始終也沒有弄清到底是誰射死了陳友諒。

第二天，朱元璋焚香拜天，慰勞將士，宣誓將來要天下一家。後來，朱元璋又對劉基說：「我真不該到安豐去，假如陳友諒趁我遠出，應天空虛，順流而下，我進無所據，退無所依，大事去矣。幸而他不敢直攻應天，反而去圍南昌，在南昌守了 3 個月，給了我充分的時間，這一仗雖然打勝了，但是也真算是夠僥倖的啦！」

運氣真的是特別地眷顧朱元璋：他怕察罕帖木兒的兵威，正接洽投降事宜，察罕帖木兒被刺殺了；擴廓帖木兒準備南征，又和孛羅帖木兒搶地盤，打得難解難分；陳友諒第一次約張士誠夾攻，張士誠遲疑誤了事；第二次張士誠圍安豐，陳友諒不取應天而圍南昌，又被箭給射死了。

朱元璋這樣想著，越想越有理，再發展下去，就想成「天命有歸了」，從此，他一心一意地秉承上天的付託，作長遠而宏大的計劃。計劃的第一步就是稱王，稱王是不成問題的，小明王在他的控制之下，寫一道聖旨派人送去蓋印就成。

於是，朱元璋自立為吳王，設置百官，以李善長為右相國，徐達為左相國，常遇春、俞通海為平章政事，立長子朱標為世子，並且發布了號令。

軍隊的服裝原先的只是用紅布作為記號，穿得五顏六色，現在也統一了。規定將士戰襖戰裙和戰旗都要用紅色的，頭戴闊檐紅皮壯帽，插猛烈二字小旗。攻城系拖地棉裙，取其虛胖，箭不易射進去。箭鏃開頭是銅做的，現在疆土廣了，也有了鐵礦，於是便改用鐵的了。並且大批量地製造鐵甲、火藥、火銃、石炮，武器也是越來越犀利耐用了。

隨後，朱元璋親自率領水陸大軍攻打武昌，立湖廣行中書省。到了年底，陳友諒的疆土 —— 漢水以南，贛州以西，韶州以北，辰州以東 —— 都成為了朱元璋的版圖。

驚天地、泣鬼神的鄱陽湖大戰，在元末的戰爭史上，也是最為激烈悲壯的一戰。雙方實力強弱差異巨大，戰爭的結局卻是逆向發展，堪稱戰爭史上的典範。

一舉消滅張士誠

朱元璋在消滅陳友諒後，曾對全國的幾股軍事勢力作了詳細的分析：河北的元軍有兵而無紀律；河南的元軍有兵卻沒有戰鬥力；關中的李思齊、張良弼的軍隊因道路不通，導致糧餉供應不足；只有江南張士誠的軍隊能和我們抗衡。因此，朱元璋就把攻擊的目標鎖定在了張士誠的軍隊上。但是，要一舉消滅張士誠，也不是一件容易的事，所以朱元璋還是採取了謹慎的策略。

張士誠早年以販賣私鹽為業，後來發了點小財，並結交了當地的豪紳買通官府，從而使得「生意」越做越大。後來他不甘心來自多方的敲詐，殺死了歹徒，從而闖下了大禍。

張士誠遭到了官府的通緝，當他走投無路時，便與其患難鄉親李伯昇等18 人結盟，樹起了造反的大旗，接連攻陷了泰州、興化、高郵等長江下游的一些地區。

　　張士誠為人講義氣，輕財而好施與，因而受人擁戴。元末時期，張士誠率鹽徒起義，於西元 1354 年在高郵稱誠王，建國號為周，建元天佑。西元 1356 年，張士誠建都平江。此時，在張士誠控制的地區中有太湖流域的魚米之鄉，其物產是十分豐富的，自古以來就是中國經濟發達的地區，最有可能成為成功人士物資保障的重要基地。

　　可是暫時取得勝利的張士誠此刻卻不求進取，僅僅滿足於現狀。在攻取平江後，張士誠大興土木，建築富麗堂皇的樓臺館舍；養美女，日夜行樂；張士誠還慫恿當年和他一起走江湖的窮哥兒們花天酒地，因而導致部下日益腐化；就連作戰時，將領們也是躺在家中不赴命；將領們即使是打了敗仗也不會受到處罰，不會被興師問罪。張士誠的弟弟張士信做了丞相後，生活也是極其荒淫，從來都不過問政事，進一步走向了低迷。

　　在如何攻打張士誠的問題上，朱元璋在謀士們的幫助下，制定出了詳細的策略步驟。隨著策略的逐漸成熟，朱元璋於西元 1365 年，正式下達了征討張士誠的命令，並一舉攻下了通州、興化、鹽城、泰州、高郵、淮安、徐州、宿州、安豐諸州縣，將東吳的勢力趕出江北地區。

　　與此同時，張士誠渡江奪取了蘇、松，比朱元璋攻取集慶早了一個多月。張士誠先下手為強，折斷了朱元璋東下三吳的路徑，而元璋騎踞應天，也對張士誠構成了極大的威脅。由此不難看出，雙方的爭鬥不可避免。

　　至正十六年七月初三，張士誠首先發兵鎮江，向朱元璋發起挑戰，但卻被徐達擊敗。消息傳到應天，朱元璋隨即發去 3 萬兵馬協助進攻。徐達駐軍於常州城西，湯和駐紮於城北，張彪駐紮於城東南，從而形成了四麵包圍之勢。

　　張士誠急派張九六率數萬大軍去增援，張九六也是一員猛將，他根本就沒把朱元璋的軍隊放在眼裡。徐達用兵一向謹慎，他看準了張九六的驕橫，

便決定用智取,最終將張九六擒拿。

張九六被俘後,張士誠十分沮喪。他一方面命令常州將士嚴密防守,一方面遵照母親的命令,派使者孫君壽到應天下書,願意每年輸糧二十萬石、黃金五百兩、白銀三百斤,罷戰弭兵,各守封疆。可是,朱元璋卻要乘勝拿下常州,於是便回書說「饋糧五十萬石,即當班師」。張士誠不願意接受這個苛刻的條件,於是談判被迫中止。

張士誠經過休整,決心與朱元璋再戰。五月初一,他派出左丞相潘原明、元帥嚴再興屯紮上新橋,逐個攻城。永興翼都元帥耿炳文卻先發制人,進行了主動出擊。潘原明、嚴再興不能對耿炳文進行抵擋,邊戰邊退,死傷慘重,有好幾百人被生擒。

五月初五,朱元璋乘長興得手,命鎮守鎮江的江淮分樞密院副使張鑒、僉院何文政渡江攻克泰興。至正十七年七月初五,朱元璋命鄧愈移鎮寧國路,準備向南攻取徽州路。朱元璋決定先由胡大海攻取績溪,而後圍宣城,攻打黟縣、休寧、婺源,一路奏凱。在占領了寧國和徽州之後,朱元璋繼續向東南方向擴展。

至正十七年,對於朱元璋來說是春風得意的時光,東向奏凱,南指風靡,西部也有所拓展。江北除了據守泰興外,10月又攻克了重鎮揚州。

朱元璋的策略依然是避強打弱,著眼點仍在東部和南部。東部是以防為主,防中有攻;對南部則是穩紮穩打,步步推進。至正十八年一開春,朱元璋與張士誠在江陰、常州展開了拉鋸戰。在戰役中張士誠沒得到什麼便宜,雙方暫時休戰。

至正十八年十月初,朱元璋命令胡大海攻下蘭溪後,急速向婺州城挺進,但近兩個月卻一直未能攻克。朱元璋決定把優勢兵力集中在浙西地區,儘快完成領土的拓展,並且完成對張士誠的北、西、南三面的箝制,同時還

要堵住陳友諒向東的行進之路,打破他的緊縮包圍。

至正十八年,朱元璋率領大軍抵達婺州城下。這時,有一個避亂嚴州的和州儒士王宗顯受到了朱元璋的接見,他將刺探到的婺州城內將士各懷異志的情況作了匯報,朱元璋心裡愈發清楚明白了。

朱元璋觀察完敵陣後,說道:「松溪山多路狹,車行不便。我若派出一支精兵,必能制勝。他的援兵一破,婺州城絕望,內部渙散,可以不攻而下。」第二天,朱元璋出兵,果然是兵出捷至,胡深逃回處州,婺州陷落。12月20日,朱元璋率大軍浩浩蕩蕩開進了婺州城。

進城之初,朱元璋便發布了嚴屬的軍令,禁止將士搶掠。這時,有一個官員自恃為帳前親隨,因而不聽從約束奪取了民財,當即就被砍了腦袋傳首示眾。為了穩定秩序,朱元璋命人在城內加強了日夜巡邏。

有一天晚上,朱元璋帶領貼身護衛小先鋒張煥夜間巡視,被巡邏哨兵阻攔盤問,張煥忙上前解釋說:「這是大人。」要他趕快放行。

哨兵說:「我不管你們是什麼大人,只知道犯夜的人一律捉拿。」張煥好說歹說才算放行。朱元璋見晚間秩序良好,巡哨也是非常地認真,很是高興。

第二天,朱元璋派人給了那個哨兵二石米的獎賞。在飽經戰亂和洗劫之後,婺州士紳百姓能夠見到這樣紀律嚴明的軍隊,感到十分慶幸。隨後,朱元璋又開倉賑濟,下令禁酒,更是遠近傳頌。

經過一段時間的調整後,朱元璋又將婺州路改為了金華府,並在這裡設立了中書分省,並健全了政府衙門。任命王宗顯為金華知府,協助朱元璋積極地大規模地禮聘讀書士人。儒生們多年來第一次感受到了自己是如此受到當局的重視,便紛紛投效。

不久,朱元璋又禮聘得到了三個大名士,他們分別是許瑗、王冕和宋濂。許瑗是江西樂平人,在元朝末年兩次考中舉人。他勸朱元璋「非廣攬英

雄，難以成功」。許瑗受到了朱元璋極大的器重，做了參軍，後來被升任為太平知府，最終死於太平保衛戰。

王冕是紹興路諸暨人，幼年家境貧窮，父親無力供他上學，讓他去放牛。王冕一邊放牛，一邊讀書，還學習畫畫。後來被儒學大師收為弟子，王冕便成為聞名遐邇的通儒。朱元璋欽佩王冕的自強不息，又發現他的確有獨到的見地，就任命他為諮議參軍。儘管王冕也想大展所學，可不幸的是不久後他便病死了。

另一位名士名叫宋濂，在明朝建立後他成了明朝的開國文臣之首。朱元璋為了創造一個安定和睦、隆興文治的氛圍，命知府王宗顯恢復了停頓多年的府學，而宋濂就做了金華府學的五經師。

與此同時，為了顯示仁德之治，至正十九年三月初二，朱元璋發布了宥囚之令，布告金華所屬州縣，除非是大逆不道或者是敵人的探子照舊關押外，其餘罪無大小一律進行釋放。

朱元璋在建設鞏固金華根據地的同時，也對周邊地區進行了進一步的謀劃：對東部的方國珍安撫拉攏；對南部處州、衢州引而不發；對北部的張士誠則是先打他個下馬威，攻中求守。

經過幾個月的整頓建設，對金華的治理嚴而有序，朱元璋與軍隊的聲望和影響也是越來越大了。在至正二十四年，朱元璋稱吳王，因西元 1363 年張士誠早已自立為吳王，因此，在歷史上張士誠被稱為東吳王，而朱元璋則被稱為西吳王。

西元 1365 年，朱元璋正式下達征討張士誠命令。戰爭開始前，朱元璋作了極其充分的準備。他特別加強了對軍隊的訓練，從而來提高戰鬥力。他親自檢閱將士，進行分隊演習，優秀者會有不同等級的銀兩獎賞，所有將士都給酒饌進行慰勞。

　　3 天後，朱元璋派出有威望的統帥徐達、常遇春、胡廷瑞、馮國勝、華高等率馬步舟師水陸並進，規取淮東、泰州等地。3 天後他們進逼高郵，再圍取淮安、濠州、泗州。

　　西元 1366 年，徐達攻取了高郵、興化等地，4 月又攻占了淮安。不久，朱元璋發書致宿州的吏民，招降也獲得了成功。朱元璋再次以徐州為根據地，相繼攻取了邳、蕭和宿遷、睢寧等諸縣。

　　至此，大約用了半年多的時間，朱元璋就把張士誠的勢力驅逐到了長江以南。他占領了淮東地區暨長江北岸的大小諸鎮，也完成了預期的計劃，而後便準備直向張士誠的心腹地區進攻。

　　待淮東諸郡縣平定後，朱元璋準備對張士誠發起大規模的殲滅戰，奪取江南地區。在戰前的軍事會議上，朱元璋聽取了大家的意見。為了爭取群眾，安定民心，朱元璋又發布了討伐張士誠的檄文，因此展開了強大的輿論攻勢。

　　朱元璋在檄文中揭示了元末的統治腐朽以及農民借宗教起義的深刻的社會背景，還有朱元璋本人從起兵到滅陳友諒的經歷。同時，在文中還列舉了張士誠的八大罪狀。由此也可以看到，朱元璋正在極力表明他的強大已經超乎了元朝，其力量也是在各路起義軍之上。

　　8 月 4 日，徐達、常遇春統軍 20 萬，水陸齊發攻打湖州，四面進行圍攻。張士誠派兵 6 萬趕來解圍，10 月，雙方戰鬥進入到了激烈的階段，張士誠親率大軍增援。同年 11 月，杭州、湖州先後投降了朱元璋，平江成了一座孤城。於是，朱元璋以重兵包圍平江，發動了平江戰役。

　　平江是張士誠經營多年的地方，城防堅固，糧草十分地充足，所以要想攻克平江是極其不容易的。劉基曾一再說到張士誠膽小怯戰，屢誤軍機，並非是貶抑之詞。因為有許多大好的戰機，都被他輕易地放過了。那時，朱元

璋的紹興、諸全守將謝再興舉起叛旗，投降了張士誠。

謝再興辜負了朱元璋的信任，私下讓左總管、糜萬戶兩個心腹，到張士誠的轄地杭州，販賣貨物牟利。時間一久，事情敗露。朱元璋懷疑左、糜兩人來往杭州，洩露軍事機密，下令把他們抓起來殺掉了，然後將兩顆人頭掛在謝再興的廳堂上示警。

謝再興感到異常憤恨，覺得朱元璋的手段太狠。於是，率領全體人馬，挾持著李夢庚，投到了張士誠大將呂珍帳下。諸全是浙東軍事重鎮，對衢州、處州起著屏障作用，一直設重兵布防。謝再興的叛變，使李文忠極為震動，但懼於對方的勢力，不敢出兵征討，只能派大將胡德濟移師諸全五指山下，防範張部南侵。但是，這個極為有利的形勢，也被張士誠錯過了。

幾個月之後，當朱元璋被陳友諒牽制在鄱陽湖中，身陷泥潭不能自拔時，這又是一次絕好的機會。而張士誠既不西擊應天，也不南下浙江，而是安坐在姑蘇城中，鐘鳴鼎食，妾繞姬環，過得十分悠閒自在，彷彿虎視著他的強大敵手，能在他的宴樂聲中，自行潰滅。其結果，自然是養虎遺患，自掘墳墓。

眼下，張士誠據守的疆土，南至紹興，北達通州、泰州、高郵、淮安、徐州、宿州、濠州、泗州，直達山東的濟寧。朱元璋決定先掃清江北地區，剪其羽翼，然後南下江浙，攻其腹心，步步為營，穩紮穩打，力求萬無一失。

平江戰役開始時，朱元璋築牆圍城，並造有三層的木塔樓，高過城牆，以弓弩、火銃向城內射擊，還設襄陽炮日夜轟擊。城內一片恐慌，張士誠幾次突圍都以失敗告終。反覆無常的張士誠貪圖享受，對他的部下也是十分地放縱，這不得不說是致其失敗的原因之一。

徐達率領部隊開始進攻平江，他在城外壘起了長圍，把城嚴嚴實實地圍

住了，從此便斷絕了內外聯繫。徐達率軍在長圍外駐紮兵營，平江的八個城門都被圍堵住了。

朱元璋的士兵進行猛攻，而張士誠的兵士卻進行死守。在半年的時間裡，平江仍然未被攻下。此時，張士誠城內的彈藥已經用盡，他就自制飛炮，擊中率也是很高的；等到城中的木石用盡，張士誠就開始命人拆祠廟、民宅為炮具。而城外的徐達則命令架木作房屋狀，以竹笆支撐，軍士埋伏其下，以此來展開攻勢。

張士誠仍然死守著平江，雙方相持已經長達 10 個月之久。這個時候的張士誠已經是面臨外無救兵、內無糧草的窘境了。在平江被圍困的最後一天，當張士誠的弟弟張士信正在胥門城樓上與參政謝節等一起用餐時，一盤桃子剛剛端上桌，隨著一聲巨響，一個飛炮打了過來，張士信的腦袋被炸得粉碎。

兄弟慘死，張士誠又沮喪，又憤怒，命令進行飛炮還擊。一時間，炮聲震耳，飛石滿天，圍城部隊遭受到了很大的損失。直至正二十七年九月初八，朱元璋率軍攻入平江城，張士誠則展開巷戰相抵抗。

後來，徐達聽說張士誠逃跑，便追到了吳王府，不見張士誠的影子，急忙帶人進府四處搜尋。只見張士誠和他的王后並排掛在了梁頭上。徐達急忙命人把他們放下來進行搶救，張士誠被救活了，而他的妻子卻永遠地離開了人間。

死而復生的張士誠知道自己成了俘虜，竟一言不發，彷彿是一具死去許久的殭屍，徐達只得用門板將他抬到船上。張士誠躺在艙板上一動不動，不吃不喝，不言不語。第二天，張士誠被押到了應天中書省。

只見五花大綁的張士誠，被抬到了中書省的大堂上，接著，他又被按著跪到地上。張士誠仰頭閉目，沉默不語。朱元璋問話，張士誠不搭理；李善長問他，張士誠則破口謾罵。這時，朱元璋怒喝一聲：「來人！給我將此賊

亂棍打死！」隨後，上來的四名武士便將張士誠按倒在地，亂棍齊下，不一會兒張士誠便氣息全無了，東吳也隨之滅亡了。經過兩年多的浴血奮戰，朱元璋終於取得了平定張士誠的完全勝利。

隨後，徐達又根據朱元璋的旨意，與常遇春約定在攻占姑蘇後各分一半進行撫定，因此大軍進城之後，秩序井然，號令嚴肅，軍士不敢妄動，居民晏然。

張士誠在平江失守之前，燒掉了徵收賦稅的圖籍，而沒有燒燬城中百姓的住宅和建築。對此，平江百姓還是很懷念他的。朱元璋占據姑蘇後，很快就把平江路改成了蘇州府。

朱元璋總結了張士誠失敗的教訓，對群臣說道：「我初定應天，各守自己的境土，不曾有意對其攻伐。但他誘我將士，連年挑起戰事，最終被擒。假如早有覺醒，對外睦鄰，對內安撫百姓，豈能被打敗？再又驕奢自娛，不念民艱，其下又沒有對他忠心耿耿的謀士，終致失敗。」

最後，朱元璋又定下了下一步行動的目標，說道：「現在陳友諒、張士誠二人皆被消滅，東南雖空，但中原尚存憂患。大家應當通力協作，不能自以為太平，而忘乎所以。汲取張士誠的教訓，要引以為戒。」

大軍凱旋回到應天后，朱元璋進行了論功行賞。他把李善長升為宣國公，徐達升為定國公，常遇春升為鄂國公，其他各將士也有相應的賞賜。

殲滅義軍方國珍

朱元璋的皇帝夢在平定張士誠後更加湧動於心，可是，離夢寐以求的皇帝寶座越來越近，他的心病也越來越痛楚。部下將帥都尊韓林兒為皇帝，而今，朱元璋也想做皇帝。他救了韓林兒，並以禮儀肅然地供養在滁州，現在卻成了他走上皇帝寶座的最大障礙，對此，朱元璋後悔莫及。

舉旗東討西征

　　朱元璋不想直接地除掉韓林兒，那樣太不遮人耳目了，並且會落下個千古罵名，要做就做得乾淨漂亮，並且是神不知鬼不覺，不留下任何痕跡，因此，要想個萬全之計。朱元璋苦苦思索著，忽然，一條妙計浮上了心頭：從滁州到應天，必須越過長江天塹，眼下正是隆冬季節，寒風凜冽，波浪滔天，如果舟覆人亡，那豈不是很平常的事情。不過，此事關係重大，必須得找到一個可以託付重任的人。

　　朱元璋想到了在巢湖歸附的水師頭領廖永忠。此人耿忠任事，頗有智謀，而且他還不是東系紅巾軍出身，與韓林兒也素無來往，是一個理想的人選。於是，朱元璋急忙把廖永忠從蘇州調回來聽命。

　　廖永忠回來當天，朱元璋便在內室祕密地接見了他，對他說：「永忠，我所以特地調你回來，就因為你有這份忠心。皇帝遠在滁州，登基問政，鞭長莫及，故派你去滁州，將皇帝和全體官員眷屬接到應天，相信你一定會不負所托。」朱元璋拍拍部下的肩頭，目光中充滿了信任。

　　「大王，只恐末將不宜擔當接駕重任，況且眼下大江上風急浪高，萬一出現非常情況，末將也擔待不起呀！」廖永忠面有難色地說道。

　　朱元璋瞇著眼睛答道：「即使出現了意外，那也純屬天意，非人力所能抗拒。懂嗎？」廖永忠陷入了困惑，見朱元璋的眼神中，不僅有期待和信任，似乎還有許多言外之意。

　　第二天，廖永忠帶領幾隻大船，去了大宋皇帝韓林兒的駐地滁州。得知朱元璋派人來接他去應天，韓林兒的一顆心立刻收緊起來。韓林兒想：如果真的要到了應天，在朱元璋的羽翼之下看其臉色，他還會把我這個吃閒飯的人當成皇帝嗎？

　　韓林兒懷著滿腹狐疑，小心翼翼地召見了廖永忠。韓林兒設宴，隆重款待了廖永忠，並捧出一匣珠寶送給廖永忠，廖永忠卻堅辭不受。韓林兒又握

著廖永忠的手，含淚說：「到達應天後，朕當傚法古人禪讓天下，免為虛名所累，愛卿務必大力成全。」

「該幫忙的，微臣不會袖手旁觀，陛下不必多慮。」廖永忠說。

「那我就放心了！」韓林兒放心地說道。

3天後，廖永忠率領船隊踏上歸程。韓林兒一家及文武大員都被安排在一條飄揚著龍旗的大船上。北風催帆，船行如飛。第二天傍晚，船隊便來到著名的長江瓜步渡口。這時，天空飄起了雪花，黑雲滾滾，呼嘯的西北風，將寬闊的大江擠壓得顫抖起伏。一個接一個的黑浪，猛撲在江邊的石崖上。風急浪高，船隻顛簸得厲害，黑夜過江，廖永忠害怕出事，特地到韓林兒及其親屬坐的御船上，親自指揮操舵。

船隊緩緩進入了大江，越往前走風浪就越大，船隻像在浪尖上跳舞。一忽兒沉入黑谷，一忽兒躍上浪尖。偌大的木船，像一片樹葉似的在激浪中搖擺顫抖。船上的人被搖得東倒西歪，不少人開始大口大口地嘔吐。廖永忠指揮著舵手與浪濤搏擊，但仍然無法讓大船穩定前進，他連連跺腳，只恨自己倒楣的運氣。

忽然，臨行前朱元璋飄忽不定的眼神和讓人迷惑的囑咐，浮上心頭。廖永忠豁然開朗，也許這是上天在成全自己。廖永忠迎著風浪，接過舵柄親自掌舵。恰在這時，一個巨浪打來，船身猛向南傾斜。在這種情況下，本應向北打舵，讓船身穩定，廖永忠卻順勢將舵往反方向猛扭。浪擊舵板，舵助浪威，御船忽地向南面翻倒過去……悽慘喊叫聲，立時沉寂下去。嚇破膽的小明王、大臣和親屬們都被扣到了激浪中。

廖永忠同時翻身落水，他沖出水面督促著水手和自己一起，在水下尋找大宋皇帝，搭救落水者。無奈，天黑浪高，到哪裡去找？韓林兒一行人早已經被洶洶巨浪吞噬得無影無蹤。

廖永忠水性好，自然安然無恙。他被別的船救起，心安理得地回到應天覆命。出乎廖永忠意料的是，不等他說完遇險的全部經過，朱元璋便倏地變了臉，並且大聲喝斥他。

「大王，末將已經盡了十二分的努力，實在是風浪太大，天意不可違抗呀。」廖永忠把「天意」捧了出來，低聲辯解。

「你還敢狡辯？！風浪大就該翻船？別的船怎麼沒翻？來人呀，給我捆起來，拉出去砍了！」

「大王，末將確實是盡了力的呀。不信問問同行的人，是人的責任，還是天意？」廖永忠跪到地上，大喊冤枉。

朱元璋立即訊問隨行的官兵。不料，各個異口同聲：廖永忠一路小心護持明王，江心遇險時還不顧個人安危奮力搭救。如此的英勇無畏理當予以獎勵，才不負將軍捨己救人之忠勇⋯⋯

「看來，這真是上蒼的安排，人力無法違抗的天意。」朱元璋長長地嘆了一口氣，寬容地說道，「廖永忠，念你已經盡了力，暫時不予處置，重回蘇州效力，戴罪立功吧！」韓林兒等一命嗚呼，絆腳石變成了奠基石，朱元璋異常高興。

再說前方戰事，雪片似的捷報使朱元璋處於亢奮之中。他準備南北同時用兵，早日平定全國。盤踞在蘇湖一帶的張士誠被徹底消滅後，據守福建的方國珍便失去了屏障。朱元璋曾與方國珍達成妥協，兩家各守邊界互不侵擾。但方國珍在與朱元璋通好的同時，又接受了元朝的封號，元朝還讓方國珍將張士誠納貢的十幾萬石漕糧運向大都。

方國珍是浙江黃岩人，也是元末明初浙東農民起義軍領袖。他長得身長面黑，力勒奔馬，與兄國馨、國璋，弟國瑛、國珉，以佃農和販私鹽為生計。方國珍起兵較早，但他原無大志，開始時僅是為了反抗地主階級的經濟

剝削和報復其政治迫害，後來則汲汲於富貴之求，滿足於元朝授予的一官半職。方國珍的突出特點是詭譎多變，誰的勢力大便投靠誰，在預料不準和把握不定的時候，他則是兩面三刀，多方應付，除了個人利益以外，他無任何政治原則。

至正十六年，元朝授予方國珍運糧萬戶之職，利用他為元政府漕運江南糧餉，後來，他被升為江浙行省參政。朱元璋曾多次致書，勸方國珍不要腳踏兩只船，無奈方國珍置若罔聞。在至正二十二年，金華蔣英等叛亂殺了胡大海，提著人頭去投奔，方國珍害怕得罪朱元璋而不敢接納。方國璋在臺州與蔣英部隊遭遇，戰敗後被殺害。

朱元璋得知，派人前去弔祭。第二年，參軍胡深攻下瑞安，乘勝向溫州推進。方國珍再次派使者求饒，許諾每年供奉白銀 3 萬兩，一旦朱家軍攻破杭州，便將溫州、臺州、慶元三郡，獻給朱元璋。

可是，等到朱元璋攻克了杭州，方國珍不但不履約，反而與元朝擴廓帖木兒及福建的陳友定相互勾結，妄圖互為策應。朱元璋寫信給方國珍並列出了其 12 條罪狀，命他懸崖勒馬，每年納貢 23 萬石糧食，方國珍依然置之不理，朱元璋大怒，向他發出了最後通牒。

方國珍召集弟侄及將領商議對策，多數將領心存僥倖，認為張士誠尚在支撐，自己地連東海，有舟船連接，朱元璋無可奈何。於是，便將珍寶細軟悉數搬到大船上，準備萬一抵抗不住時，便逃往大海躲避。

方國珍執迷不悟，只有兵戎相見。西元 1367 年，朱元璋派參政朱亮祖率衢州、金華等地駐軍討伐方國珍。方國珍的部隊毫無戰鬥力，朱亮祖幾乎兵不血刃就攻克了臺州。

10 月 11 日，朱元璋又派中書平章湯和為征南將軍，都督僉事吳禎為副將軍，與朱亮祖南北夾攻，奪取方國珍的巢穴慶元路。朱亮祖的部隊，由臺

州、黃岩南下一路勢如破竹,很快便拿下了溫州。

11月初,與征南副將軍吳禎聯手,在樂清縣盤嶼水域,大敗方國珍之子方明善水師。緊接著,方國珍老巢慶元落入湯和手,方國珍率船隊逃向大海。朱元璋立即增派水師追討方國珍。

眨眼間,方國珍便成了孤家寡人。他將完整城市留給了湯和,他則率領部屬裝載著寶物向海上逃逸,但湯和緊追不捨。方國珍只好率子侄部下向湯和投降,同時派兒子方明完奉表去應天,向朱元璋謝罪請降。

當方國珍匍匐在朱元璋腳下時,朱元璋告訴他來得太晚啦。方國珍叩頭謝罪說:「臣何嘗不知來得太晚,無奈身不由己,望陛下垂憐!」

朱元璋由於即將榮登九五,尊稱為皇帝,為了顯示天覆地載之恩,滄海大澤之量,不僅赦免了他們的罪過,還進行了妥善的安置。不僅給了方國珍一個廣西行省左丞的官銜,還在京城為他建造了名為「千步廊」的豪華宅第百餘間,方國珍高高興興走馬上任。從此,稱霸浙東10多年的草莽英雄,成了朱元璋手下的一名馴臣。

與此同時,在討伐方國珍的同時,朱元璋還派中書平章胡美為征南將軍、江西行省左丞何文輝為副將軍,東出江西,攻打福建的陳友定。湖廣行省平章楊璟、左丞周德興則率師攻取江西。

胡美揮師度杉關,入邵武,銳不可當,直下建陽。後續部隊在廣信指揮使沐英的指揮下攻破分水關,直逼崇安。陳友定的主力據守在福州和延平一帶。福州城堡壘密布,高臺相接,布防極為嚴密。陳友定則親率精銳據守在福建分省駐地延平,準備與朱元璋的大軍決一死戰。

湯和、廖永忠統領水師從寧波南下,直撲福州,守軍頑強抵抗,終因寡不敵眾,很快被占領。福州陷落,延平成了孤城,不久便被攻破。陳友定服毒自殺被救活後,被押到了應天。可是,他的話再一次激怒了朱元璋,朱元璋猛拍桌案把陳友定和他的兒子推出去斬了。

北伐直搗大都

朱元璋解除了北伐的一個障礙，清除了稱帝前行路上的一塊絆腳石後，他又在南方戰場取得勝利，接著，他又迎來了北伐和統一全國的有利戰機。

隨著前方接連傳來捷報：廣東、廣西相繼被平定。除了四川、雲南，整個江南地區都被歸入了朱元璋的版圖，朱家軍對於仍然占據著中國北方的元朝統治者，實行重錘敲擊的時刻到了。

北伐中原，進軍大都，推翻元王朝，進而統一全國，關係到朱元璋皇帝大業的完整和長久。北方幅員遼闊，元軍四處布防。先打哪裡，從何處進軍，都要認真考慮，進行縝密的部署。為了慎重起見，朱元璋請來了劉基和陶安，與他們單獨商量著對策。

「大軍北伐在即，應該採取哪種策略，還請二位多多發表見解。」朱元璋向劉基和陶安誠懇詢問著。

陶安說道：「眼下江南幾近全部平定，魚米之鄉盡歸我所有。而此時，元朝也已經聞風喪膽，所以微臣認為，軍隊可以長驅中原，直搗大都。」

「中丞，你的高見呢？」朱元璋向劉基問道。

「微臣以為，還是應該採取討伐張士誠的戰術，先剪其羽翼為好。」

陶安搖頭否定地說道：「張士誠寬待部下，將士勠力為其賣命，直攻其老巢，四方來援，我將陷入被動。而元則不同，他的部下各懷異志，陽奉陰違，如同一盤散沙。我認為如果徑直攻入大都，並沒有多援之慮。」

「真會是這樣嗎？」朱元璋又問。

「大王盡可放心。」陶安肯定地答道。

劉基輕咳一聲說道：「大王自起兵以來，與各路豪傑角逐，之所以現在能夠擁有整個江南，就在於用兵謹慎。現在更要謹慎，萬不可因中原動盪混亂，而生輕敵之心，望大王三思啊！」

「是的，他們手中的幾十萬人馬不是在睡大覺，我並非是勝券在握，還是謹慎些好啊！」朱元璋點頭贊同，「陶先生，你說呢？」

陶安只得點頭答道：「劉中丞老謀深算，用計萬無一失，臣下完全贊同。」

朱元璋說道：「好，那就這麼決定了！」隨後，朱元璋再次對北方的形勢進行了反覆的斟酌，徵詢謀士們的意見，又與參戰將領們再次進行商討。經過多次討論之後，朱元璋正式下達了北伐的命令：命徐達為征虜大將軍、常遇春為征虜副將軍，統率 25 萬大軍，由淮河入黃河，直搗中原。出兵之前，朱元璋再次召集主要將領進行訓話，並且進行反覆叮嚀，諄諄告誡。朱元璋嚴肅地告誡道：

> 將帥出師，必須取其長，用其短。諸位都是英勇善戰的猛將，但持重穩健，紀律嚴明，進退攻取，得大將之體者，莫如大將軍徐達；當百萬之眾，衝鋒陷陣，所向披靡，莫如副將軍常遇春。我所擔心的，不是遇春不能戰，而是冒險輕敵。當初在武昌，有幾個敵騎挑戰，他竟然親自迎敵。身為大將，豈可與小校爭能？切戒，切戒！如臨大敵，遇春可與馮勝分為左右翼，各領精銳進攻。右丞薛顯、參政傅友德，皆勇冠三軍，可獨當一面。徐達則要專主中軍，策勵諸將，運籌帷幄，不可輕動。古語說：「將在軍中，君不干預者勝。」你要好生體會。

朱元璋稍微停頓了一下，繼而又對徐達囑咐道：「大將軍，我把北伐重任交給你了，你一定要從嚴治軍，上下一心。審進退，通機變，戰必勝，攻必克。我虛彼實，則遠避之；我實彼虛，則迎擊之。時刻都不能忘記立威任勢。我與眾豪傑相驅馳，他們之所以失敗，就是因為威弱而勢輕的緣故，你一定要牢牢記住呀！」

隨後，朱元璋又對薛顯和傅友德等人說：「當初，劉邦、項羽楚漢相

爭，彭越曾在山東立下大功。今天出師先攻打山東，你們要以彭越為榜樣，英勇立功，我等著給你們論功行賞呢！」由此不難看出，朱元璋對此次北伐是多麼重視和慎重。

西元 1367 年，應天北門外七星山下，新搭建的拜將臺上，旌旗招展，朱元璋要在這裡舉行隆重的拜將誓師大典。只見拜將臺上紅燭高燒，朱元璋點燃三炷貢香後便插到香爐裡，隨後，朱元璋跪到朱紅拜墊上，恭恭敬敬三叩首，祈禱天地神靈，保佑北伐順利成功。隨後，學士陶安又宣讀了討元檄文。

等一切都結束後，徐達下達了開拔的命令，朱元璋拉著他的手，步下拜將臺，直送到校場外面方才止步。朱標則和李善長等大臣一起，將徐達、常遇春等一直送到了長江邊，等到他們上了渡船方才告別返回。

10 月 24 日，徐達剛剛抵達淮安，便派人對駐守沂州的王宣、王信父子勸降。王氏父子看到大軍壓境，抗拒必敗，只得派使者到淮安遞降表。但是隨後，朱元璋又寫給徐達一封密信，要他加意防範王宣父子，因為他們反覆無常，不可輕信他們的話。

果然不出朱元璋所料，剛剛過去半個月，王宣便悔約叛變，派他的兒子王信到營州等處募兵，加強沂州防務，同時殺害了徐達派往沂州的使者。徐達大怒便率師急馳沂州，連夜揮師攻城。王宣抵擋不住，只得打開城門投降。

徐達恨王宣父子的反覆無常，當即命令將他們用亂棍打死。沂州的陷落，使山東的元將嚇破了膽。緊接著，平章韓政又攻下了滕州。徐達又率主力北上，一舉攻克了策略要地益都，並連下所屬州縣，俘敵 1 萬多名及大批馬匹，從而切斷了山東東西部之間的聯繫，使得濟南、濟寧兩重鎮陷入孤立無援的局面。

十二月初三，徐達北抵樂安，沿途的元軍望風而逃。一連串的勝利用勢如破竹來形容，一點兒也不過分。兩天後，大都督同知張興祖率部連克東平、東

阿。元參政陳璧等 5 萬部眾投降。孔子的 56 代孫襲封衍聖公孔希學，率曲阜縣丞、鄒縣主簿前來迎接張興祖，從而加快了袞州以東州縣的歸附進程。

十二月初七，徐達的主力部隊順利攻克濟南，張興祖又將濟寧收復。至此，山東的策略要地全部到手。形勢發展得太順利，朱元璋擔心將士輕勝生驕，再次飛書到軍前告誡徐達。徐達和常遇春感謝吳王朱元璋的及時提醒，也深知肩上擔子的沉重。他們明白，眼下最高統帥要求他們的只能是凱歌，而絕不能是哀樂。

不到一年的時間，朱家軍就相繼取得了占領山東、河南、潼關的戰績，完成了朱元璋的「撤其封鎖」「斷其羽翼」「據其戶檻」的計劃，至此便對元都城形成了三面包圍的態勢。

洪武元年正月，推翻元朝即將完成之際，朱元璋在應天即皇帝位。這對直搗元大都造成了極大的鼓舞作用。此時，對於北伐直搗元朝的老巢，朱元璋也有著自己的看法。

朱元璋認為，自己的軍事行動發起於江南，騎兵力量不足，並且中原局勢尚不穩定，因此其成敗都繫於天命，元順帝棄都而逃不必窮追。但卻需要固守強圍，以防其侵擾。這不僅決定了當時的北伐方針大計，而且影響了明朝時北部邊防的格局。這也是元朝統治者退出大都以後，並沒有徹底滅亡，一直在北部有一個或幾個政權堅持活動的一個因素。

洪武元年閏七月四日，朱元璋親自畫北征布陣圖，派人送給大將軍徐達，並再次提示徐達「率師北征，廓清中原，拯民艱苦」。本月十五日各路兵齊會臨清，於是大將軍徐達率馬步舟師北上，至德州，副將常遇春及都督副使張興祖俱以師會。二十日徐達師至長蘆，遂派兵克青州。再進至直沽獲海舟七艘作浮橋濟師，副將常遇春、都督副使張興祖各率舟師並河東西以進，步騎走陸路而前，元丞相也速等望風奔逃，元都大震。很快，北伐大軍

從南向北,橫掃河北。25 日徐達率師進至河西務,戰敗元守將平章俺普達朵兒只進巴,28 日進入通州城。

元順帝見大明軍來勢兇猛,急詔淮王帖木兒不花監國,與中書左丞相慶童同守京城。就在徐達逼近大都的當夜,元順帝率后妃、皇太子等悄然打開健德門,向居庸關逃遁。至此,統治中國達 98 年之久的元王朝宣告結束,大都改稱為北平。

徐達登上齊化門,宣告監國淮王帖木兒不花、中書左丞相慶童等人的種種罪狀,當即斬首示眾。其餘投降官吏將士,一個不殺。他派人查封了府庫寶物、圖籍檔案,並將皇宮四門封鎖,派張煥率領一千餘人嚴密把守,嚴禁任何人接近。同時發布百姓各安其業,將士不得擾民的嚴令。大都之戰,百姓沒有受到驚擾,街肆秩序井然,充分顯示了徐達治軍法令森嚴。可是,他的嚴明法紀,卻遭到了許多將士的反對。

至此,北平這一座幽州古城,從五代時石敬瑭割讓與契丹起,已有 430 多年。宋朝太祖至神宗祖孫四代曾做過努力,試圖奪回,可未能如願。

第二天,舉行了隆重的儀式,群臣上表稱賀,隨後下詔改大都路為北平府。徐達受命置燕山等六衛,以保衛北平。然後朱元璋令徐達和常遇春奪取山西,留 3 萬兵士分隸六衛。

開創大明王朝

朱元璋夢寐以求的盛大節日終於到來了，應天城沉浸在歡樂吉祥的氣氛之中。家家張燈結綵、清掃門庭。千年古都金陵要以嶄新的面貌，迎接新皇帝登基大典。

時辰已到，祭儀開始。首先是柴祭迎神。朱元璋焚香後，率眾臣集體叩拜，然後宣讀祭天祝文。祝文宣讀完畢，朱元璋率眾臣飲祭酒、吃祭肉。然後進入送神階段：壇上燃起大火，將玉帛埋於地下。朱元璋率眾臣一齊跪到地上，仰望長天，注目送神。至此，祭天儀式宣告結束。

實現統一成大業

那是在新年的伊始，在應天城內將舉行隆重的登基大典，一個新王朝即將在這裡誕生。飛雪報春形勢喜人，一派歡歌笑語迴蕩在應天城內。

建國在即，新帝登基的準備工作正在緊鑼密鼓地進行著。李善長率文武百官奉表勸進朱元璋為帝，朱元璋認為此等大事不能潦草行事，應當按著禮儀辦理。

洪武元年正月初四，朱元璋即皇帝位，定國號大明，建元洪武，建都應天，中國歷史上又一個盛大的王朝宣告建立了。其實，大明這一朝代名號的決定，事前曾經經過長時間的考慮。

歷史上的朝代名稱，都是有其特殊意義的。大體上可以分為四類：第一類用的是初起時的地名，如秦朝和漢朝；第二類用了所封的爵邑，如隋朝和唐朝；第三類用的是特殊的物產，如遼和金；第四類用的是文字的含義，如大真和大元。大明不是地名，也不是爵邑，更非物產，它應該被歸結到第四類。

大明這一國號出於明教。明教有明王出世的傳說，主要的經典有大小明

王出世經。經過了五百多年公開的或祕密的傳播，明王出世成為民間所熟知所深信的預言。這傳說又與佛教的彌勒降生說混淆了，彌勒佛和明王成為二位一體的人民救主。

韓山童自稱為明王起事，敗死後，他的兒子韓林兒繼稱小明王，西系紅巾軍別支的明升也稱小明王。朱元璋原來是小明王的部將，害死小明王後繼之而起，國號稱為大明。據說這一提議是劉基提出的。

朱元璋的部下分為紅巾軍和儒生兩個系統，這一國號的採用，使兩方面人都感覺到滿意。就紅巾軍方面來說，大多數都起自淮西，因此受到了彭瑩玉的教化，其餘的不是郭子興的部屬，就是小明王的餘黨，是天完和漢的降將，總之，他們都是明教徒。

國號大明，第一是表示了新政權還是繼承小明王這一系統，所有明教徒都是一家人，應該團結在一起，共享榮華富貴。第二是為了告訴人們「明王」在此，不必痴心妄想，再搞這一套花樣。第三是為了使人民安心，本本分分地來享受「明王」治理下的和平合理的生活秩序。

就儒生方面來說，固然是和明教無淵源的，和紅巾軍處於敵對地位，用盡心機，勸誘朱元璋背叛明教，遺棄紅巾軍，暗殺小明王，另建新朝代。可是，對於這一國號，卻用了儒家的看法去解釋。「明」是光亮的意思，是火，分開是日和月，古禮有祀「大明」朝「日」夕「月」的說法，千百年來「大明」和日月都算是朝廷的正祀，無論是列作郊祭或特祭，都為歷代皇家所看重，儒生所樂於討論的。而且，新朝是起於南方的，和以前各朝從北方起事平定南方的恰好相反。

再拿陰陽五行之說來推論，南方為火，為陽，神是祝融，顏色赤，北方是水，屬陰，神是玄冥，顏色黑，元朝建都北平，起自更北的蒙古大漠，那麼，以火制水，以陽消陰，以明克暗，不是正合適嗎？再說，歷史上的宮殿

名稱有大明宮、大明殿，古神話裡，「朱明」一詞把國姓和國號聯繫在一起尤為巧妙。因此，儒生這一系統也贊成用這一國號。

可見，同意使用大明這一國號，也是出自於不同的思想。一些人是從明教教義上，而另一些人則是從儒家的經說上，因而使得他們最終都認為這是最合適的稱號。

10天之前還是連日的雨雪交加，可是到了正月初四，忽然雲開雪停了。這天一大早，只見整個天空都被朝霞染得通紅。北風匿跡，樹梢輕搖，近半個月的冷風陰霾一掃而空，一輪紅日噴薄而出。新修的皇城和鋪上雪氈的大地，到處蒙上了一層吉祥的金黃色，使節日裡的都城顯得分外輝煌灼目。

朱元璋夢寐以求的盛大節日終於到來了，應天城沉浸在歡樂吉祥的氣氛之中。家家張燈結綵、清掃門庭。千年古都金陵要以嶄新的面貌，迎接新皇帝登基大典。

時辰已到，祭儀開始。首先是柴祭迎神。朱元璋焚香後，率眾臣集體叩拜，然後宣讀祭天祝文。祝文宣讀完畢，朱元璋率眾臣飲祭酒、吃祭肉。然後進入送神階段：壇上燃起大火，將玉帛埋於地下。朱元璋率眾臣一齊跪到地上，仰望長天，注目送神。至此，祭天儀式宣告結束。

其次便是皇帝即位的時刻，只聽李善長率領文武百官，向北跪拜，齊聲呼喊：「恭請大明皇帝升座。」

這時，只見朱元璋換上繡有日月山川圖案的袞服，頭戴平頂冠冕，邁著方步從後面緩緩走了出來。朱元璋來到祭壇中央，在大紅飛金龍椅上款款落了座，他俯視跪在地上的文武百官，神色莊嚴。

「吾皇萬歲，萬歲，萬萬歲！」百官山呼萬歲，行三跪九叩大禮。朱元璋正式登基了。此時的朱元璋恍如在夢中，只見他端坐在龍椅上一動不動，兩行熱淚潸然而下。祭天大典一結束，洪武皇帝朱元璋便帶領諸子及眾大

臣，去新落成的太廟祭祀先人。

登基大典的第三步是金殿受賀，朱元璋登上御輦返回奉天殿後，正式接受百官的朝賀。按著規定的禮儀程式，由中書省左相國、宣國公李善長等率文武百官上表慶賀，表文中頌揚了朱元璋的輝煌功績和無量的功德，當今為皇帝實屬人心所向，定開太平於萬世。

朝賀完畢，朱元璋命李善長奉表冊立馬氏為皇后，立世子朱標為皇太子，以李善長、徐達為左、右丞相；所有功臣宿將都加官進爵；皇族不論活著的還是死去的全部都封為王；對外戚進行追封，包括皇外祖、皇后之父母等封為王。至此，登基大典全部結束。朱元璋成了君臨華夏神州的大明朝洪武皇帝。這一年，他 41 歲。

新朝開基，百廢待興。朱元璋告誡功臣們不要持滿驕縱，當務之急還是戰爭，此時，朱元璋把目標轉向了北方。大將軍徐達將元軍在山東的最後一個據點樂安收復之後，繼續揮軍向汴梁進發。

洪武元年五月二十一日，大明皇帝的車駕到達了汴梁。朱元璋撫慰有功將領、慰問士兵，同時他也考察了地理和民情。私底下朱元璋單獨向徐達徵求了下一步北征的方略。

朱元璋在汴梁期間，除了指揮北伐戰役，還遊覽了大相國寺、黃龍寺、宋代鐵塔等名勝古蹟。他在汴梁逗留了兩個多月。七月二十三日，才起駕返回應天。

與此同時，雖然元順帝已經逃跑，但是「元亡而實未亡耳」，攻占元都後的明王朝仍然受到元朝殘餘勢力的威脅。元順帝居於上都，保有完整的統治機構；元將李思齊擁兵陝西，擴廓帖木兒以強悍「騎兵十萬、步卒倍之」據有山西，並且不時地對內地進擾；元太尉納哈出屯兵 20 萬於金山，這就形成北方元殘餘勢力三路箝制明軍的形勢。

已在明朝控制下的地區由於久罷兵革,也多是無人之地,再加上各地水旱災害不斷,人民的生活還是無著落,各種形式的反抗活動也仍時有發生。

朱元璋是從起義中推翻了元朝而建立大明的,因此他清楚地知道,農民起義是滅亡一個封建國家的重要力量。明朝建立後,一旦出現了農民起義的情況,朱元璋就會堅決地進行鎮壓,實際上這已經納入朱元璋的整體統治之中了。

那是在洪武二年十一月,真州人王昭明聯合 18 人進行起事,朱元璋鎮壓後只把王昭明給殺了,釋放了其餘的人。那是在洪武三年六月,又爆發了陳同起義,這次起義是大明建國後最先與官軍展開激戰的農民鬥爭。泉州惠安人陳同起義後攻向永春、德化、安溪三縣,姚得和龔勝等率兵進行鎮壓。

陳同進行了頑強的抗戰,姚得和龔勝等所率官軍失利。當時駙馬都尉王恭鎮福建,聽到此事後便親自率領精兵進行討伐,最終,陳同被捕遭斬,其餘敗軍通通投降。

大約從西元 1373 年開始,隨著明朝統治的鞏固,社會經濟的恢復與發展,朱元璋所代表的統治階級中,越來越多的人利用其經濟和政治手段壓迫剝削廣大勞動人民,以致發生了多起百姓的反抗戰爭。起義次數也是明顯地增多,地區也遍布南方和北方,中原與邊疆。在此時,發生過湖廣羅田縣王佛兒起義、福建古田縣山民起義、房州段文秀起義等多起起義事件。

在這些起義中,有的是因為天災困苦引起的,有的則是因為貪官汙吏所逼引起的,但後者顯然更為嚴重。當時的山西汾州,因旱災嚴重朝廷早已下令免民租,但是本地的一些官僚卻仍然進行徵賦。由於這種現象不斷地出現,從而激起了農民起義的爆發。

對於連續不斷地出現農民起義,朱元璋感到有些不耐煩了,於是,他便藉著江西的一樁利用宗教起義事件,大肆議論,說人民有「厭居太平好亂

者」，也就是說，在這樣的政治和諧下，也會出現一些作亂的人，而他統治下的明朝軍隊，其作用正是對內鎮壓犯上作亂的人，對外則是防禦侵略的。

對統治階級壓迫剝削產生的嚴重不滿，激起了來自社會最底層人民渴望透過反抗鬥爭得到平等的意願。這不僅是廣大人民的追求，即使是朱元璋，他從維護明朝長治久安的立場出發，也會予以關注。朱元璋也看到了官軍迫害人民，把群眾逼上了梁山的事實。

透過不斷出現的農民起義，朱元璋看到了貪官汙吏是害軍害民的罪魁禍首。不斷出現的人民的起義鬥爭，是受到貪官汙吏的壓迫與剝削後發生的。這樣，為了維持國家的長治久安，就要與貪官汙吏進行長期的鬥爭。但是，朱元璋並不會因此就會原諒起義的人民，他仍然堅持著鎮壓一切反抗的鬥爭。

統治國家的官吏和保衛安全的軍隊反成了禍亂之源，這絕非是朱元璋的心願。他的理想是要在和平時期保持常規軍隊，以備不時之需。同時在面對上述形勢問題上，為了迅速取得和穩定對全國的統治，他在繼續完成對全國的統一事業的同時，也在採取措施恢復和發展生產。

八月十五日，大將軍徐達、副將軍常遇春、右副將軍馮勝、偏將軍湯和、平章楊璨等，統率大軍西取山西。常遇春率軍南下取保定、真定，然後自娘子關西進。馮勝、湯和自河南府渡黃河取懷慶，自南向北攻取澤州、潞州。

十一月中旬，元將擴廓帖木兒遵照元主自開平發出的指令，從太原出雁門關，經居庸關進攻北平。擴廓帖木兒來到懷來後得報太原告急，他又急忙掉頭回去支援。當擴廓帖木兒到太原時，部將豁鼻馬早已經被明軍策反了。

十二月的一天深夜，城內突然多處起火，同時四門洞開，常遇春率部呼嘯而進。擴廓帖木兒在十八名親兵的護衛下，騎馬奪路逃走，常遇春一直追擊到忻州方才收兵。擴廓帖木兒逃向了甘肅。太原城順利到手，豁鼻馬以下

四萬餘眾，全部歸降，山西一舉平定。

次年三月，大軍渡過黃河進入陝西作戰，守將李思齊遠奔臨洮，張思道據守慶陽不敢出擊。由於慶陽城防堅固，攻擊比較困難，於是徐達採取了困而不打戰術，偏師圍困慶陽，主力西擊臨洮，守將李思齊被迫投降，張思道得知臨洮失守，逃到了甘肅投靠擴廓帖木兒。他弟弟堅守慶陽被困三個月後，終於被攻下。至此，陝西的全部地區也被平定了。

洪武二年四月，朱元璋命副將軍常遇春率偏將軍李文忠出師塞北，攻打元朝老巢開平。六月開平順利被攻破，元順帝逃往和林，常遇春追逐了數百里才收兵。可是，在回軍的途中，常遇春猝然病死，年僅40歲。常遇春勇猛無畏，戰功赫赫，不愧是一員虎將。

擴廓帖木兒敗退西北後，依然打著元順帝的旗號不斷在邊境進行侵擾。西元1370年，朱元璋任徐達為征北大將軍征討擴廓帖木兒。大軍兵分兩路，同時出擊：徐達出潼關，自西安搗定西，直擊擴廓帖木兒；李文忠則北出居庸關，向和林進擊，追殲元順帝。

四月初八，在甘肅定西縣北沈兒峪，徐達大敗擴廓帖木兒，擴廓帖木兒僅攜眷屬等少數人北遁和林。大明軍威遠震西疆，河州以西、吐蕃、朵甘、烏斯藏等部落皆望風歸附。

四月二十八日，51歲的元順帝妥歡帖木兒，在倉皇北逃中死於和林以北的應昌，皇太子愛猷識理達臘嗣位。後來，大將李文忠進攻應昌，元嗣主倉皇北逃，五六萬人被俘。至此元朝的殘餘勢力受到了致命的打擊，接近了滅亡狀態。洪武三年十一月初七，征虜大將軍徐達、左副將軍李文忠凱旋班師回朝，朱元璋親自到龍江關迎接慰問。十一月十一日，朱元璋駕臨奉天殿，舉行慶功盛典，由太監宣讀了封爵行賞聖旨。

西元1371年，湯和滅夏後又平定了四川。西元1375年，擴廓帖木兒的

死使北元勢力進一步削弱。西元 1381 年，傅友德滅元梁王勢力，平定了雲南，至此明朝鞏固了在北方和南方的統治。

洪武四年，明軍曾從海上進兵遼東，占領了遼陽以南地區。洪武二十年，馮勝率軍從陸路進擊納哈出，納哈出大敗後投降，遼東遂全部平定。朱元璋從建國至平定遼東，前後用了二十年的時間，至此終於完成了明朝的統一大業。

第二天，李善長、徐達率領文臣武將進宮謝恩，朱元璋在華蓋殿接見了他們。賜坐之後，朱元璋謙遜地說道：「今天成就一統之業，都是各位愛卿的功勞呀！」

徐達等將領趕忙起身跪地叩頭，齊聲說道：「臣等起自田壟，風雲際會，有幸追隨陛下。每次征戰，無不是遵循陛下的勝算。用兵次第，如以掌運指，待戰事結束，竟至不差毫分。這是天賜皇上聖智，非臣愚等之所及。」朱元璋掩飾著得意，手捋疏鬚，嘴角上提。

然後，朱元璋對於征戰殺伐，滔滔不絕地作了不容辯駁的總結。毋庸置疑，經過十多年的學習磨煉，朱元璋已經成長為一位傑出的策略指揮家。

但是，對於朱元璋把大明江山的統一，完全歸結於自己的英明決策，卻有了貪功之嫌。由此可見，謀士劉基、陶安等人的運籌帷幄之力，將士們的流血犧牲之功，也只不過是他在嘴上說說而已了。在朱元璋的心裡，臣下們的智慧功勞也已經變得越來越淡了。

從此以後，誰敢對榮膺天命的洪武皇帝朱元璋產生半點懷疑或者是腹誹，那就無異於犯上作亂、自尋死路，他必欲置之死地而後快。洪武皇帝的獨裁和殘忍在剛登上寶座便露出了端倪。但此時的文臣武將們卻沒有注意到這一點，他們只看到了新皇帝勵精圖治的勤勉與憂思。

朱元璋在勵精圖治的同時，還在不斷地提高自身的修養。朱元璋認同傳

統道德規範的過程，是他與知識分子交流學習傳統典籍的過程。這一認識之所以重要，是因為它不僅是朱元璋個人思考的需要，而且也是他做了皇帝之後，成為了社會的需要。

朱元璋身為皇帝，他認為人能夠修身是一種良好秩序的開端。朱元璋並不直接談論自己修身的心路歷程，而往往是以典範的面貌展示給他的官員們。

洪武九年，在面對新上任一批省級地方官員時，朱元璋在講話中再次大談修身意義。他說：「聖賢們所講道理，無非率性修道而已，人若能終身以此為準繩，一定會受用不盡。有人從小並不知道事物是非曲直，但是長大後仍能做到孝敬父母、關愛兄弟，這便是人與生俱來的善良天性。如果能夠循著這一道理做下去，即為率性之道。一個人做好事，而其他有志者效仿他，這便是修道之教。推廣此意，有什麼好事做不成呢？你們這些地方長官只要努力做，就會永遠保住官職。」

朱元璋多次對大臣們表達自己正心、誠意態度和價值觀念。他說：「君主應該謹慎看待嗜好，不受外界誘惑，如同明鏡止水，正可以鑒照萬物，否則便似鏡子蒙垢，水中有渣，自身昏暗不清，又如何照物？」

朱元璋始終都認為，人都有喜好，問題在於你所愛好的是什麼。譬如，國君愛賢才，則大臣中多為有才幹者；國君喜歡正直的人，則左右親近無奸佞小人，這樣國家才有希望。如果喜好失當，勢必造成「正直疏、邪佞進」的局面，如果到了這個時候要想再治理好國家那就太難了。所以他表示君主能否正心、修身，與國家的治亂是息息相關的。

朱元璋曾對群臣坦陳己見，他說：「智力雖然足以使人取得天下，但不足以獲得人心，我每次回憶起這句話，總是通宵難以入眠。靜觀往事，無不如此。當初我起兵的時候，論智謀不如張士誠，論實力不如陳友諒，但是我

對他們完全以誠相待，從未使用欺詐的手腕，所以他們最終敗在我的手下。我想，人的智力總有窮盡和不及的時候，唯有至誠，別人才能真的信服你。」

有一次，朱元璋到東閣，翰林待詔朱善等人在場，朱元璋再次就人應有的品德發表了看法。

朱元璋說道：「一國之君，如果以天下之好惡作為自己的好惡，處事就會公正；以天下的知識作為自己的知識，就能夠明達。人的天性就是愛自誇，愛說別人的錯誤。君子則不然，君子揚人之善，不自我吹噓，君子能夠原諒他人的錯誤，而待己卻是十分地嚴格。」

朱元璋還一再提倡誠心對待萬物，他說：「對待世間萬物，都不要簡單地用眼睛或耳朵去觀察感受，唯有用心感悟，才能認清複雜的事物，萬萬不能憑藉智力，以為靠天生的聰明就能夠成功，其實，誠心才是真正有效的處世之道。」

當然，朱元璋在談及君主「修己」時，其實帶著很強功利主義色彩。他要求全國官員正心、誠意、修身，也是為了有效地維護大明政治社會秩序而採取的一種有效手段。他由修身為起點，推及治國平天下，以儒家「德治」的方法，實現對大明的有效統治。

現在，大規模的戰爭已經成了過去，接下來，朱元璋考慮得最多的便是如何鞏固新王朝的政治統治和安撫九州百姓。

制定《大明律》

明朝建立後，一直都在推行嚴刑峻法。洪武七年，明朝正式頒布了《大明律》。這部記錄了 606 條法規的書籍，相比於唐、宋、元時的律條，寫得更加詳盡嚴峻。

即使是這樣，朱元璋拋開既定法規，又先後頒布了《大誥》、《大誥續編》、《大誥三續》、《大誥武臣》等律條。這些法外之法，大都是朱元璋獨出心裁的產物。有了法外之法，還有法外用刑，因此增添了許多酷刑。朱元璋始終認為，在治理亂世時必須要使用重刑，才能夠讓不法之人感到懼怕。

朱元璋意識到對皇親國戚的保護還是不夠，因而他強調推行「刑不上大夫，禮不下庶人」那一套儒家禮法。對於皇后家、皇妃家、東宮太子妃家、王妃家、郡王妃家、駙馬家以及公侯之家，除了謀逆大罪一律不赦外，其他方面如果犯了罪，則由皇上諒情裁決，其真意無非就是寬大赦免。

洪武三十年，朱元璋又重新頒布了《大明律》，對 73 條較重的量刑標準進行了更改。幾個月以後，他又將原《祖訓錄》加以修訂，改稱為《皇明祖訓條章》。朱元璋在談到漢代呂氏專權的教訓之後，又再次進行重申：

> 以後不許設立丞相，不許后妃干政，不許太監干政，後世敢有改變祖訓者，以奸臣論處！

與此同時，朱元璋再次勸誡諸藩王，一定要與皇帝同心同德，以護衛大明江山，並保住自己的榮華富貴。後來，朱元璋又對兒子們的不安分，表現出了憂心忡忡。所以，他不厭其煩地以「妄窺大位者，無不自取滅亡」相威脅。

朱元璋對法制極為重視，這也是源於歷史與現實方面的兩個原因。第一，鑒於元朝滅亡的教訓，法制不立，綱紀廢弛；第二，是維護明朝統治的需要。

朱元璋在建立明朝之前就開始著手制定法律了。早在至正二十四年，朱元璋被擁立為吳王後，即建置百官，一個新王朝初具規模，立法也提到議事日程上來了。朱元璋明確指出建立新秩序，必須要有法可依。

朱元璋調動和組織大批官員制定法律始於西元 1367 年。這年 10 月，朱元璋命中書省以《唐律》為藍本，著手制定律令，即《明律》，也稱《吳元年令》。以左丞相李善長為總裁官，另以楊憲、劉基、陶安、徐本、範顯和文原吉等 20 多人為議律官。

朱元璋遂發諭令，明確了立法原則：「立法貴在簡當，使言直理明，人人易曉」，「務求適中，以去繁弊」，「法網密則無大勇，法密則國無全民」，等等。當年十二月初，《律令》一書編成，內容以《唐律》為標準，適當進行了增減，最後改定，共計 285 條。朱元璋下令，將此律令刊布公眾，並頒之各個郡縣。

為使百姓明理及通曉民間所行事宜，又編成瞭解釋律令的《律令直解》一書。西元 1368 年，又進行了修訂和完善，朱元璋親自進行增刪。洪武六年，先頒布《律令憲綱》，後又下詔刑部尚書劉唯謙詳定，篇目皆以《唐律》為準。

最後，朱元璋進行親自主持，每成一篇，則命揭示牆壁上親自裁定，直到翰林學士宋濂寫《表》進呈，方命令頒行，這就是著名的《大明律》。其全律總計 606 條，被分為 36 卷。其中與人民生活有關的部分朱元璋以口語通俗的形式寫出，稱作《律令直解》，目的是使百姓都能看得懂，使之家喻戶曉。

但是，朱元璋修訂法律的活動並未至此而結束。在洪武九年，朱元璋又命丞相胡惟庸、御史大夫汪廣洋等人以「務合中正」的要求，重新更正《大明律》西元 13 條；在洪武二十二年，朱元璋命翰林院同刑部官員，根據歷年所增者，再次修訂《大明律》，並將《名例律》冠於篇首。至此，總共確定為 30 卷，共 460 條。後來經過皇太孫的請求，朱元璋又命令改定為 73 條。

　　朱元璋為了把《大明律》推廣到社會生活的各個方面，也為早日革除元朝的徇私滅公的惡習，洪武十八年，他又編成《大誥》，也稱《御制大誥》，次年又編《續編》、《三編》，內容都是官民犯法的記錄，懲治貪官的備案。

　　《大明律》頒布之後，朱元璋要求所有臣民都要熟讀，學校還要把它作為教材使用，每家每戶也都要持有，如果家中有一本《大誥》，要是犯了罪，便可以減刑一等；如果沒有，那就要加刑一等。一時間全國講讀《大誥》的師生到京城入朝的竟達 19 萬人之多，皆得賜鈔錢而返。

　　由此可見，這種做法，既造成了傳播律令的作用，又使全國臣民馴服地在君主制下生活。同時，朱元璋要求司法量刑治罪「只依律與《大誥》為準」。《大誥》羅列罪行有千餘條，而且為了達到以重刑來威懾臣民的目的，它又具有法律效力。西元 1397 年，《大明律》、《大誥》最後編成，並成為定型本，終明之世未曾修訂。

　　形式上《大明律》的制定是以《唐律》為參考標準的，但從其內容來看並不如此，在量刑上大都比《唐律》重。如臣民以「十惡」定謀反、「謀大逆」等罪時，不分主、從，一律凌遲處斬。《唐律》在量刑上要分犯罪的不同情節，而《大明律》則沒有區分；在年齡上，《唐律》規定 15 歲以下不處死罪，而《大明律》則沒有這種區分。由此可見，明朝的法律更嚴厲一些。

　　朱元璋親自主持和參與制定的明朝律令，尤其是《大明律》，經過數十年的醞釀創制修訂，最後定型頒布天下，真可謂「日久而慮精」。它是中國封建社會一部比較完善的法典，也是承前啟後的法典。條例簡而概，精神原則嚴謹，是以封建小農經濟為基礎的法典代表。它的影響不僅是當代及其後的清朝，甚至還遠到日本、朝鮮、越南等國家。

依法行事不避情

朱元璋不斷地對執法官員們進行告誡：執法就像射大鵠一樣，必須要掌握好弓箭才能夠射中。維護好社會秩序，維護好統治才能夠得民心，這就必須要振綱紀、明法度。朱元璋認為有了法律，就要維護法律的尊嚴和威信。

朱元璋在即位之前，攻占浙江金華時就下令禁酒。但是，很多地方卻沒有認真執行，特別是一些官員更視其為兒戲。此時，帶頭違犯的正是朱元璋身旁第一員大將胡大海的兒子。

當朱元璋知道胡大海的兒子帶頭違反命令時，便下令將他逮捕，還要軍法從事。而當時胡大海正在領兵征越，有人為了不驚動胡大海，奏請免殺其子。可是朱元璋卻堅絕不答應，他說道：「寧可使大海叛我，不可使我法不行。」所以親手殺了胡大海的兒子。

這個消息傳出後，全境震驚。從此，朱元璋所頒布的一切法令，再不敢有人輕視了。經過幾個月的整頓建設，金華被治理得逐漸趨於條理化，朱元璋和他的軍隊在浙西的聲望和影響也越來越大了。

朱元璋強調審訊主持公道，平和寬恕。除非大逆不道才能定罪，百姓犯罪不得連坐。同時，對平民百姓要體現平恕、重親情和人性的原則。

洪武元年，朱元璋北巡，劉基和李善長則留守京師。劉基的責任是督察奸惡，以肅清京城。這時，中書省都事李彬犯了法，劉基立即將他逮捕並治了罪。李彬求李善長替他說情，以此來免其處罰，劉基不同意，反而以天旱不下雨，如果殺了李彬天必降大雨為說辭殺了李彬。

朱元璋回到京城後，發現怨恨劉基的人越來越多，因而找了個藉口，送劉基回老家去了。由此事也可以反映出，朱元璋對劉基的執法嚴苛是不完全贊成的，他再三強調執法者主持公道，但是要做到寬嚴相濟。

朱元璋為使執法得以「平恕」，彰顯法律的公允，他發旨採取了以下四項措施：

其一，為使人民有冤得申，在皇宮的午門外設置了「登聞鼓」。規定：凡民間詞訟得不到申理，或者有冤不能前來者，均准許擊登聞鼓，監察御史須立即奏報，敢阻止者死罪。一旦有犯人不得申冤或提什麼建議的，有特殊的情況，朱元璋仍予以通融。

其二，警告人民避免犯法。朱元璋有令，要在府州縣及其鄉之裡社立申明亭，張榜公布當地嚴重觸犯刑律者的罪過及姓名，使人有所警戒，「以開良民自新之路」。

其三，朱元璋親自審案寬釋。洪武二年，監察御史謝恕巡視松江，以「欺隱官租」罪名逮捕了190多人到京師，其中多數人喊冤枉，治書侍御史文原吉等上奏了此事。於是朱元璋命召數人親自審問，瞭解了實情，原來純屬是冤案。

其四，提倡「明刑慎罰」。朱元璋不是無原則地放寬行刑，而是求其輕重適宜，強調「明刑慎罰」，即把犯罪事實弄清楚，處罰時也要慎重。

朱元璋認真地依法行事，雖然有些罪犯得以寬釋，但最終判決有罪的人還是特別多的。作為一朝的當政者，為了維護明朝的專制統治，總的來看是極其殘酷的。

此外，朱元璋還採取了勞教犯人的措施，就是不把犯人囚禁於監獄中，而是透過勞作治罪、教誨。被勞教的犯人有戍邊免死的普通商民和獲罪的官吏等等。如發臨濠屯種的一罪犯，原是在兩廣戍邊；有的施以酷刑以外，繼續勞教；有的赴京師築城，勞教表現好的可再被起用。

洪武七年，有一批在鳳陽勞教的官吏，「已歷艱苦，必能改過」。後來，經過選拔有149人至京師「各授職有差」。

睦鄰友好保和平

作為明朝的開國君主，朱元璋在內政事務上大刀闊斧地進行著改革，而且還進行著孜孜不倦地追求。相對而言，他在處理對外事務方面，似乎並沒有什麼顯著的作為。睦鄰友好、相安無事成為朱元璋在處理對外關係時的最高原則。

洪武元年，朱元璋剛登基不久，他就派使者出使高麗、安南等國。除了通報改朝換代外，還表達了與各國重新建立外交關係的意願。朱元璋宣布了外交政策：「與遠邇相安於無事，以共享太平之福。」他甚至自謙地稱：「朕雖不德，不及中國古先哲主，使四夷懷之，然不可不使天下周知。」

洪武四年，朱元璋在奉天門召見各部大臣，就對外關係問題發布訓示：「海外諸蠻夷國家如果對中國有所侵害，不可不加以討伐，但是，如果他們沒有危害中國，則不可以主動興兵征討，地廣非久安之計，民勞乃易亂之源。」明代初年，國內統治還不穩定，百廢待興，也需要一個和平安定環境，此時，朱元璋採取睦鄰友好的外交方針是有道理的。

洪武末年，在重新修訂頒布《皇明祖訓》中，朱元璋還特地將這一方針放在顯著的《首章》中，讓子孫世代都遵守：四方諸夷皆限山隔海，僻在一隅，得其地不足以供給，得其民不足以使令。若其不自揣量來擾我邊，則彼為不詳。彼既不為中國患，而我興兵輕犯，我亦不詳也。吾恐後世子孫倚中國富強，貪一時戰功，無故興兵，殺傷人命，切記不可。

「人不犯我，我不犯人」是朱元璋對外關係思想的一大特徵，但他實際上並沒有停留在「人不犯我，我不犯人」的這個層次上，他特別反對使用武力來解決國家之間的爭端，他主張國與國之間的關係應該靠道義、道德來維繫。

講到漢武帝鞏固邊防的雄才大略時，朱元璋是非常讚賞的。他認為北方胡人侵擾邊境，自古是常有的事。以漢高祖那樣的權威，統率大軍尚不能擊

敗匈奴，反而被圍困，那文帝和景帝也就只能守成了。雖然多次遭受匈奴侵擾，但是也只能是被動地進行防守了。

只有漢武帝才能真正地把被動的局面扭轉過來，他發大軍進行征討，先後五次出塞打擊匈奴，洗雪漢軍白登被圍之恥，最後終將匈奴降服。此舉雖對國力有所消耗，但消除匈奴侵擾邊境之息，其功不可沒。

洪武年間，明朝與朝鮮的關係一直時斷時續。洪武二年，朝鮮國王派使者入貢請封，與此同時，他仍與北元保持著密切的關係；洪武十七年，由於軍事格局發生了變化，朝鮮與北元的交通被完全隔斷，朝鮮這才斷絕了與北元的聯繫。

洪武二十六年六月，朝鮮邊疆招誘女夏人 500 多名，隨後發生了潛渡鴨綠江寇掠遼東的事件。同年十月，又有朝鮮海寇人在金州新市發生掠劫的事情。此時，五軍都督府及兵部等大臣多次奏請加以討伐，可是都被朱元璋拒絕了。

朱元璋總是說：「興師伐之，本來不難。我擁有騎射舟師，水陸畢備，且為百戰之兵，親傑精銳，帶甲百萬，舳艫千里，水縈渤澥，陸道遼陽，區區朝鮮，不足以具朝食。只是為百姓著想，而不欲輕燃戰火。」每次都以道義、利害諸理加以勸阻、警告。

洪武末年，安南與思明州發生了領土爭端，明朝政府屢次下令讓安南歸還，大臣們也都建議舉兵征討安南，朱元璋卻不同意。朱元璋建立明王朝後，以宗主國自居，視其他周邊鄰國為藩屬國，明廷的涉外關係也就保留了宗藩關係的根本特徵，只是這種宗藩關係在朱元璋看來是無足輕重的。

朱元璋受到「求相安無事」涉外指導思想的支配，對藩屬各國沒有任何要求，使得這種宗藩關係比以往更加名義化，以至各國與明王朝的關係事實上是平等的。

那時，維繫宗藩關係的主要關鍵是相互之間的貢賜活動，各國定期派使臣攜帶本國的土產或奇珍異寶之類及相關文書，向明廷朝貢，這代表著該國承認明朝宗主國的地位。明廷接受貢物，給予隆重接待，回賜大量禮物，也就表示明朝視該國為自己的藩屬國。

對於各種外交禮節活動，朱元璋都主張從簡，他認為這不僅可以減輕朝貢國負擔，對朝廷來說也是十分省心的，可避免節外生枝。

洪武五年，朱元璋就朝貢問題指示如下：高麗國貢獻次數太多，甚至一年多次，加重了其百姓負擔，而且海路異常艱險，因而使者的人身安全也是難以保證的。特別舉了當年高麗使者洪師範一行在返回途中遇到大風，船翻後溺死了 39 人，另外 113 人則漂流到嘉興海岸才被救起的例子。朱元璋認為，幸虧有被救者可以回國說明情況，要不然高麗國能不起疑心嗎？

因此，朱元璋提出三年朝貢一次，所貢之物以所產布十匹足矣，不必過多。同時，也將此令告知占城、安南等國。但是，多數藩屬國並不遵守規定，朝貢次數仍遠遠超過了規定次數。

洪武七年，朱元璋不得不重申有關規定，由禮部通知各國。但是，第二年安南又要求增加朝貢次數，朱元璋只得又一次讓中書省轉達他的意思：「朝貢常制，三年一次，來朝使臣人數也以三五人為宜，貢獻物品也不必過於豐厚，表示誠敬之心即可。」

洪武十六年，朱元璋又專門制定了朝貢勘合制：朝貢使者必須持明廷頒發的勘合。勘合由明朝制定，每個朝貢國發給勘合 200 道，號簿四扇，分存雙方，以供驗比。

洪武五年正月，瑣裡派使臣朝貢時，朱元璋對中書省大臣說：「西洋瑣裡，涉海而來，艱難險阻，難計年月，其朝貢無論疏數，厚往而薄來可也。」

後來，朱元璋又對禮部官員批示說，對來朝貢的各國給予豐厚賞賜，以表示朝廷的關懷之意。各國所貢之物，多數為供玩食用的奢侈品，少數可用於生產、生活，如馬匹、藥材等，量也極為有限，對於中國來說自然是無足輕重的。歷代統治者多重視各國朝貢的政治意義與象徵意義。

洪武十六年二月，占城國王阿答阿者派使臣楊麻加益等前來朝貢，其禮品包括象牙 20 只以及檀香、番布等物品，明朝回賜給使臣織金文紡 30 匹，瓷器 19000 件。在此後，得到同樣賜物的還有暹羅、真臘等國。

洪武十九年九月，阿答阿者又派他兒子等人前來朝貢，其禮品包括象牙 54 只，還有犀角、胡椒、烏木、檀香、花絲布等。朱元璋回賜占城國王冠帶、織金文紡和龍衣，並賜王子黃金 200 兩，白銀 1000 兩。

受經濟利益的驅動，外國使者往往趁朝貢的機會攜帶私貨來到中國進行交易，或者換取中國的優質手工藝品。對此，朱元璋通通給予了寬大的政策。如在洪武三年，中書省請求對高麗貢使攜帶入境的私人貨物徵收稅金，同時還禁止他們額外攜帶中國貨物出境，但是這些都被朱元璋給否定了。

洪武十七年，明朝又明確規定：海外諸國朝貢使者，有附帶私貨入境交易者，一律予以免稅的優惠。各國朝員使者所帶土產願在中國進行交易的，悉聽尊便。

他們因不知避忌而違犯有關規定和律令，也予以寬宥，不加追究。中國商人與外國使者進行交易的，除了不準私自進行外，也不準賒買、故意拖延、欺騙、敲詐等行為，違者便會被問罪。

朱元璋不只是尊重各國的主權和領土完整，而且他也從來都不插手干涉別國的內務。這種外交政策，在當時贏得了許多周邊國家的好評。

倡廉潔懲貪汙

出身於農民家庭的朱元璋，做了明朝皇帝之後就有了雙重的身分和背景。他異常痛恨貪官汙吏欺壓和剝削勞苦大眾，嫉恨貪官汙吏橫徵暴斂破壞社會秩序，尤其是對抗他的法令，而對付這一社會弊病的方式就是倡廉懲貪。

明王朝建立時，百姓生活很艱難，而功臣們則是盡情享樂，並且還產生了一些驕縱之氣。可是，從社會最底層上來的朱元璋深深知道民間的疾苦，也知道那些東西意味著什麼。

有一天，朱元璋下旨宴請文武群臣，為皇后祝壽。臣子們非常高興，以為又可以重溫戰爭年代那段大碗喝酒，大塊吃肉，猜拳行令，一醉方休的快樂時光呢！

可是讓他們做夢也沒有想到的是，這個宴會有些特別：第一道菜上的竟是炒蘿蔔，第二道菜是炒韭菜，第三道是兩大碗青菜，最後一道是蔥花豆腐湯。

朱元璋逐一大讚每道菜的好處：「蘿蔔上了街，藥店無買賣」；「韭菜青又青，長治久安定人心」；「兩碗青菜一樣香，兩袖清風喜洋洋」；「小蔥豆腐青又白，公正廉潔如日月」。群臣聽後，頓時恍然大悟，原來皇帝這是在教育他們要勤儉呢。

隨後，朱元璋又當眾宣布：「今後眾卿請客，最多只能『四菜一湯』，這次皇后的壽筵即是榜樣，誰若違反，嚴懲不貸。」

朱元璋的儉樸在穿戴上的體現也是十分明顯的。有一次，朱元璋走進東閣檢查政事時，因為此時正好是酷暑時節，所以汗水濕透了衣衫。這時，侍從們拿來衣服給朱元璋換上，在場的人看見拿來的衣服都是經過多次洗過了的，沒有一件新衣服，在場的官員們被他的這種儉樸的精神感動了。

此外，朱元璋不僅自己堅持勤與儉，而且他還要求各級官吏也要這樣去做，否則，他將絕不容情。在面對貪官汙吏的問題上，朱元璋更是嚴加懲處，甚至不惜大開殺戒。

倡廉並不是不給官吏們應有的待遇，作為皇帝朱元璋對官吏想的還是很周到的。明朝建立前一年，他任命了 234 名郡縣官吏，並下令給他們優厚的派遣費，以免到任後，借貸侵漁百姓，對奉公不利。

勤儉是廉潔之母。朱元璋不厭其煩地向官吏們講述著要以儉樸為榮、奢華為恥的道理。朱元璋對奢華者嚴懲不貸，對節儉者則會給予獎勵。

朱元璋告訴新上任的官員，百姓所出的租賦以資國用，也是官員們的俸祿來源，明白了這一道理，當官的應該勤於政事，盡心於民。民有詞訟應當為其辦理曲直，不能尸位素餐，貪贓枉法。

朱元璋一生簡樸勤奮，他很少徵召女樂舞伎進宮，也不迷戀戲曲，更沒有絲竹環繞、長夜飲宴的習慣。他一心撲在國事上，稍有空閒，不是讀書練字，就是與文人學士談論經史文學。

每當耕耘收穫的季節，朱元璋總是親自勞動，並一再教誨內監和兒子們：吃親手種的東西，味道會特別的香。不僅是皇帝本人，就連皇后在後宮也能夠造成帶頭的作用。宮女內部也能自行節儉，穿洗濯之衣。朱元璋總是說不能浪費了天生之物，勞民傷財，所以誰都不敢不謹慎從事。

不僅如此，朱元璋對從勞動者身上抽取的這些物資也是十分珍惜的。有一天，朱元璋在內廷看見有的宮女把很少的一點絲線丟在了地上，他立刻召集來所有的宮女，向她們說明生產這類蠶絲是何等的不容易。朱元璋斥責宮女們不應該無故丟失，並立下規矩，從今以後再有犯此錯誤者定斬不饒。

由這件事情可以看出，朱元璋對勞動人民用辛勤勞動生產出來的物品是多麼愛惜。與此同時，朱元璋也不會放過對孩子和身邊的宮姬等人的教育。

　　朱元璋要求宮中的裁剪師把做衣服剩下的綢緞片，縫製成百納被面；剩下的絲絹布頭，縫成衣服賜給王妃、公主們，並且時刻會告訴她們，桑蠶絲製成絲綢是何等費工費時的事兒。朱元璋還要求，包表籤是繡金龍的，要求宮人把金子清洗出來，積少成多，鑄成金塊。

　　朱元璋對宮內的太監也不放過教育的機會。洪武三年十月的一天，天降大雨，宮內遍地積水。朱元璋見兩個小內監穿著新靴子在雨水中行走，立刻嚴厲訓斥：「地上這麼多積水，你們穿著新靴子走在泥水中，難道一點都不心疼嗎？爾等如此不知愛惜，給我各打二十板子。」兩個小太監被打得腿瘸股腫。從此，內監們哪個還敢再浪費，宮廷內奢靡之風也大大地改變了。後來，朱元璋還宣布百官上朝如果遇著雨雪天氣，允許穿雨衣和雨靴，以此來珍惜貴重的官衣。

　　在飲食上，朱元璋最不喜歡大吃大喝，飲酒作樂，儘管他能喝酒，但卻很有節制。曾經有潞州派人進貢人蔘酒，太原歲進葡萄酒等都被朱元璋給拒絕了，並向他們說明了中國自有秫米供釀造酒，何必以此勞民。

　　明朝初建時，全國多處受到災害。遇有父母忌辰時，朱元璋也不會忘記曾經的苦難日子。於是，他便率領妻妾吃草根、野菜、粗飯等，以此來表示願意與百姓共苦。

　　朱元璋曾經說過，珠玉非寶，節儉是寶。對於居住的地方，朱元璋也從來都不會挑剔。即使在修建皇宮時，他也把那些雕琢奇麗的設計都給去掉了，他要求宮殿中不要多施彩繪；在宮妃住的地方，牆壁和屏風上，畫的也都是耕織圖；在太子東宮畫的是朱元璋的身世以及後來的經歷圖；在處理國事的殿堂內，則書寫了治國平天下的經典謀略。由此可以看出，朱元璋講究的是居室的實用，殿堂也不講求奢華，只追求效果。

　　朱元璋出行用的輿輦服飾，也是以銅代金，從來都不會過多地奢侈，從

而表現出了他珍惜百姓的辛勤勞動的作風。其實，朝廷官員為皇帝賀壽是封建王朝禮制的極為正常的現象，可是朱元璋在生日來臨之時也是一拖再拖不許賀壽。直到洪武十三年，他拗不過群臣，說定依朝中規矩辦事的要求，才允許朝賀，這也是朱元璋儉樸低調的表現。

朱元璋高興的是馬皇后能夠以身作則，做出榜樣。這位出身貧寒之家的後宮之主，平時都穿漿洗過的衣服。有時衣服褪了色，甚至有了破損，仍然捨不得丟掉，補好之後繼續再穿上。馬皇后命人用雜絲織成綢子，做成被子賜給老弱孤獨者。做禮服剩下的絲絹布頭縫成百衲衣，賜給王妃、公主，讓她們知道蠶桑的艱難。

朱元璋知道，自己是「吃了苦中苦，方為人上人」的，這苦中之苦對於保住這份巨大的基業至關重要。而自己的兒孫們，他們生於富貴，滋生驕奢之心在所難免。如不及早教誨，將會毀掉他半生拚殺所創下的基業。因此，朱元璋會利用各種機會，對兒子們進行教育，並儘量創造機會讓他們經受磨煉。

朱元璋叫太監們在後花園裡種上蔬菜，朱標和眾王子讀書累了，就會去澆水灌園，捉蟲除草。有一天，朱標和幾個兄弟正在空曠的菜地上打鬧玩耍。

朱元璋見孩子們在菜地上摔跤、疊羅漢，渾身上下沾滿了泥土，不由心生疼愛。心想，帝王家的孩子不該如此寒磣，他們應該有更舒適的玩樂場所。但轉念一想，隨即打消了這個念頭。

這時，朱元璋的二兒子朱棣問道：「父皇為什麼不給我們建一座漂亮的花園玩呢？」

朱元璋不慌不忙地說道：「孩子，這裡本來可以弄些臺榭亭閣，曲水拱橋，讓你們遊玩。可是，我卻命內侍開成了菜園。知道是為什麼嗎？」

「為了省錢唄。」朱棣麻利地答道。

「是為了省錢，你們知道，每天的花用錢，是從哪裡來的嗎？」

「戶部。」

「那，戶部的錢又是從哪兒來的呢？」

「不知道。」

「戶部的錢，都是從老百姓那兒收來的。我們自己種菜吃，就是為了愛惜民財民力。當年，商紂王建了好多歌臺舞榭，整天飲酒作樂，不知體恤百姓，百姓人人痛恨，起來把他推翻了。而漢文帝就不同，他想建一個露臺，一計算下來，相當於十戶人家一年的生活費用呀，立刻就打消了這個念頭。你們看，一個奢侈，一個節儉，多麼不同。結果，一個國亡，一個富足，天差地異。你們明白我的意思嗎？」

孩子們齊聲答應「明白」，朱元璋才高興地離去。

在明朝洪武年間，為官清廉者不在少數，以廉能受到朱元璋獎賞的官吏也是大有人在。如寧國知府陳灌，在任時大力興辦學校，訪問疾苦，嚴禁豪紳兼併土地，「創戶帖以便稽民」，就是建立類似戶口的簿子便於掌握居民情況，得到了朱元璋的肯定，以此為榜樣，頒行全國；又如濟寧知府方克勤，鼓勵農民開墾，3 年不納稅，言而有信，田野得以開墾，戶口增加數倍，使該郡富足，而他本人卻是極為簡樸的，一件布袍穿 10 年也不更換，飯桌上也是沒有肉的。

此外，有個一父教子的生動事例，引起了朱元璋的重視。吳興縣人王升，有罪被囚在獄中，刑部查獄囚時，發現了王升給其子平涼知縣王慎的信，奏報給朱元璋審閱之後，朱元璋對其是讚歎不已，信中說道：「為官須廉潔自持……撫民以仁慈為心，報國以忠勤為本，處己以謙敬為先，進修以學業為務，有暇日宜玩味經史。至於先儒性理之書，亦當潛心其間，於此見得透徹，則自然所思無邪。又熟讀律令，則守法不惑。仕與學，蓋不可偏廢。」

朱元璋閱讀後，親手寫詔書給王升，他認為王升是位善教者，能以忠盡之言叮嚀其子。在貪風遍布之中，能看到這樣的家訓，誰也比不了。肯定

此信「勸善懲惡，移風易俗」，實有國之務。於是，朱元璋便下令將王升釋放了。

朱元璋對犯有其他過失的官吏尚可寬恕赦免，但唯獨對貪官的處罰是極其嚴厲的，他一般都不會輕易放過。洪武四年，朱元璋下令「自今官吏犯贓罪者無貸」，即貪汙犯贓罪者不能寬恕。

除去用刑法規定的笞、杖、徒、流、死五刑外，對付貪汙官吏，朱元璋還允許法外用刑。抽筋、割膝蓋、剁指、剁腳、剝皮等酷刑，都成了懲治貪官的利器。

在各地的官衙前，都設有一個「剝皮場」和一個高挑著貪官人頭的長桿。在官衙的辦公書案旁，則吊著一個填充稻草的人皮，宛如一個活人吊在那裡。恐怖之狀，不忍目睹。重刑可以使人喪膽，朱元璋認為只有這樣，才能震懾和恐嚇住那些心存貪瀆惡念的不法之徒。

朱亮祖是廬州府六安人，元末時，朱亮祖便號召起義成了義兵元帥，據守寧國，稱霸一方。不久，朱亮祖為了自保，歸順了元朝。朱元璋占據集慶後，親自督師攻下寧國，生擒了這個土皇帝。

朱元璋覺得朱亮祖是個血性漢子，當即加以重用。在與胡深合攻陳友定時，朱亮祖作為主帥，逼迫胡深孤軍深入，結果，在建寧城下使其被俘遇害。

朱元璋降了朱亮祖的官職，並對其進行了嚴厲的斥責。在平定方國珍時，朱亮祖卻立了大功。後來，朱亮祖以副將軍的身分，配合廖永忠征討兩廣，更是功勛卓著。洪武三年封永嘉侯。洪武四年，率師伐蜀，雖有勛勞，但因擅殺軍校，功過相抵，沒有得到獎賞。

元朝末年時，廣東是地方軍閥何真的地盤。何真歸降後，廣東一直處在軍事管制之下。所以，軍人在這裡有著特殊的權力，不但百姓怕兵，連地方官都得退讓三分。

　　軍人的一切需求，不但都由地方政府進行籌辦，而且他們還擅立名目，借端進行勒索，就連縣衙的吏員也常常遭到他們的斥罵甚至責打，朱亮祖坐鎮廣州後更是擅作威福。官軍的橫行霸道，更是變本加厲，甚而同地方豪強沆瀣一氣，從中盤剝百姓，欺壓良善，使得民怒沸騰。

　　如今，廣州府首縣來了個剛正耿直、保護百姓的縣令道同，因而立即遭到了朱亮祖的刁難。他幾次把道同叫到帥府，威逼利誘，軟硬兼施，要他給自己留條後路，少管軍隊的「閒事」。道同則是不亢不卑，巧妙周旋。朱亮祖只得暫時隱忍。

　　一天，朱亮祖聽說道同抓了他的爪牙跪街示眾，立刻火冒三丈，決定親自會會這個愣頭青。他把道同請到帥府設宴款待，酒過三巡，朱亮祖不經意地問道：「聽說，縣太爺抓去了 5 個買東西的人，這是真的嗎？」

　　「是的。不過，他們不是尋常的購物者，而是……」道同理直氣壯地說道。

　　「不管是什麼購物者，既然是購物，就沒有什麼大不了的。依我看，貴縣還是不與他們計較為好。」

　　「侯爺，道同蒙皇上厚恩，榮任一縣之長，自應造福一方，為皇上效力，為百姓做主，豈敢隨意釋放惡人？那幫惡棍，欺行霸市，強買強賣，不亞於惡霸強盜。對其繩之以法，罪有應得。」

　　「不瞞貴縣，他們當中有本帥手下人的親友呀。」

　　「侯爺，王子犯法與庶民同罪。莫說是侯爺部屬的親友，就是侯爺自身的親友，卑職也不敢徇情枉法呀。」

　　「難道你連這點面子都不肯給本侯嗎？」朱亮祖繼續說道。

　　「這不是給不給侯爺面子的事情，而是執法或枉法的大事，還望大人諒情。」道同正色抗辯道。

「那你就好自為之吧。」朱亮祖被頂了個張口結舌，扔下一句話後便扭頭離開了宴席。

朱亮祖越想越氣，第二天，他便親自帶領一隊武士，來到縣衙前驅趕圍觀的百姓。跪地示眾的潑皮無賴，一看救星到來，一齊大哭喊冤。朱亮祖怒氣衝衝地答道：「本帥知道你們都是被冤枉的好人，我是來救你們的。都給我放了！」說罷，朱亮祖大手一揮地說道。

統帥一聲令下，武士們一齊搶上前來放人，看管罪犯的衙役哪裡敢制止，只好眼睜睜地看著人犯被劫走。朱亮祖騎在高頭大馬上，耀武揚威地走了。

走了一段路後，朱亮祖竟然有些生氣，一個尊貴的侯爺，竟在大庭廣眾之下，去解救那幾個地痞流氓，實在是太有失尊嚴了。聽著沿途百姓的譏笑咒罵，他才感到此舉的輕率魯莽。回到帥府，朱亮祖愈想愈窩火，竟然把一切怨恨發在道同身上。

第二天，朱亮祖藉著官員常規拜見的機會，硬說道同「禮儀不周，藐視大臣」，並吩咐當眾責打了二十板子。

朱亮祖不但祖護壞人，而且又讓自己無端受辱，道同怎能嚥得下這口惡氣？這個蒙古族漢子發誓，拼著性命不要，也要與這個無法無天的傢伙糾纏到底。

朱亮祖釋放了惡人，又當眾毆打縣令的「威名」愈傳愈遠，那些仗勢作惡的富豪劣紳，紛紛投其所好，你送金銀珠寶，我送美媛名姬。朱亮祖來者不拒，一律「愧受」。吃了人家的嘴軟，拿了人家的手短，自然是有求必應，無力不出。

有一家姓羅的富翁用金錢開路，結識了朱侯爺，又把年輕美貌的妹妹送給侯爺做小妾。朱亮祖大喜過望，視羅氏兄弟如同家人手足。羅家本來就是當地一霸，現在成了侯爺的大舅子，就更加有恃無恐，為所欲為了。

　　羅家不僅搶人田宅，奪人妻女，而且還經常帶一幫豪奴橫行鄉里，簡直是無法無天，使得百姓們對他們恨之入骨。由此控告羅氏的狀紙，像雪片似的飛到了道同的大堂上。不少人甚至還在路上等候著道同，攔住他的官轎喊冤。

　　道同簡直忍無可忍，決心拼上一條命，也要捋一捋侯爺的虎鬚，狠狠懲治那幫惡魔。於是，他下令逮捕了羅氏兄弟，嚴加審訊。朱亮祖聽說之後極為憤怒，立即派兵包圍了縣衙，將羅氏兄弟當堂放走。

　　道同眼睜睜地看著罪犯被劫，也沒有任何辦法，一個小小的縣令，根本就無法制服兵權在握、統轄一方的大員。正在長吁短嘆時，道同忽然想到了皇帝。當今皇帝一再倡導廉潔，嚴懲貪賄，並提倡地方官吏控告權貴，何不上一個奏章，據實進行彈劾？

　　可是，道同又轉念一想，朱亮祖是炙手可熱的侯爺，是作為皇帝親信派來彈壓地方的，皇帝豈能聽信一個七品小令的劾奏，去處置一個朝廷勛貴？就是派員調查，又有誰敢為了窮苦百姓而去得罪權貴，到了那時，百口莫辯，簡直是自找難堪，也許還會搭上性命。

　　但是，道同繼而又一想，既然已經三番兩次得罪過朱亮祖了，那太歲爺絕不會饒過自己，借助官員考核的機會，隨意捏造上幾條罪名，要了自己一條小命，也不過是動動手指頭的事情。

　　現在，已經沒有退路可走了，倘若拼卻一腔熱血上書，萬一使皇帝感悟，不但為民除了害，自己也可以保住身家性命！於是，他冒著殺頭的危險，蒐羅了朱亮祖的種種罪狀，祕密上奏了皇帝。

　　朱亮祖也沒有睡大覺，他的幕僚們獻計說，道同頑劣不馴，無端受到懲罰，十之八九會向皇帝上書。與其被動挨打，何如先發制人？朱亮祖一聽也有道理。於是，惡人先告狀，一封彈劾番禺縣令的奏章，派快馬送去了京城。

　　道同的奏摺還在路上，朱亮祖的奏章，已經率先擺到了朱元璋的御案

開創大明王朝

上。一個封疆大吏居然鄭重其事地彈劾一個小小縣令，這是沒有先例的，聰明的朱元璋立刻嗅到了事情蹊蹺。再仔細看奏章的內容，果然是非同尋常：道同不僅排擠大臣，目無官長，以蒙古苗裔相標榜，而且，他還縱容刁民聚眾鬧事，那些刁民或為故元殘匪，或為何真舊部。其事可疑，其心可誅……

為朱亮祖擬折的幕僚，不愧是刀筆裡手，一句話擊中了要害：一個蒙古「苗裔」，而與「故元殘匪」「何真舊部」相勾結，不啻是明目張膽的「謀逆」，這是朱元璋最為害怕的事情。於是，他當即寫了個「斬立決」的手諭，派使者送往廣州。

朱亮祖在京城的坐探，立刻買通了使者，讓他舍舟就陸，六百里快馬，日夜兼程。聖諭到達廣州的當天，抗擊權貴、為民請命的道同，便血灑法場，唧冤而去。

道同被殺後，土豪劣紳歡欣鼓舞，善良百姓則悲傷哀嘆。月黑星昏之夜，百姓們在路口道旁，悄悄焚香奠酒，燒化紙錢，送父母官的冤魂上路。道同的冤死，也使許多同僚震驚哀傷。

廣東的布政使徐本更是為道同抱不平，他瞭解道同的為人，更敬重道同的品德。道同廉潔自律，與家人一起常年吃糙米粗食，省下俸祿厚奉老母，並賙濟貧寒百姓。

徐本曾經與道同發生過一次齟齬，小縣令的執拗與倔強，竟使徐本深為敬佩。事情是這樣的：番禺縣有一個姓胡的郎中，醫道雖然高明，品行卻是極其惡劣。他仗勢凌辱百姓，被道同抓來問罪，按律當受笞刑。

恰巧，徐本正要找這個名醫看病，急忙親臨縣衙，請道同赦免胡郎中。他禮貌地懇求道：「貴縣，胡郎中雖然按律當受刑，無奈，本官急需他診治，可否諒情饒他一次呢？」

道同決絕地搖了搖頭，說道：「朝廷之法難廢，百姓之屈必申。請大人

不要學永嘉侯的樣子。」徐本說情碰了壁，悻悻而去。胡郎中受過笞刑之後，才被放走。

一個小小下屬竟然如此不肯給面子，徐本心下憤憤不已。事後捫心自問，對道同忠於法憲、體恤百姓的「固執」，反而產生了幾分敬意。正所謂不打不相識，從此之後，兩人反倒成了朋友。

現在，這個忠於朝廷、愛民如子的好官，無端蒙受不白之冤，含恨而死。徐本對官海的險惡，朱亮祖的心狠手辣，目無王法，惶惶不可終日。他不知道哪一天，就會輪到自己的頭上。

道同被殺的第五天，他的奏章才被送到了朱元璋的手裡。朱亮祖貪汙受賄、暴戾蠻橫、賞惡罰善、為害百姓等罪狀，每件都是條分縷析，鑿鑿有據地寫在奏章上。自己因為打擊土豪，便受到朱亮祖凌辱笞杖，以及百姓身處水火之中而哭訴無門的種種苦狀，更是寫得一字一淚。

朱元璋將奏章反覆看了三遍，覺得自己上了朱亮祖的當，不由得拍案嘆息起來：「那道同，官卑職微，處在達官貴人的包圍之中，卻敢於同邪惡抗爭，實在是鳳毛麟角呀。那朱亮祖竟然膽大包天，捏造謊言欺騙朕躬，實在是死有餘辜。既然誅殺道同的手諭，剛發出不久，追回還來得及。」

於是，朱元璋派飛騎速下廣東，追回前命，並命道同立即入京陛見。但是，一切都晚了。飛騎的四蹄再快，也沒有朱亮祖的一把刀快。使臣趕到廣州，道同早已經被殺了。

朱元璋知道後，他細細算算日期，立刻醒悟過來：是朱亮祖在使計搗鬼騙了自己。他氣憤之極，當即頒下一道諭旨，鎖拿朱亮祖以及他的兒子、時任廣東衛指揮使的朱暹，一同進京。

那是在洪武十三年九月初三，朱亮祖父子鐐銬叮噹，被帶進午門。朱元璋站在奉天門的臺階上，一臉肅殺怒氣。朱亮祖一見，嚇得臉色蒼白，急忙

跪地膝行。來到皇帝面前以頭撞地，哀哀哭求道：「陛下，臣知道，我父子罪該萬死。望萬歲看在臣跟隨你老人家，南征北戰、出生入死的分兒上，饒恕我父子的性命吧！」朱暹也緊跟著哭求。

朱元璋把壓抑在胸中的怒火迸發出來，說道：「留下爾等性命，只會用魚肉百姓、殘害清官和耍鬼矇騙來報答朕躬！」只見朱元璋大手一揮，「武士們，給朕狠狠地打！」

善觀眼色的武士們知道，皇帝要的是催命棍。一個個蜂擁上前，用盡全力狠狠打去。直到朱家父子血肉橫飛，氣絕身亡，朱元璋方才在侍從的簇擁下，恨恨離去。

朱亮祖被杖死的消息傳到廣州，百姓們激奮不已。有的跪到大街上，北向叩謝，高喊皇帝萬歲。有的喜極而泣，慶幸正義伸張、父母官道同的沉冤洗雪。為了不忘父母官的恩德，很多家庭供起了道同的神主牌。

同時，也是為了展示皇帝的仁慈，朱亮祖父子被打死的第二天，朱元璋發布旨意，以侯爵之禮安葬朱亮祖，並親自撰寫墓誌銘，詳述他的豐功偉績。其實，明眼人一看便知，這不過是演了一出貓哭老鼠的鬧劇。朱氏父子公然欺瞞朝廷，橫行不法，更使朱元璋認識到武將們的咄咄威焰，促使他加快了誅殺武臣的步伐。

說到朱元璋嚴懲貪官汙吏的事件，那就不得不再說一下錢糧案。錢糧案中包括了兩樁案件，其中一案就是發生在洪武九年，也就是西元 1376 年的「空印案」，這是明朝建立以來牽涉官員最多的一件大案。

朱元璋登基後，制定了一種月報制度，各地的戶口、錢糧、學校、訟獄等，府州縣要逐月統計上報。後來，由於太麻煩，在西元 1373 年時改為了季報和歲報。除了逐級上報，各府州縣及布政司每年年終，還要將戶口錢糧等事項向戶部呈報。

為了表示確鑿精到，要求所有上報帳目，都要精確到分、厘、毫、絲。

但是，地方與戶部的帳目很難分毫不差。因此，遭到戶部駁回的事常常發生，各地也只得在京城重新登造一次帳目。

這個新帳，必須用原報衙門的大印。而從京城返回本地用印，有的要往返數百里、數千里，甚至上萬里。不但備極辛苦，而且拖延時日。報帳官吏只得帶上預先蓋好印章的空白文書，在京城裡做帳。

但是，朱元璋卻認定是各地方官員和中書省勾結作弊，欺騙愚弄自己。於是，他把有關人員通通抓了起來，並立即處死了。凡是參與其事的吏員，各杖一百，充軍到邊遠地方。

朱皇帝一言既出，上萬顆人頭，頃刻間無辜落了地！其實，空印文書的出現，是得到中書省和御史臺的默認的。這時，一個名叫鄭士利的布衣，不惜冒死上書，希望澄清事情原委，為冤死者鳴冤。

朱元璋認為鄭士利情真意切，有理有據，自己做得太冒失，殺害了許多無辜的官員。於是，決定獎勵這個仗義執言的布衣，但隨後他從中書省得知，鄭士利的哥哥是剛受空印案牽連而死的，朱元璋立刻轉變了態度把鄭士利殺掉了。

朱元璋嚴懲貪汙之令屢次下達，但違反法規的人還是有的。其中一樁大案就是洪武十八年發現的盜竊倉糧「郭桓造罪」。

有一天，朱元璋接到一份密奏，密奏告發戶部侍郎郭桓夥同北平布政司、按察司官員貪贓舞弊、盜賣官糧。朱元璋拍案而起，怒不可遏。

郭桓是戶部侍郎，戶部主管全國戶口、土地及錢糧等。在朱元璋懲治貪官汙吏案件中，拿以六部為罪魁，而郭桓被指責為誅首第一人，也是頭一次，從公布的罪狀中看到貪汙的事實是極其嚴重的。

罪狀中說郭桓等收受浙西秋糧 450 萬石，而郭桓實收 60 萬石上倉、鈔 80 萬錠入庫，這些可抵 200 萬石，其餘 190 萬未曾上倉，還有 50 萬貫錢，夥同其他人私分了。又有應天等五府州縣，有數十萬畝官田地夏稅秋糧，但

是並無一粒上倉，而是被郭桓等戶部官員分贓，軍隊衛所的倉糧被賣空。

事發之後朱元璋進行了嚴懲：六部以及各省的大部分官吏都被牽連了進去，左右侍郎以下的官吏，全部被處死了。至此，逮捕判刑、處死的各省官吏，多達兩萬人。朱元璋仍然不解氣，命令窮追猛打，由官追到民，「罪贓」遍天下。因此，很多富室特別是江南富戶都被牽連進去，中產之家大抵破產。

朱元璋懲治貪官無論有多麼狠，那都是可以理解的。可是，郭桓案只有少數人有貪賄的事實，但瓜蔓株連達數萬人之多，這樣看的話的確有點過頭，也不可避免地製造了許多冤假錯案。

可是朱元璋並不認為自己處置過當，他對諸位大臣振振有詞地說道：「郭桓贓罪暴露後，天下諸司盡皆犯有贓罪，繫獄者數萬，無一赦免。足見跟空印案一樣，這是兩起驚人的聯合作案。不徹底剷除，不足以固國基；不加以嚴懲，不足以平民憤。怎麼能說不是一件大好事呢？」

精明過人的朱元璋，很清楚自己在做什麼，他是有意矯枉過正。其實他是找個藉口，製造一場血案。這樣，不僅可以打擊震懾貪官汙吏，還可以藉機打擊地方豪強勢力。因為在朱元璋的心目中，那些人都是橫行鄉里、梗頑不訓、魚肉百姓、危害國家的淵藪，嚴厲地進行打擊剷除，乃是利國利民的天大好事。

朱元璋畢其一生，都沒有停止對貪官汙吏的打擊。貪賄之徒像割韭菜似的，割了一茬又一茬，難免沒有冤死的人，但朱元璋打擊貪官汙吏的成效，卻是有目共睹的。貪官，貪的是金錢，圖的是富貴享樂，有誰見過不怕死的貪官？所以，用嚴刑峻法打擊貪官汙吏，不失為釐清官場必不可少的手段。

朱元璋很注意六朝敗亡的教訓，而應天又是六個短命王朝的都城。作為一朝的最高統治者，朱元璋懂得以史為鑒，可以治國。不僅如此，他讓人抄錄許多前人古訓，放在宮中醒目之處，以便能夠時刻地警示自己，記住曾經的教訓。

勤政事忌懶惰

在歷代帝王中，洪武帝朱元璋的勵精圖治、勤政不懈與任何一個帝王相比都毫不遜色。朱元璋有幾個習慣就是他長年積累的結果，同時，這也充分表明了他的勤政。

每當朱元璋要吃飯時，如果他想到了一件事，就會立刻拿出紙片記下來，然後掛到衣服上。有的時候朱元璋想的事太多了，紙片就會掛滿衣裳。等到上朝時，朱元璋再一件一件地去處理。

還有一個習慣是，凡是奏疏上達，他就命令左右的人把奏疏中的事情節錄下來，然後黏到牆上，最後分清主次來處理，這樣下來，就使得牆壁上的帖子一天要更換好幾次。也正是如此，朱元璋孜孜求治，成效可見。

朱元璋認為身為人君，無論在什麼時候，也不能滋長怠心。身為大明皇帝，朱元璋既不是在向群臣訴苦，也不是宣揚個人，他的目的很明確，那就是要大家共同努力，讓他以身作則來勤求治理。

朱元璋的勤奮在稱帝之前就已經顯露出來了，他往往是通宵達旦地聽取名儒講史論經。當了皇帝后，朱元璋更是不敢懈怠，他日理萬機，每天四更便會起床，天不亮就會上朝。下了朝，稍有空閒朱元璋就會與儒士們談史論政。到了下午三點左右，他又在朝堂聽政，處理國家大事，直至黃昏掌燈時分才回宮。無論春夏秋冬，朱元璋都數十年如一日的這樣做著。

大凡勤奮的人，都會反對怠惰的人，以至於對他產生厭惡。朱元璋經常會以前人的經驗教訓來激勵自己，他要把勤政與怠惰和統治的興廢關聯起來。

朱元璋還把「勤」與「惰」的道理及其後果，以故事的形式寫成《勤惰說》一文，文中說：「有勤、惰二人，即同鄉又其志向相同，但未來入仕當官可做事大不一樣。勤者為民時，家境豐厚，夜間讀書，白天帶著書本種

田；惰者同為民，只是精研文學，其他不作，未暮而寢，日高才起，吃完飯念幾行書本即悠悠然，自以為很清高。有一天，惰者到勤者田裡，勸他像自己一樣，以待明君之用，勤者不聽，說：『農、書俱不棄也。』又一天，國君聽說二人皆為儒者之學，召至京城，各給官做，皆侍駕而朝。按著國君的要求和朝廷的規矩，每天須凌晨而起，待時召見，日暮而歸，猶不能安寢。一旦做起事來，勤者容光煥發，反之惰者憔悴。再者君命勤者管水部，於是親到現場，變害為利，築堤固防，得到國君讚賞。反之惰者，管教種地，到了田裡，不知如何操作，欲為民利，反成民害，受到了國君的責備。惰者決心要改正，請教勤者，說你平日所學比我簡單，而用起來何以超過我呢？誰教你的？回答說，別無其他，不過根據經典所說，『順天之道，因地之利』，你比我熟悉這些話，只是沒有照之實行。惰者聽了此言，明白了『博學而不能行，不如沒有，學得少而專精可真妙』。這裡告訴一個道理，讀書要勤奮懂真諦，和實踐結合起來，勤於思考。」

透過本文可以看出：勤奮的人，雖然勞其精力但終究會獲得成功，懶惰的人則適得其反；國君勤於政事，獎勤懲懶，實際上正是朱元璋的自我寫照。

面對初建的明朝，朱元璋迫切地要透過自己的努力實現繁榮富強，長治久安。對於這些，勤政便是其中的一個重要因素。朱元璋決定在政治上要呈現出朝氣蓬勃，擺脫舊王朝的陳規陋習，讓明朝以嶄新的面貌呈現在世人面前。

朱元璋任用了許多老臣。危素是一位自元朝以來就德高望重的名儒，明朝初年他已經70多歲了。他是翰林侍講學士兼弘文館學士，平日很受朱元璋的尊重。

然而，有一天，危素帶著拖沓履聲去見朱元璋，當朱元璋問及是誰時，危素回答說：「老臣危素。」當時朱元璋就顯現出了滿臉的不高興。辦完事

走後，朱元璋說他不再適宜在朝中當官了，於是，就把危素貶到和州去守墓了。此事不但表明了政治上的殘酷性，而且也看出了危素在政治上的態度與朱元璋勵精圖治的精神是不一樣的。

其實，朱元璋的身體並不健康，但即使有病了，他也仍然堅持親自處理朝政。有一次，朱元璋從建康冒著冰雪趕赴婺州，受了寒氣腹痛不已。後來，經過醫生嚴景明的細心調治便很快痊癒了。為此，朱元璋寫了「良醫景明」四個大字，並且賜給了這位醫生。朱元璋一生勤政，他除了在患病時有短暫休息之外，當政數十年堅持上朝理政。

建立禮儀法規

朱元璋制定了很多的禮儀法規，一方面表示他對傳統禮儀的重視和繼承，另一方面也體現了因時制宜的改革。但是，最主要的是透過禮儀法規的制定，把制禮和治亂結合起來維護朱氏的皇權威嚴，對社會各種關係進行調整，並向廣大民眾開展教化。具體地說，定禮制是為辨貴賤，明等威，這是一代帝王治國必須做的。

為了使百姓知禮儀，朱元璋接受了儒士們的建議，大力倡導教化，以教化推動治理。朱元璋要求 8 歲以上的兒童一律入塾讀書，學習應對、射、御、書、數等知識。15 歲以上的孩子要學習《詩經》、《書經》、《禮記》、《易經》等儒家經典。甚至他還要求成年男子在忙碌完之後，也要去聽講道德禮儀。

如果老百姓犯了盜竊、鬥毆等過錯，由老人與里長共同調解。不聽教誨者，則可以用籐條竹抽打，但不得拘押刑罰。除了教誨懲罰之外，同時還提倡揚善。對孝子賢孫，義夫節婦，里長、老人可以直接上奏朝廷。每裡都要設「申明亭」和「旌善亭」，有罪過的將姓名寫在「申明亭」上，有了善舉

則張榜在「旌善亭」上。同時，每鄉還設一個搖鈴，由一個殘疾人每月六次，在全鄉巡迴搖鈴，高聲吟唱六句為善去惡的唱詞：「孝順父母，尊敬長上，和睦鄉里，教訓子孫，各安生理，勿作非為。」

洪武三年，一場大旱災襲擊了江南地區。從仲春到盛夏，四五個月滴雨未降。本應綠油油的稻田裡，此時卻土地龜裂，禾苗乾枯，早稻徹底無望了。

朱元璋焦急萬分，他決定親自去山川壇祈雨。他穿了一身麻布素服，足踏草履，既未騎馬，也沒坐車輦，在錦衣衛拱護下，徒步走出了奉天門。大臣們各個麻衣素服跟在後面。

走了不遠，朱元璋便看見街道兩旁跪滿了燒香禮拜的百姓，春雷般的山呼萬歲聲，此起彼伏。自從登上皇帝寶座，「皇帝萬歲」的頌揚聲，天天在腦中盤旋，即使是這樣他也不覺得厭煩。

今天，朱元璋不但高興不起來，甚而覺得有愧於百姓的期望。直到登上山川壇，仍然在心裡虔敬地祝禱，希望溢滿心頭的至虔至誠，能夠感動上蒼，降下一場及時甘雨。

行完禮儀，祈求完天地神祇，朱元璋吩咐大臣們，各回衙門理事。自己則在壇頂的草墊子上，露天盤腿而坐。六月盛暑，又是久旱不雨，太陽一露臉，就將滾滾熱浪拚命地向大地拋灑。近午時分，大地像一隻大蒸籠，熱浪炙得人皮膚刺疼，窒息難忍。儘管侍從不住地給他用冷手巾擦拭身上的汗水，朱元璋仍然感到膚疼頭暈，似乎隨時都會暈倒。

朱元璋極力昂起頭，挺直腰桿。無奈，虔誠的祝禱並沒有感動上蒼，汗水也沒有換成雨水。第二天，朱元璋又在烈日凶焰下苦熬了一個白天，夜裡仍宿在山川壇上。第三天一大早，大臣集體懇請他回朝，朱元璋仍然堅持說：「怎能半途而廢呢？放心吧，烈日曬不死朕，朕只擔心天不下雨！」

然而，朱元璋在山川壇上一直虔誠地跪了三天，也沒有祈來一星半點雨

水。第三天傍晚，他快快不快地下壇回宮，但仍然沐浴齋戒，夜宿廊廡之下，堅持不懈地向天祈雨。

「轟隆隆……轟隆隆……」一聲聲驚雷，接連不斷地滾過天空。

劉基正在午睡，突然被響雷驚醒。跋著鞋來到窗前一看，烏雲低垂，大地幽暗。一陣狂風捲來，大樹彎腰，風沙瀰漫。一場大雨就要來了。他長長地吁了一口氣，孩子似的，扶著窗臺高聲喊了起來：「望穿雙眼的好雨呀，趕快來吧！」

「哈哈，父親好久沒有這麼高興了。」劉璉不知什麼時候來到了劉基的身後。

劉基興奮地答道：「為官者當以民瘼為念，皇帝更是以蒼生為念。范文正公『先天下之憂而憂，後天下之樂而樂』的教誨，人人都應引以為戒。」

「兒子謹遵教誨。可是，雖然皇上堪稱是開國英主，但動不動就苛刑殺戮，能說是以蒼生為念嗎？」

劉基有氣無力地答道：「皇上以武功平定亂世，以文德治理天下，寰宇之內賴以粗安，這是他最大的功德。多年征戰，他再三號令，不嗜殺，不擾民。遇有荒歉，多次減免災區稅糧，也是一大功德。不過，他多猜善疑，往往誅殺失當，以致牽連無辜太多，又顯得不仁不義了。」

「要是陳友諒、張士誠等人得了天下，也會這樣嗎？」

過了許久，劉基才自語似的說道：「不論是誰，初得天下時，都會有一些撫民安眾的善舉。不過，做多做少，卻是因人而異。陳友諒恣肆暴戾，唯我獨尊，肯定不是恤民的角色。張士誠雖然仁慈，但苶弱少謀，耽於淫樂，也不會把百姓放在心上。相比之下，洪武皇帝，要勤奮清廉得多。自從登基以來，除非是生病，每天兩次上朝不輟。披著星星起床，日上三竿方才退朝。吃過早飯，不是讀書，就是批閱奏章。午後，再次召見臣民，直到暮色蒼茫，方才回宮休息。已經是難能可貴了。」

正說著,侍從來報:皇帝駕到。由於劉基神機妙算下了雨,朱元璋特地來獎賞他,將兩個女子賜給劉基,讓她們照料劉基的起居。劉基不敢忤旨就收下了,但始終都沒有收房。

劉基曾說:「軍國大事,自然是要陛下親躬;微末細事,不妨讓丞相和中書省徑直處理。公文呈送,奏摺格式應當進行簡化,廢話連篇的習慣,應予禁止,以減卻龍體之勞。此乃微臣之陋見,不知是否得當?」

劉基的話,並沒有改變朱元璋的做事原則。他害怕大權旁落,根本不敢放手讓丞相和中書省去處理所應承擔的公務,事無巨細,一律親自過問。除非是生病,朱元璋總是堅持每天兩次上朝辦公。每天晚上,他都要把白天做過的事,仔細想一遍,有不妥當的,立即筆錄下來,以便次日更改。

但是,事情的多頭多緒,內外奏摺的繁多和冗長,終於使朱元璋不能忍受了。歷代沿襲下來的文牘制度相當煩瑣,寫給皇帝的奏章更是疊床架屋,穿靴戴帽,帽子甚至大到把身體都淹沒了。整天在這樣的文牘海洋中打滾,只怕什麼人也難有耐心。

這天晚上,一顆特別明亮的流星,隕落到西北方地平線上,恰巧被朱元璋看在眼裡。這時,陝西來了奏報:西嶽華山西峰,一塊巨石突然崩塌。天星隕,山峰塌,乃是天降災異之象。朱元璋心下忐忑,立即下詔,廣求直言。

皇帝的號召,迅速得到了朝廷內外的積極響應。一時間,奏摺紛飛,洪武皇帝的龍案上堆了足有一尺多高的「直言」。早朝後,已經很累的朱元璋仍然伏到龍案上看奏摺,他順手拿起一份奏摺一看,是刑部主事茹太素上奏的。由於茹太素的奏摺寫得拖沓囉唆,繁文廢話令人厭煩,於是,朱元璋打了他一頓板子。

隨後,朱元璋命宋濂擬訂一個範本,以後行文、進言,都要按照規格行

事。有了統一的格式，擬訂公文，上摺敘事，沒有人再敢套話、空話連篇，皇帝的負擔也減輕了許多。可是儘管這樣，每天要批閱的奏章，數目仍然多得驚人。朱元璋雖然感到苦於應付，但是為了江山社稷，他如果不這樣就會感到不安心。

選賢與納諫舉措

朱元璋自從嶄露頭角開始，身邊就聚集了各種賢能人才為他出謀劃策，透過這些智者的一些計謀，他如虎添翼並且取得節節勝利，直到成為一國之尊。

在人類漫長的爭鬥中，只有尊重人才並得到他們支持的人，才可能在最後贏得勝利。如果說鬥爭的開始是靠個人的機遇、智謀和勇力，那麼，到了最後決定勝王敗寇的關鍵，那就只能看是誰贏得了人心。

歷代的儒士都有一個很高的理想，那就是《大學》中所說的修身、齊家、治國、平天下。窮則獨善其身，達則兼濟天下。自從反元起義開始，一直到建立了明朝，朱元璋逐漸認識到，這些成功的實踐，並非是他個人的力量就能夠實現的，這些與賢臣的輔助是分不開的。因此，朱元璋得出一個結論：「舉人賢才，立國之本。」

在朱元璋的這些功臣中不僅有文臣武將，同時還有儒者學士，其中著名的武將首推徐達。在眾多同輩人中徐達唯獨崇拜的是朱元璋，認為他是最有前途的。而朱元璋也視徐達是個不可多得的人才。

想當年，朱元璋還在郭子興麾下時，有一天吃飯時，朱元璋對李善長說：「我想立一員大將軍，讓他統領軍校，操練三軍，你知道什麼人可當此任，請為我推薦一人吧？」

李善長沉吟半晌說道：「主公想求這樣一員大將，也許有一個人，可擔當此任。」

朱元璋問：「是何人？」

李善長說：「濠州城外永豐縣，有一人姓徐名達，祖籍是鳳陽人，精通韜略，名震鄉關，如今也有 20 多歲了。徐壽輝、劉福通、張士誠等人去請他都不去。他說，這些人不是可輔佐之人，堅意守己，待時而出，常說帝星自在本郡。若得此人，大事可成。」

朱元璋說：「請你去請他如何？」

李善長說：「過去商湯聘伊尹，文王訪姜尚，漢得張良，光武求子陵，蜀主三顧諸葛，苻堅任王猛，此乃禮賢之效，還是您親自去才是啊！」

第二天，朱元璋便跑去對郭子興說道：「麾下雖有數萬甲兵，但無強將。李善長舉薦徐達，我想與李善長去請此人。」郭子興同意了。於是朱元璋和李善長一起策馬而去。

朱元璋同李善長到了永豐縣，他傳令三軍不許擾動居民。兩人下馬步入村中來到徐達家裡，李善長上前叩門，過了好大一會兒，才見徐達來開門。

朱元璋仔細看著徐達，果然儀表非凡。徐達讓客人進來，三人共入草堂，分賓而坐。李善長把朱元璋介紹給徐達，徐達命人備茶，茶罷一巡，徐達便說：「朱公欲救天下的百姓生靈，有一件事必須先做。」

朱元璋忙問何事，徐達說：「必須先掃淨各地舉兵造反的群雄，統一天下。今天元勢尚盛，諸雄割據，以濠州一郡之兵來促成統一大業，恐怕是很困難的。」

朱元璋點頭說：「歷史上，周文王得太公而滅紂，漢高祖得韓信而楚亡，我已經得了像你這樣的一批良將賢士，況且我又是仗義誅討，我實施的又是以仁治軍，深得民心，我完成一統大業，又有何難的？」

徐達聽了朱元璋豪氣沖天的一番話，便大笑道：「從來定天下者，在德不在強，明公能以仁、德為心，不嗜殺為本，天下足可平也。」隨後徐達便

安頓了一下家屬，與朱元璋、李善長一起騎馬來到朱元璋的招兵館中。

朱元璋坐下來之後，問徐達打仗攻戰都有哪些好招。徐達說：「這我就很難說了，打仗應該臨時發揮隨機應變，哪有一定的招數？古人云，打仗可以分為三種勝：一是上勝，這是以仁取勝；二是中勝，這是以智取勝；三是下勝，這是以勇取勝。但這仁、智、勇三者，做大將的缺一不可。」

朱元璋又問：「歷史上不乏這樣的例子，有些小國越打越大，而有些大國反而滅亡了，這是何故？」

徐達說：「合天理，順民心，愛眾恤物，敬老尊賢，人自樂而從之，雖小可以致大；倘若淫暴虐，或柔而無斷，或剛而少柔，或愚昧不明，或好殺不改，未有不亡者也。」朱元璋完全贊同徐達的觀點，認為這徐達確實不是個等閒之輩。

當天晚上，朱元璋主動與李善長、徐達同眠共寢。第二天早起，朱元璋見徐達、李善長兩人眼珠發紅，眼圈發青，便問他們為什麼沒睡好，徐達說：「主公的呼嚕聲太大了，所以我們睡不著。」

李善長忙出來打圓場：「史書上講，幹大事的人都打呼嚕的，呼嚕聲越大，作為越大，主公要是不打呼嚕，我們反而會更睡不踏實。」

朱元璋將徐達引薦給郭子興，郭子興見徐達氣度非凡，委實喜歡，當即封了個鎮撫之職。

幾天後，郭子興校場點軍：以朱元璋為元帥，徐達為副將，趙德勝統參軍，鄧愈統後軍，耿再成統左軍，馮國用統右軍，李善長為軍師，耿炳文為前部先鋒，馮國勝為五軍統制，李文忠為謀計使，率兵七萬，去攻打滁、泗二州。

經過後來的事實證明，朱元璋請來的徐達真是個奇才，文武雙全，出生入死，征戰四方，功勳卓越，後來成了名聲顯赫的大明開國元勳。

徐達始終都聽從著朱元璋的調遣，南征北戰配合得也是異常默契，並且屢立戰功。在攻占集慶以及北伐攻大都時，徐達都是率軍一馬當先，從而對戰勝敵人起了關鍵性的作用。尤其是在對張士誠開始爭戰的決策上，徐達更加顯示出了他的深思熟慮。

那個時候，朱元璋召集中書省及大都督府諸臣詢問征討張士誠的方法。李善長以張士誠兵力未衰，認為應緩攻打。徐達則說：「張士誠暴殄奢侈，其罪行著實令人髮指。同時，擔任要職的官員也都不關注國家大事，因此使得百姓無比憎恨。與此同時，我方兵力精銳，如果在公布敵方的罪行後再去討伐，那麼，打敗張士誠是指日可待的。」朱元璋認為言之有理，於是，決定立即出兵討伐張士誠。

在明朝建立之後，徐達因為戰功卓絕官至太傅、中書右丞相、征虜大將軍，並被封為魏國公。事實上徐達始終都在戰爭的第一線，他關懷部下，並且與他們同甘共苦，從而使得戰士對他非常感激，在戰鬥中也顯示出了英勇無比的作戰精神。

打敗敵人之後，地方的秩序也是井然有序。此外，徐達的個人生活也是非常儉樸的，朱元璋對他也是極力地稱讚。在有最難打的戰役時，朱元璋首先就會想到徐達。在攻打常州，消滅陳友諒的戰役中，徐達不辱使命，屢創佳績。因此，徐達在軍中的威信極高，各位諸將也是絕對服從，唯有在朱元璋面前他言聽計從。

常遇春是懷遠人，他投奔朱元璋後，也是表現出了英勇無敵的精神。常遇春在戰勝陳、張的征戰中，與徐達協同作戰，後因為其勇敢善戰而聞名軍中，並且被朱元璋稱之為「長城之將」。常遇春是一位難得的人才，為朱元璋打天下立下了汗馬功勞。

李文忠是朱元璋的親外甥，自從 20 歲喪母後，他就一直在朱家，朱元璋

把他當作兒子一般對待。李文忠自幼便練就了一身好武功，他驍勇善戰，在諸將領中也是首屈一指的將才。同時，他在軍中也深得軍士們的愛戴。

常遇春死後，李文忠受命統領常軍，成為明初的主將之一。他與徐達、傅友德、沐英共同北征西討。西元 1370 年，李文忠因功績顯著被授予大都督府左都督，並且還被封為曹國公同知軍國事。李文忠於洪武十七年病卒。

馮國用和馮國勝是定遠人。有一次，朱元璋率領隊伍經過定遠縣妙山腳下時，恰巧遇到了一隊人馬。這支隊伍的首領是馮國用和馮國勝兩兄弟。他們雖說沒有見過朱元璋的面，但對他的為人和才幹還是知道的，所以，他們早就有了投奔他的意思。當他們得知朱元璋的隊伍要從這裡經過時就事先做好了準備。

朱元璋對馮氏兄弟的隊伍是十分敬佩的，這是一支訓練有素的隊伍。馮氏兄弟有勇有謀，兄長馮國用書生意氣，處事頗具儒雅之風。弟弟馮國勝則擅長武技，精通兵法，以多謀略聞名於軍中。在其兄馮國用死後，他沿襲其職為親軍都指揮使，並且位於徐達和常遇春之下，曾受命為征虜大將軍出徵納哈出。

在元朝統治下，整個社會早已是儒道廢弛，人不習文，而馮氏二兄弟卻文武兼備，又善兵法，這正是朱元璋需要的人才。

朱元璋和馮氏兄弟談得很投機，第二天，馮氏兄弟就隨朱元璋一起上路了。有了馮氏兄弟的加入，朱元璋愈發覺得將才的重要，他認為隊伍需要補充領導人才，以便加強管理，像馮國用這樣言談具有遠見卓識的人，現在真的是太少了。

朱元璋很高興遇到了馮國用這樣的儒生，內心深受觸動。馮國用所說的平定天下之道，使朱元璋大有茅塞頓開之感，他看到了一條通向未來的光明道路，也深刻認識到了讀書人的重大作用。馮氏兄弟歸附朱元璋後，很快就得到了他的信任。

此後，朱元璋便開始注意網羅讀書人，向他們垂詢治道，請他們出謀劃策。再說湯和，他與朱元璋是同鄉。早在朱元璋南征定遠時，在選定的 24 人中就有湯和。後來，湯和追隨朱元璋南征北戰，在征討方國珍、捉拿陳友定等戰役中，因屢建功績而被封為中山侯。

洪武十一年，湯和被封為信國公。洪武十八年，湯和告老還鄉。但是不久之後，倭寇縱橫於海上，朱元璋又請湯和出征。於是，他和方鳴謙共同在山東、江蘇以及浙東、浙西經營，並在沿海築建軍事據點衛所城 59 座。洪武二十年，也就是西元 1387 年，湯和又在閩中於沿海建衛所城 16 座，為後來在防倭抗倭上，發揮了多方面的積極作用。到了晚年，湯和在家鄉居住 10 多年，與政治風險沒有關係，壽終 70 歲。

有一年，朱元璋在農村尋訪人才。他來到了徽州，朱元璋聽說有個很有學問的高人叫唐仲實，因避亂住在洪門的山裡。軍隊來到洪門，朱元璋便命令軍隊駐紮下來，自己和李善長騎著馬，往山裡去尋找。到了山莊，唐家大門緊閉著，朱元璋上前敲了兩下，門開了。朱元璋上前作揖，問道：「唐仲實在家吧？」

「哎呀，小婿外出未歸，請將軍留下姓名，我好轉告。」

朱元璋全身披掛戎裝未脫，就這樣匆匆忙忙趕來，竟然未找到要找的人，他十分懊惱地說：「真是不巧啊！」

白鬍子老漢一聽，哈哈大笑起來，說：「哈哈，不巧之事天下多，做盡不巧就見巧。你說對不對，將軍？」

朱元璋被逗樂了，說：「對。」說完，寫了四句詩：

夕陽落門遍地紅，
元璋洪門訪先生。
風雨大地同舟渡，
山裡求賢為百姓。

寫完便送給老漢，說：「有勞老主，轉給唐先生，等兩天我再來。」

在回營的路上，朱元璋和李善長商議說：「要等唐先生，且在洪門住下。」

李善長急了，說：「兵貴神速！如此等待下去，恐有不測。」

朱元璋說：「是的，但軍為謀用，勇而無謀，雖猛何益？我決心等唐先生，請勿多言。」

第三天一早，唐仲實自己前來拜見，朱元璋一見大喜，迎進軍營，賓主坐下，兩人越談越投機。朱元璋問道：「唐先生，漢高祖、光武帝、唐太宗、宋太祖都在危難之時統一全國，請教先生，我當如何呢？」

唐仲實說：「這幾個皇帝都愛護百姓，所以能做到統一。現在，你攻取城池，軍紀良好，民心安定，這也是大好事，但是，大多數老百姓對生產還沒有信心，負擔還很重啊！」

朱元璋連忙說：「先生講得好，講得對。目前我的積蓄少，費用多，只好多拿百姓一點兒，我也想讓百姓能夠鬆一口氣，只是目前尚無萬全之計呀！」

「將軍，何不學曹操實行屯田？」唐仲實對朱元璋說道。

朱元璋一拍大腿，說：「好辦法。」隨後，朱元璋命令大將康茂才快速去辦。

唐仲實見朱元璋行事如此果斷很受感動，於是就說：「現如今耕作仍是老辦法，產量不能提高。拿水稻來說，從神農嚐百草到如今，還是撒稻，這要改一改。不過這是後話了！」

朱元璋說：「不是後話，現在就動手，我有辦法！」

原來，朱元璋少年時家貧，給財主家放過牛。有一次由於只顧玩耍，牛闖進了東家的「撒稻」水田，吃了一大片「撒稻」秧苗，等到發現時，太陽已落山了。朱元璋害怕東家知道後自己受皮肉之苦，就悄悄地下了另一塊「撒稻」秧地，拔了幾把秧苗，補插在秧苗地裡，遠看著也是綠油油的，就跟原來的一樣，東家竟然沒有發現破綻。

朱元璋過了幾天後再去看，那後插的秧苗漸漸由黃轉青，竟然長得比「撒稻」還要好，稈子粗壯，葉子厚大。秋收時，那稻子就像狗尾巴一樣沉甸甸的，每株要比「撒稻」多二三十粒，不到半畝地，長的稻要抵上一畝收成。

唐仲實一聽，連說：「將軍好記性，這也許就是天意，小人願意拿百畝水田試種。」

「那就太感謝先生了。」朱元璋感激地說道。

朱元璋帶兵繼續南行，唐仲實則在洪門向各家佃戶宣傳改「撒播」為「栽秧」的新育稻方法，「栽秧」高產，按原地約收稅，若「栽秧」失敗了，唐仲實和朱元璋願意賠償。

當時，從洪門北到寧國、南到徽州的農民，都按照朱元璋的方法，把水稻的種植方法由「撒播」改為了「栽秧」。這年秋收，所有「栽秧」的水稻畝產量都比「撒播」的多收了五六成。

朱元璋在戎馬之際，重視發展農業，這件事被傳了出去，那些割據一方的草莽英雄聽了都不以為意，然而老百姓聽了卻都盼望朱元璋早日到來。朱元璋登基以後，就頒布命令，全國推行「栽秧」，這使水稻的產量大大提高。

朱元璋在廣納賢臣的同時，還很注意軍紀，並且能夠虛心求言納諫。他不斷地整治著軍隊士兵的紀律，從而能夠保證軍隊的戰鬥力。在攻打和州時，由於軍紀敗壞激起了當地百姓的嚴重不滿。朱元璋很是惱怒，立即責令諸將整頓軍紀，使得百姓對他又增添了幾分信任，自然也就擁護他們了。

明朝建立後，統治範圍擴大了，如何在世間紛紜新的爭鬥中掌握取得勝利的大計，這是朱元璋腦中不斷思考的事情，於是，招賢納諫為新政出謀劃策便成了當務之急。

朱元璋採用了各種方式求賢，比如說頒發求賢詔令，派使者到全國各地訪求賢才。凡是所選的文臣儒士要在新王朝發揮才智，貢獻所能。朱元璋任用陶安，就說明了這一問題。

陶安是較早歸附朱元璋的賢臣之一。在朱元璋渡江攻取太平後，儒生李習、陶安便率父老出城迎接。朱元璋第二天召見他們，談論天下大事。陶安獻策說：「當今四海翻騰，群雄並起，攻城奪邑，在爭雄長。然皆好女子玉帛，無撥亂救民之心。將軍您若能一反群雄所為，不燒殺擄掠，順天應人，民心悅服，必能平定天下。」

朱元璋問陶安：「我想攻取集慶，您認為如何？」

陶安回答：「集慶是古代帝王建都之所，龍盤虎踞，又有長江為天然屏障，若攻取以此為根據地，然後出兵四方，一定會戰無不勝。」

朱元璋十分讚賞陶安的話，於是將他留在了自己的幕府中，遇事就同他商量。陶安在侍帝的十幾年的時間裡，為國家提出了許多可行之謀略，從而深得朱元璋的讚賞。十幾年後，當朱元璋成就了帝業，他還曾追念說：「勸我創建帝王基業的是陶安啊！」此後，李習也受到了朱元璋的重用，他被任命為新建立的太平府的知府。

朱元璋做事一向都是雷厲風行。西元 1356 年，占據應天後，朱元璋馬上宣布：「賢人君子有願意跟隨我建功立業的，我都尊禮重用。」消息被傳開後，夏煜、孫炎、楊憲等十幾個儒士前來謁見，朱元璋均加以錄用。

朱元璋聽說曾擔任元朝江南行臺侍御史的名儒秦從龍隱居於鎮江，在命徐達率軍去攻打鎮江時，朱元璋特地囑咐說：「鎮江有一個名儒秦從龍，他才華橫溢，你要設法找到他，並轉達我希望見到他的心願。」

徐達攻克鎮江後訪得秦從龍，朱元璋立即派侄子朱文正和外甥李文忠帶著金銀前去禮聘。當秦從龍抵達應天時，朱元璋還親自到城門外迎接他。

一年後，由於朱元璋善待自己的部下，部下鄧愈又向朱元璋推薦了徽州名儒朱升。朱升早年曾拜著名學者陳櫟為師，他刻苦好學，至正四年參加科舉考試，鄉貢進士第二名。朱升曾出任地州學正，後見天下混亂便棄官回到家鄉，隱居於石門山，閉門著述。

朱元璋早就聽說江南文人才子眾多，渡江以來一直留意求訪人才。朱元璋對朱升的名聲早已有所耳聞，現在又聽了鄧愈的介紹，知道朱升是個有才學的賢臣。朱元璋便微服從連嶺出石門，登門拜訪朱升，向他請教平定天下的大計。

朱升雖身在山中，卻時刻都在關注著時局的變化，心中也是有所謀劃，他被朱元璋的誠意打動了，就進言三策：「高築牆，廣積糧，緩稱王。」這第一計策是為了加強根據地建設，鞏固後方；第二計策是為了發展生產，積蓄經濟力量；第三計策是讓他不要過早地吸引對手的注意力。這三計言簡意賅，為朱元璋經營江南指明了方向，朱元璋牢記於心，作為自己一段時期內奉行的基本方針。

朱元璋廣納賢士，表現得很謙虛，並鼓勵他們大膽地提意見。他並不自高自大，對許多儒生他也都是親自上門聘請的。

那是在龍鳳四年，朱元璋途經徽州時特意召見了唐仲實、姚璉等人，並詢問了民事得失。在得知築城給百姓帶來了很大的困苦後，朱元璋立即下令停工。朱元璋把這些賢人吸納到身邊，不僅有助於穩固當地的統治，而且也可以擴充自己的智囊團。

隨後，朱元璋又召見了范祖千、葉儀，詢以治道，接著他又請這些人為他講解儒家經典和歷史書籍，並把范祖千、王冕等人納入幕府，讓他們參議軍國大事。朱元璋的這次徽州之行，使得他更想把民間的有才隱士都招在門下。

文臣中投奔早又在明建國後為朱元璋重用者，應首推李善長。李善長不僅有智有謀，還熟知法家理論，謀事也是異常地準確，因而深受朱元璋的器重。

李善長知識淵博，裁決果斷，嫻於辭令，討陳伐張的檄文多出自他的手

筆；朱元璋稱帝追封、冊立也皆由他充任大禮使；改官制、修法律也是由李善長奏定。洪武三年，李善長被封為太師、中書左丞相、韓國公，是六公之首。朱元璋稱其堪比漢相蕭何，對他真是讚美備至。

有一天，朱元璋對李善長說道：「應該收些儒生，做些禮樂之事，以究管理之業。」李善長聽了心中一驚，對朱元璋也更加地敬畏。如今，戰事尚未塵埃落定，他就想到了禮樂之事，如果沒有天子的胸襟，又怎麼能夠想到這些呢？

此後，對於尋找賢儒的事情，朱元璋又和李善長說了幾回。李善長自己就是一大儒生，英雄識英雄，在他的心中其實早就有幾個熟知的賢儒了。

只不過，如果將差一些的推薦給朱元璋，可能會使這個胸有大志的國公感到不快；如果將那些優秀的推薦給朱元璋，李善長又擔心這樣一來，自己將被趕下第一謀士的位置。因此，時間過去了很久，李善長始終都沒有給朱元璋推薦一個賢儒來。

這次，李善長又聽朱元璋說起了此事，知道朱元璋已經看透了他心中的那個小算盤。既然如此，李善長就不能不說出一個賢儒來。李善長稍稍猶豫了一下，對朱元璋說道：「我見國公這一向忙於軍務，還沒來得及告訴你，在樂思山上有四位君子，皆是當代的賢儒，國公可以去請來，讓他們來輔佐你。」

朱元璋聽了非常高興，當即表示要首辦此事。李善長聽了則有些不安，因為，在他的內心中有些懼怕那個劉伯溫（即劉基）。朱元璋看著李善長的臉色，已經有些明白他的意思了。

靈谷寺的前身是什善寺，位於鐘山的左側，十分雅緻清幽。劉伯溫、葉琛、章溢還有宋濂，白天遍遊了城裡城外名勝，晚上便在靈谷寺裡安歇。

四個人並不曾相約，只是在路上遇到的。這一天，朱元璋派了湯和來請，並且還帶了千兩黃金，令大儒們感到不快。四個人當中，章溢最為性

直，湯和走後偷開口說道：「伯溫先生贊朱元璋寬大為懷，渴望別人來幫助，可是如今……」他望著劉伯溫一笑。

「是不是連續的勝利，使他也生出一些常人的傲氣？」葉琛說。

「我看不會，憑著吳國公的智慧與經驗一定不會，要不然，我們也沒有必要在這裡再住上一晚了。」宋濂說道。

「你相信他會親自來？」章溢問。宋濂點點頭。

「伯溫先生，你也相信？」章溢轉向劉伯溫。

「我當然相信。」劉伯溫也說道。

「難道你不相信麼？」

「我們四個人中有誰不相信，還會在這裡等他？天時、地利、人和，我看他全占了。」章溢說道。

正在此時，朱元璋由李善長領著，進了靈谷寺的殿宇間。當朱元璋走到裡間時，劉伯溫等四人早起身相迎。李善長從旁上前，正要介紹，朱元璋攔住了他：「四位賢士，我朱元璋久聞大名，雖未謀面，卻已是很熟。右相國不必介紹，待我朱元璋猜猜看。」

說罷，朱元璋走近一個相貌偉岸、長著長髯的人面前：「先生一定是博通經史、書無不窺，尤精象緯之學，才比孔明不弱的劉伯溫。」

「國公誇讚，伯溫實在是愧不敢當。」劉伯溫點點頭，微笑著說道。

朱元璋又走到一個狀貌雄偉、美鬚髯的人面前：「先生便是以強記博覽著稱，就學於夢吉，能曉『五經』的宋濂。」

宋濂點點頭，雙手作揖答禮道：「與國公相識，真是三生有幸。」

朱元璋又走到一個身材修長、濃眉厚唇的人面前：「先生一定是博學有才藻，曾授行省元帥的葉琛。」

葉琛大為感動地說道：「感謝國公知我。」

朱元璋走到最後一個肩闊胸挺、勇猛壯健的人面前：「先生一定是堅持不受浙東都元帥府僉事，退隱匡山的章溢。」

「謝謝國公知我。」章溢點頭說。

「幸會，幸會。」朱元璋歡快地笑著說，「我今天實在是太高興了，能夠與四位大賢士相見真是幸會，實是我朱元璋三世修來的福氣。還請四位看在天下百姓的分兒上，隨我朱元璋下山平息戰亂，救民於水火。」朱元璋說完，便對四位賢士躬身一一作揖。

他們之所以來到這裡，為的就是這句話，此時聽到朱元璋說了出來，又見他如此誠意相請，自然大喜過望。四個人同聲道：「能得國公厚愛，我們願意隨國公下山，效力於麾下。」

朱元璋更加高興，目光灼灼地望著他們，熱情朗然地邀請道：「我們就此下山去吧！」

宋濂、葉琛、章溢三人聽後，都把目光一起轉向了劉伯溫。劉伯溫稍一思考，非常坦率地說：「恭敬不如從命，更何況我們來此鐘山靈谷寺，不就是希冀國公的召喚麼？」

三人見劉伯溫說得這麼坦率，先是目瞪口呆的一驚，隨後便哈哈大笑起來。朱元璋和李善長見了也禁不住，跟著大笑起來。隨後，劉伯溫對朱元璋禮貌地一伸手，說：「國公請！」

朱元璋對他笑笑，高興地邁開大步，劉伯溫、宋濂、葉琛、章溢，還有李善長都跟隨著朱元璋，走出靈谷寺，走進了國公府。

朱元璋早已命人蓋了一座禮賢館，以備講經講學之用。當晚，四個人都被朱元璋安置在這座豪華的禮賢館內。等不及第二天，朱元璋當晚就去了禮賢館，他首先見著的是章溢。

「現在天下亂紛紛的，怎麼才能平定下來？我為天下人求問先生，還望

先生賜教。」朱元璋開門見山地向他請教。

章溢聽了也直言不諱地說道：「平定天下沒有一定的準則，只有高尚品德的人才能做成這件事。只要國公寬仁待人，取得民心，天下一定是國公的。」

朱元璋點頭稱是，說：「我授先生為僉營田司事，並造福百姓，不知先生是否願意？」章溢感謝朱元璋從百姓立場出發，讓他為官，便欣然接受了，隨後便跪下謝恩。

朱元璋雙手扶起章溢，恭恭敬敬地朝章溢作了個揖，說：「我代天下百姓感謝你。」

離開章溢後，朱元璋找到了宋濂，說道：「不知先生對當今天下，有什麼看法？」

宋濂說道：「如今天下大亂，是因為人心已亂。要平亂世，武力統一固然重要，但統一人心亦是非常重要。如果知道了哪些是好事，應該去做，知道哪些是壞事，不應該去做，真正地達到這般境地，那麼天下自然也就統一了。」

朱元璋聽了連連點頭，說：「先生學貫古今，一代大儒，請先生留在我身邊以便能夠隨時請教，今後先生就在禮賢館內，常常設壇講課，傳授《春秋》、《尚書》、《三略》等儒家經典，教化文武百官，不知先生是否願意？」

「做學問之人，最美之事就莫過於將其所學傳授眾人，能夠得到國公如此安排，宋濂感激涕零。」宋濂說道。隨後，朱元璋又去了葉琛和劉伯溫處。

劉伯溫博經通史，尤其精通天象學，人們把他視為諸葛亮似的高人，也為朱元璋出了許多有價值的策略。在明朝建立時，57 歲的劉伯溫任御史中丞兼太史令。在制定法律、軍制、官制等方面皆有劉伯溫參與和定論。

有一天，朱元璋走進馬秀英的臥房，馬秀英便遞來杯熱氣騰騰的龍井茶，這茶是要花點時間才能泡出來的。

「你怎麼知道我會來？」朱元璋不解地問道。隨後，他上前一步緊緊地抱住了挺著大肚子的馬秀英。

這時，朱元璋看著馬秀英，問道：「依你之見，我是先打陳友諒，還是張士誠？」

「這兩個人遲早都是你的手下敗將，只是現在，我看還是先把已攻占的地盤穩固好。」馬秀英說道。

「你也是這麼看的？我還想在孩子出生之前的這三個月的時間裡，消滅他們中間的一個，作為給我兒子的見面禮呢。」朱元璋笑著說道。

「凡要成大事都只能先將基礎打牢，特別是征戰之事，就更需要慎之又慎了，萬萬不能有半點兒差池，這不也是你自己說的嗎？」馬秀英望著朱元璋，輕言細語地說道。

「感謝，感謝夫人提醒。我想，明天還是同李善長一道，去樂思山上，請來劉伯溫等四位大儒。」朱元璋說。

「劉伯溫？聽說他可是個大儒中的大儒！」

「是啊，他的架子太大了，今天我派人去請了，他還不肯來。」

「你是怎麼去請的？」馬秀英問道。

「我親筆寫了封信，派湯和帶去，還帶去一千兩黃金。」朱元璋細細地說著。

「黃金？你若不讓湯和帶黃金，他倒有可能會來。」馬秀英說。

朱元璋不解地看著馬秀英，希望她繼續說下去。馬秀英說：「劉伯溫是元朝大臣，家境頗豐，他要來追隨你，也是為了功名。你拿黃金給他，他是不需要的，反倒認為你是小看了他。」

朱元璋聽了連連點頭，不由得緊緊地擁抱著馬秀英，深情地說：「對於患難之交，我是不會忘記的。」

朱元璋把四位大儒接到禮賢館後，當晚朱元璋又去找了劉伯溫。此時，劉伯溫已經準備好了上等的茶，他是在專門等候著朱元璋的到來。朱元璋品著熱茶問道：「你知道我要來嗎？」

「你也知我定在等你。」劉伯溫說罷，兩個人便哈哈大笑起來。笑完後，朱元璋又說道：「元璋想以天下大事問先生，還請先生不吝賜教。」

「但問無妨，只要我劉伯溫知道的，一定如實回答，只怕是劉伯溫知道的，國公早已成竹在胸了。」

「千萬別這麼說，我今日能有些實力，也全靠大家的相互幫忙。就是這樣，比之西面陳友諒，東面張士誠，也遠去一些，如今處在兩面夾縫之中，不知如何才有作為？」

朱元璋說話時，劉伯溫認真地打量著他，只見朱元璋身長背挺，腰粗肩窄，額骨突出，下頰肥碩，眼細嘴闊，齒小唇大，手肥實而指細小，腿修長而腳板大，行動起來猶如龍蝦在水……劉伯溫心中暗自稱奇，自己一生鑽研相術，卻還是第一次見到這般相貌的人。

見朱元璋正等著自己回答，劉伯溫這才回過神來說：「張士誠目前已經降了元朝，這是有些麻煩，但比較而言，陳友諒的麻煩則是更大的。一是他的力量強大，而且還在迅速壯大；二是陳友諒野心勃勃，先殺了自己的主子倪文俊，如今又控制義軍領袖徐壽輝，可說是挾天子以令諸侯，對您發起進攻恐怕不遠了。」

劉伯溫一席話，直說得朱元璋額頭直冒汗，急忙問道：「那依先生之言，我現在當如何防禦？」

劉伯溫說：「現在不是防禦的事。孫子曰，決定戰爭勝負，主要是從這七個方面來分析比較：國君政治是否賢明，將帥指揮是否高明，天時地利哪方更好，法令能否得到貫徹執行，軍事實力哪方強大，士兵訓練是否有素，賞罰是否嚴明。就這七條，國公與陳友諒相比，勝負也就出來了。只要國公消滅了陳友諒，張士誠勢孤力單，一舉可破，然後國公向北挺進，便可成帝王之大業。」

朱元璋聽了非常高興，說道：「先生分析得精妙，一定還有敗敵良策，還請都能講出來。」

劉伯溫說：「以上七條，陳友諒明顯地占著的只有一條，那就是在軍事實力上要比國公強大。因此，要打敗陳友諒，國公必須集中所有兵力，將西路、東路、北路大軍都召回來，方可一舉擊敗陳友諒。」

「可是，如果召回常遇春與李文忠，張士誠與殘餘元軍必然趁機進行反撲，奪我東部、北部的領土，那後果一定不堪設想。」

「國公的擔心是非常正確的，但是群雄爭霸在於實力，喪失土地換來實力壯大，才可能是最後的贏家。如其不然，則實力盡而土地喪，再無爭勝之本錢，不知國公認為是這樣的嗎？」

「聽了先生的這番話，使我朱元璋茅塞頓開，我在這裡再次感謝了。」朱元璋說著，就席上朝劉伯溫拱手作揖。

劉伯溫慌忙還禮說：「國公相貌不凡，威武仁厚，且能禮賢下士，實是帝王風範，令伯溫大開眼界。」

朱元璋見劉伯溫說得真誠，不由得也感動了起來，他握著劉伯溫的手說道：「我朱元璋為人直率，相處久了你就會知道，有關軍國的大事，先生有什麼想法時，還請隨時賜教。」劉伯溫點頭稱是。

這一夜，朱元璋就在劉伯溫的館裡，與他徹夜長談，直到天亮時方才離去。

劉伯溫為人謙虛、心胸寬厚，在用人方面有著卓越的見解。明朝建立之初，在選相的人選上，劉伯溫也有著他獨到的看法，從後來的事實上也能夠證明，他的見解是正確的，可惜這些看法卻並沒有被朱元璋完全接受。

在與陳友諒、張士誠交戰的問題上，朱元璋也都要聽取劉伯溫的意見，幾乎是言聽計從。在打江山又怎樣坐江山的問題上，劉伯溫透過《時務十八

策》為朱元璋講明：誰能遵行褒善貶惡，賞罰適中，誰就是天下可定之人了。

劉伯溫做了朱元璋的軍師後，他向朱元璋推薦了奇才施耐庵。朱元璋很重視，特派劉伯溫前去召請。施耐庵聽到這個消息後便躲避了起來，因為他厭惡官場的險惡。

施耐庵回到了蘇州，繼續他的創作。施耐庵為了創作《水滸傳》，嘔心瀝血，可以說，他是為《水滸傳》而生，也是為《水滸傳》而死。西元 1331 年春，年已 36 歲的施耐庵上京應試。天遂人願，施耐庵中辛未榜進士。發榜後，他在拜謝師友中結識了同榜得中的劉伯溫。從此以後，兩人經常在一起談古論今，十分投契。不久，朝廷派施耐庵到錢塘擔任縣尹。

面對官場黑暗，施耐庵不想同流合汙，所以只當了兩年官，他便憤然辭官歸隱。他從錢塘棄官回來後，便在蘇州東南隅的施家橋開教授徒。施耐庵有匡濟天下救民之志，他便想用筆耕來施展自己的抱負與才華。那是在西元 1367 年 9 月，朱元璋手下大將常遇春攻破了平江。朱元璋再次派劉伯溫帶著御旨專程登門召請施耐庵。劉伯溫費了很大的勁才找到施耐庵的新居。

這天，當劉伯溫來到時，施耐庵忙出門恭迎。隨後，施耐庵立刻命家人擺上酒席。他殷勤勸酒，自己也喝得很猛，一連乾了幾大杯，然後裝著酒醉伏案睡著了。此時，劉伯溫近前一看，桌上放著施耐庵還未寫完的〈景陽岡武松打虎〉墨跡未乾的一回書稿。頓時，劉伯溫已明白施耐庵其意甚堅，就未再多說，回去復旨了。

施耐庵唯恐朱元璋再來召請，便到白駒場以西 18 里自己的莊田上，按蘇州格局建了房院遷來居住。

當《水滸傳》成書後，很快就被傳抄到社會上去了，人人爭相閱讀。朱元璋因為兩次派人請施耐庵出來做官都被拒絕了，所以一直有氣。看到此書後，朱元璋的氣就更大了，他隨即派人把施耐庵抓了來，並且關進了南京天牢，興師問罪。

　　劉伯溫知道此事後大為吃驚，他到天牢去探望施耐庵。施耐庵要劉伯溫想個辦法救他出去。劉伯溫狡黠地說道：「這還需問我嗎？你是怎麼進來的，就應該能怎麼出去。」說完劉伯溫便一笑而去。

　　施耐庵反覆思索著劉伯溫這兩句話，終於明白了：「我是因為寫書坐牢的，還是要透過寫書才能出去呀——因我寫了宋江一夥人起義造反，犯了朱元璋忌諱。要是把宋江等人寫成像張士誠那樣接受元朝招安，那不就得了嗎？」他將創意向刑部闡明後，得到刑部的允許。於是他便在天牢裡，把《水滸傳》續下去，寫了宋江等受招安，歸順了朝廷。

　　施耐庵用了整整一年時間，才把《水滸傳》後五十回續成。最後送呈朱元璋進行閱覽，再加上劉伯溫的從中幫忙，施耐庵才被釋放了。

　　宋濂是浦江人，他尤其擅長文化方面。宋濂與劉伯溫是同時被召至應天的，他比劉伯溫大1歲。宋濂不僅充當著朱元璋的顧問，而且還是太子的老師。朱元璋最為滿意的是他在教授太子過程中，使太子認識到了孝友敬恭、進德修業的重要性。

　　宋濂在教授太子的10多年的時間裡，凡是一言一行，都以禮法規勸，有關國之興亡大事，必拱手相告，太子也都認真照辦。宋濂的官職並不高，主要是發揮了他的學術專長。

　　明朝建國後，詔修《元史》，宋濂被任命為總裁官。後來，朱元璋召四方儒士數十人為編修，入宮中文華堂研習受訓，任命宋濂為師。對於宮中之事，宋濂也是從不多言，因而深得朱元璋的信任。

　　朱元璋認為宋濂是最講實話的，他從來都不會去評論群臣的好壞，處事也很公道。宋濂被推為明朝開國的文臣之首，這主要是他在文化學術上的貢獻，四方學士也均稱其為太史令。朱元璋命宋濂撰修《元史》的同時修國史，讓他參與制定禮樂諸書。宋濂著有《宋學士全集》與《孝經新說》等，其著作、文章都被國內士大夫、外國貢使爭相收存。

　　不得不說，朱元璋的確是一個網羅人才的高手，他遍撒人才網，不僅抓到小魚之才，大魚之才也紛紛落網。朱元璋無法按捺心中的喜悅，圖大業的野心也是與日俱增。

　　對於人才朱元璋曾形象地比喻說：「鋒利寶劍可以刺穿犀牛和大象，但用它砍石頭必會受損；騏驥可以奔跑千里，但讓它拉犁耕田必將摔倒。」他強調人盡其才。劉伯溫、宋濂、朱升等博通經史、長於謀略，朱元璋將他們留在了幕府，讓他們發揮智囊作用；胡深等是精通兵法、驍勇善戰的人，被任為將官，讓他們統兵征戰四方；汪廣洋、葉琛、章溢等善於辦事的人，則被派往各地擔任行政職務。這樣，大家都能充分施展自己的聰明才幹，朱元璋的事業自然也就蒸蒸日上了。

　　朱元璋對俘虜得到的人才，也能唯賢任用。他堅持「神武不殺」的寬大處理政策，這充分說明，朱元璋雖然布衣出身，卻很重視人才。正如學棋要拜高師一樣，求才也要求比自己更能的高才，這是成大事的人必須要有的認識。妒賢嫉能的人，是很難成大業的。

　　從朱元璋的舉動中，可以看出他對於高級人才的重視，只有覓得高才，留住高才，善用高才，才有可能得到天下。無論是文臣還是武將，只要對反元有利，只要有助他得到天下，就一定要想方設法地把人才招至麾下，這樣保證了事業的順利進行。

　　雖說朱元璋重視人才，但是由於當時的地主、儒士大多都參與過鎮壓農民起義的活動，因而對朱元璋的招降心存疑慮。朱元璋考慮到這一因素，因而特地宣布「吾當以投誠為誠，不以前過為過」，講明只要誠心歸附，一概既往不咎。在朱元璋的感召下，不少曾經在元朝做官的地主、儒士和多年隱居的名賢，也都前來投奔他了。

　　朱元璋在推行求賢納諫的同時，也採取獎勵提拔的政策，一些地方官吏

得到升遷。朱元璋這時已經認識到，君聽不聽諫言，臣能不能諫言，是關係國家的存亡問題。因此，朱元璋總是不斷地告誡群臣，人君深居高位，就怕聽不到看不見外界事物。若有忠諫之士，毫無隱諱地諫言，君的威信會日增，天下也會長治久安。反之，昏庸之主，拒絕納諫，必然導致亡國。

朱元璋在用人問題上是很明確的，那就是要選用其所能，這也是廣招賢才的主要目的。儘管他對諫言一般採取了鼓勵態度，但也不是完全如此，有的就是因為諫言而受到了嚴厲的斥責。尤其是到了後期，朱元璋當政久了以後，就產生了狂妄、傲慢、多疑的心理。因此，後期對求言納諫者與當初的態度是明顯不同的，從而發生了許多納諫者的悲劇。

葉伯巨是寧海人，通經術，當時是陝西平遙縣訓導，應詔上書，結果卻是異常地悲慘。葉伯巨就當時的國家大方針，既揭露出了問題所在，又提出了相應的對策，有理有據。然而此書一上，下詔求言的朱元璋竟然勃然大怒，他不但斥責了葉伯巨，而且還把他捉來，下了刑部大獄，最終葉伯巨慘死在了獄中。

其實，朱元璋最憤恨的是葉伯巨說的分封諸王一事，這件事觸動了朱元璋的內心，也是朱元璋最擔心的一件事。因為那個時候，燕王的強勢已經逐漸顯露了出來，對此，朱元璋感到極為擔憂。

另一件事情就是關於刑部主事茹太素的，他也是應詔上書。朱元璋命令王敏讀給他聽，「有才能的人，數年來倖存者只有百分之一二，而今當政者手下率領一些迂腐儒士、平凡世俗的官吏，能把國家治理好嗎？」此話一說出口，即刻觸犯了朱元璋的尊嚴。大怒的朱元璋還沒有聽完，就把茹太素在朝廷上杖打一頓。

後來，由於茹太素的剛直不屈，有好幾次瀕於罪死，但最後都得到了寬宥。直到後來有一天，朱元璋舉行便宴，賜茹太素酒，吟詩道：「金盃同汝

161

飲，白刃不相饒。」

茹太素磕頭致謝，當即回敬吟道：「丹誠圖報國，不避聖心焦。」朱元璋聽了，不禁為之惻然把茹太素降了職。後來，朱元璋還是以藉口犯法的罪名把茹太素處死了。茹太素的剛正直言，揭開了朱元璋的瘡疤，從而觸到了他的痛處，使自己喪了命。

儘管朱元璋害怕上當受騙，喜歡敢講真話的人，但他更害怕自己的心思被別人猜中，因此他總是變幻莫測。如果一味地實話實說，夢想因此可以得到皇帝的青睞，甚至可以加官進爵，有時往往也會適得其反，可能連寶貴的性命也得白白搭上了。

大禮寺卿李仕魯就是這樣一個不識時務的人，他崇尚正學厭惡異端。因此，他曾多次上書，要求皇帝崇正學辟異端。但是，朱元璋卻始終不予理睬。

這一天，李仕魯在朝堂上再次復奏，希望以滿懷忠誠，剛正的言辭，使皇帝感動和醒悟。他搖著朝笏，慷慨激昂地奏道：「陛下深溺佛教，無怪乎臣說的話總是聽不進去。今天交還陛下的牙笏，請賜還臣這把老骨頭，放歸田裡！」

李仕魯一邊說著，一邊把牙笏放到了地上。李仕魯一定沒有想到，一句「深溺佛教」深深地刺痛了從佛寺走出來的朱元璋，當即勃然大怒，氣急敗壞地怒吼道：「打死他！打死他！」隨後，眾多武士聞聲而來，一頓拳打腳踢，將李仕魯當即打死在了殿上。

大理寺少卿陳汶輝，曾經也附和李仕魯的奏呈，屢次以闢佛相爭。當他看見上司被當廷打死後，驚恐得暈倒在地。退朝後，在路過金水橋時，陳汶輝一頭紮到水中，追隨他的上司去了。

御史王樸因耿直憨厚，深得朱元璋賞識，受到特別恩寵，還為他改名為

王樸。王樸本應「見好就收」，誰知，反而更加助長了直腸子的犟勁。

這一天，王樸為了一件小事，竟然與皇上當廷爭論起來。朱元璋再也按捺不住，憤怒地命人將他拉出去砍頭。可是，剛過了不一會兒，朱元璋又派人把他喊了回來，氣呼呼地問道：「王樸，你知罪嗎？」

「臣不知。」直腸子變成了犟驢子。

「你多嘴多舌的毛病，改不改？」

王樸是橫了一條心，毅然答道：「陛下不以臣為不肖，任命為御史之職，卻為何又如此摧辱？如臣無罪，安用殺之？臣若有罪，又安得生之？臣今日只願速死！」朱元璋大怒，命人立刻殺死他。

朱元璋對王樸的隱忍，無非是想給朝臣們樹立一個榜樣。本來無意殺死他，只是那犟木頭太不給自己留面子，這才起了殺心。王樸死後，朱元璋悄悄詢問行刑人，王樸臨刑前曾經說些什麼，行刑人回答說：「王樸念了一首詩。」

「什麼詩？快快唸給朕聽。」

行刑人答道：「小人記得是這樣，『磊落丹心憂社稷，何曾挾私求利祿。早知耿忠犯君怒，何必更名稱王樸！』」

「為什麼不當即前來稟報？」朱元璋分明是後悔了。行刑人卻不知該如何回答。

「一群壞事的蠢奴才！」此刻的朱元璋遷怒於人。當天夜裡，幾個行刑人都被暗暗殺死了。

朱元璋培養王樸這樣的典型，可謂是用心良苦。朱元璋動輒大開殺戒，死亡的陰影重重地籠罩在朝臣們的心頭。從此，人人明哲保身，誰也不敢說實話招禍惹災。逆耳忠言的話也離朱元璋遠去了，聽到的儘是投其所好的甜言蜜語。此時，朱元璋知道自己已經處在蜜水和謊言的包圍之中，這曾使他一度非常苦惱。

　　由上面的事件不難看出，朱元璋有時虛懷若谷納諫，而有時卻又頑固地拒諫，以致出現了極刑。然而產生這一切的原因，我們可以作這樣的解釋：朱元璋從起義到奪取政權，當上了大明朝的皇帝後，幾乎就沒有遭受到過重大的挫折，因而，他逐漸形成了過分自信和固執的脾氣，這樣的態度妨礙了他要正確地接受諫言。對於他的拒諫殺人，這完全是出自於他為了朱家王朝的專制統治著想。對於朱元璋來說，即使是正確的意見，若違背了其加強專制統治的思想，他也不會採納，更有甚者會被他處死。

勵精圖治興國

此外，朱元璋為了籠絡老儒，決定給他們的兒子授官。有一天，朱元璋當面試探道：「陳先生，朕三番五次授你官職，你都不應。朕只得把官職授給你的兒子。」

「陛下，此事萬萬不可！」陳遇慌忙推辭。

「為什麼呢？」朱元璋板起了長臉。

陳遇叩頭答道：「臣的三個兒子，年紀都還小，正是學習做人的時候，給他們授官，只能增陛下之累，有害無益，此事還是以後再說吧。」

相強不得，朱元璋也只得作罷，但仍然把陳遇放在自己身邊，經常召進宮來，詢問治國安邦大計。陳遇也坦誠相對，直言進諫。他能夠把握皇帝喜怒無常的個性，冷靜靈活地進言。

改革地方官制

朱元璋即帝位之初，在朝廷官職的設置上基本上沿襲了元朝的模式和名稱。朱元璋坐上皇帝寶座越久，深感要確立明王朝的新體制，其核心內容就是要強化皇權，鞏固朱家的統治地位。

現行的官制設置，最大弊病是權力分散，皇帝手下臣子們的權力過大，其中丞相權力又是最大的，這樣就極有可能會威脅到皇權，從而產生皇權旁落的局面，這也是讓朱元璋最為擔心的。

朱元璋決心要改變這一體制，要保住朱家的天下，這就必須要建立高度集權的中央政權機構。同時，面對大明皇朝版圖的擴大，對外能發揮保衛國土的職能，也必須建立一套權力集中的強有力的體制，這就要對政體進行大規模的變革。

　　朱元璋認為，要加強中央的權力，首先必須從變革地方政權、削弱地方勢力開始，只有削弱地方權力，才能架空中書省。西元 1376 年，朱元璋宣布廢除中書省，設立承宣布政使司、都指揮使司和提刑按察使司，分別擔負中書省的職責，三者分立又互相牽制，從而防止了地方權力過重的局面。

　　地方官制的改革，為朱元璋收回相權奠定了基礎。使地方事事必須秉承朝廷的意旨，原先是中央分權於地方，而現在則是地方集權於中央，從性質上發生了根本的變化。

　　洪武九年九月，朱元璋下令：廢除中書省平章、參知、政事等官職，這是在進一步架空中書省；隨後，設置了通政使司，職責是傳送匯呈內外官吏的奏章，這又是架空中書省的一步驟。

　　洪武十一年，朱元璋詔令六部所屬各司：奏事無須透過中書省。其結果是割斷了中書省與六部的聯繫，中書省實際上成了一個空架子。以上的這些舉措，可以看成是廢相大改革的前奏。

　　中央機構改革的重點是廢除丞相制，這是皇權和相權矛盾日益尖銳，達到不可調和的結果。明初中書省負責處理天下政務，地位最高。其長官為左、右丞相，位高權重，丞相極易與皇帝發生矛盾，明朝時以胡惟庸任相後的矛盾最為尖銳。

　　胡惟庸是安徽鳳陽定遠人，他早年投靠朱元璋。朱元璋見其有些才幹，很是寵信他。胡惟庸歷任元帥府奏差、寧國主簿、知縣、吉安通判、湖廣僉事、太常少卿、太常卿等職。

　　胡惟庸也自覺奮進，曾以遇事小心謹慎博得朱元璋歡心，進一步獲得朱元璋的寵信。在洪武六年，胡惟庸被拜為右丞相。當初胡惟庸還是處事十分謹慎的，可是，當他逐漸成為一人之下萬人之上的丞相時，並且當他大權在握時，他就變得日益驕橫，懈怠政事，專恣自肆，有時竟不向皇帝奏請就自

己行事，簡直不把皇帝放在眼裡，使得朱元璋異常憤怒。

當政之相，結黨營私侵害皇權的行徑，激怒了朱元璋。於是，西元 1380 年，朱元璋以擅權枉法的罪名處死了胡惟庸和有關的官員，同時宣布廢除中書省，以後不再設立丞相。從此，皇帝收攬了一切大權，徹底清除了丞相對皇權的威脅。

朱元璋從根本上改變了元朝以來的中書省制度，他廢除了中書省，不再設置丞相。同時形成法律：規定以後子子孫孫都不設此官。廢除了丞相輔佐皇帝的體制後，就提升了六部的職權，即把原來中書省下面的六個部，即吏、戶、禮、兵、刑、工的地位提高了，權力也相對加大了，他們管理著全國的事情。

六部各設尚書一人，由原來的正三品升為正二品；左右侍郎各一人，由原來的正四品升為正三品；下置各司設郎中一人，員外郎一人。尚書一職權力較重，他掌握著全國的百官。

- 吏部：設尚書一人主持部務。其主要職責是：執掌全國官吏的任免、升降和懲處的權力，考績以及甄選人才等。
- 戶部：執掌全國戶口、田賦及各省錢糧、稅課、俸祿、糧餉之責。兼領所分兩京、直隸貢賦，人力爭調等之責。
- 禮部：執掌全國典禮、祭祀、僧道、宴饗、教育、貢舉以及外交上的接待、給賜之責。
- 兵部：執掌武衛、官軍任免，簡練、鎮戍、征討及鹵簿、儀仗、禁衛之責。
- 刑部：執掌法律、法庭、關禁等政令之責。
- 工部：執掌全國山川水利、交通、陶冶、織造、工程造作、屯田等政令之責。

透過改革，六部成為分理眾事的機構，直接對皇帝負責，僅有行政執行權，決策權全部都歸皇帝。這樣，皇帝自己總攬了過去宰相的一切權力，形成了皇權和相權的統一，從而進一步加強了專制主義的中央集權。

由此可見，從地方到中央，這種把一切權力都攬在皇帝一個人手中的高度集中的狀況是前所未有的。從秦始皇開始的封建專制主義經歷了一千多年的演變，到了朱元璋的時候，形成了一個高度中央集權制的政治系統。從此，朱元璋成為歷史上權力最大的君主。

但是，在這種高度集權下又產生了一個新的問題，那就是皇帝一個人什麼都要管，什麼報告奏章公文都要看，那就會有些招抵不上了，於是，朱元璋就採取了招祕書的辦法來幫他處理事情。

朱元璋在五、六品官員中尋找一些既有辦事能力又有文才的人到內閣做機要祕書，並給了一個大學士的稱號，稱為殿閣大學士。那是在西元 1382年，朝廷又設置了華蓋殿、文華殿、武英殿、文淵閣、東閣等殿閣大學士。因為他們在內廷辦事，侍奉天子於殿閣，人們就稱其為內閣。

內閣之制是明代的新制，它是在朱元璋廢相之後出現的一種變態體制。它既不是宰相制的翻版，又不是毫無作為的傀儡。到了後來，內閣成為了政府機構，入閣也就是拜相。

內閣大學士中的第一名稱為首輔，就是第一個輔助皇帝的人，儘管他有宰相之實，但絕無宰相之名，原因就是明初朱元璋定下了這一制度，無人再敢更改。

建立監察機關

朱元璋透過廢中書省、收兵權的手段，牢牢掌握了國家的軍政大權，但僅僅如此還是不夠的，要想保證軍政管理機關的官員都忠心盡職、嚴格執行皇帝的命令，還需要有另外一套監察機構。

在中央設立監察機構，最早是秦國的制度。秦始皇嬴政統一六國後，建立了中國歷史上第一個封建王朝 —— 秦朝。秦始皇為了監控文武百官，防止百官有不法行為，特地在中央設立了御史大夫。以後歷代皆沿其制，到了魏晉南北朝時期，中央監察機構擴大為御史臺，這種封建監察制度為不斷適應專制皇權的需要正在日臻完善著。

洪武元年，也就是西元 1368 年，朱元璋曾對御史大夫湯和、鄧愈，御史中丞劉伯溫、章溢等說，振綱紀、明法度者主要是在你們御史臺。這說明朱元璋對百官監察的重視。

洪武十三年，朱元璋又專門設立了左、右中丞，為正二品官職；左、右侍御史，為正四品官職。這年的五月，不知出於何種考慮，朱元璋廢掉了御史臺。

御史臺被廢掉以後，朱元璋又覺得御史臺監控百官，其作用是不可小覷的。於是，朱元璋又於洪武十五年恢復了御史臺，並將其更名為都察院，同時，還對機構本身作了相應的調整。都察院設立了監察都御史，為正七品官職；各道監察御史，為正九品官職。其職責是上至糾察百司，辨明冤枉，提督各道，為天子耳目，下到小人構黨作惡，從「學術不正」到變亂祖宗制度等等。

每道鑄印二枚，一枚由資深的御史掌管，一枚則藏於內府。有需要用的時候可以拿給他，但是用完後要及時監察歸還。

洪武十六年，都察院被升為了正三品衙門。第二年正月，又被升為了正二品衙門，設官齊全，使監察制度在組織形式上趨於完備。這時都察院設立

了左、右都御史，為正二品官職；左、右副都御史，為正三品官職；左、右僉都御史，為正四品官職。下面主要說說左、右都御史的權力和職掌。

左、右都御史是專門負責糾劾百官的長官，其職責是辨明冤情，提督各道。具體來說就是都御史有三劾權、職官考察權和司法監督權。

三劾權是指都御史對京官行使的三項糾劾權力，即凡大臣奸佞，小人構黨、作威作福亂政的，必須予以彈劾；凡百官貪冒、破壞官紀的，必須予以彈劾；凡學術不正、上書陳言變亂成憲的，必須予以彈劾。

而職官考察權，顧名思義也就是對在朝官員進行考核和監察的權力，它由都御史與吏部長官共同行使。都御史的司法監督權主要是在朝廷發生重大案件時，由皇帝下令三法司會審時行使的。都御史與六部尚書品秩相同，合稱為「七卿」。

朱元璋對監察制度的一大貢獻便是在都御史下再設十三道監察御史，以一個布政司為一道，每道設立 7 至 11 人，共計 110 人。職權是糾劾百司，辨明冤情，凡是大臣奸邪、小人構黨、威福亂政、官員貪汙舞弊、「學術不正」和變亂祖宗制度的行為隨時都可以舉發彈劾。

在京的監察御史的職責是巡視京營、倉場、內庫、皇城，參與監臨鄉試和會試等；在外地的監察御史的職責是巡按、督學、巡鹽、巡遊、監軍等。特別是巡按御史，他要代替皇帝巡察地方，大事上奏皇帝裁斷，小事則自行處理，是最有威權的差使。

雖然監察御史只是個七品官，品級和外任的知縣是一樣的，但是它卻是很有權力的官職。皇帝利用他們來挾制大官，以小制大，以內制外，賦予了他們很大的權力。

這些官員被皇帝看作是耳目，他們替皇帝聽、替皇帝看，並且還隨時要向皇帝報告。同時他們也被皇帝看作是鷹犬，他們替皇帝追蹤、搏擊不忠於

皇朝的官民。一句話，都察院是替皇帝監視官僚的機關，是替皇帝保持傳統思想、綱紀的機關。

都察院與以前的御史臺相比權力更大，它不僅負責官員的彈劾以及對大政方針提出修改意見，而且還有監軍權，即管理軍隊的權力。這些官員們的品階並不算高，但是由於其擁有相當大的權力，卻成了王公大臣們無法小視的一支力量。

都察院僅僅是明朝監察機構的一個組成部分，除此之外，朱元璋還創立了通政司和六科給事中。擁有獨立監察權的六科給事中，即吏、戶、禮、兵、刑、工等六科，其職責無所不包，朝廷中的大事給事中皆能參與。此職的創置，對於職權空前大為提高的六部造成了鉗製作用，同時也分解了都察院的監察權。兩者之間，亦可互相糾劾。

通政司成立於洪武十年，是監督臣民的機構。通政司設立了通政使，是專門負責向皇帝奏報四方陳情建言、申訴冤案或告發不法之事的官職，並且還要呈遞天下臣民的實封奏章。

明朝監察機構的設立是，中央設都察院、六科給事中和通政司，地方則設提刑按察使司，他們的職權總的來說就是上下察舉官吏不法行為，並隨時奏報糾劾，他們的工作往往是司法的前奏，但並不等同於司法。

明朝時有一套完整的司法制度，但是能夠顯示出監察機構權威的都察院也參與到了司法的運作中。明朝的都察院、刑部和大理寺被合稱為「三法司」，也被稱為「三堂會審」。刑部受理皇帝交付的案件及地方上報的疑難案件，刑部下設十三清吏司，分治各省，處理陵衛、王府、公侯在京請衙門以及兩京州郡案件。大理寺負責對案件進行覆核。都察院也處理一些皇帝交辦的案件，但主要是負責對審判的監察，以防止出現審判官員營私舞弊和裁判不公的現象。

朱元璋親自設置的監察機構是相當重要的，它保證了皇帝對中央以及地方官員的絕對控制，使封建君主能夠隨時打擊、清除不利於或者是有損於自己的專制與威嚴的人，實際上皇帝已經擁有了最高的司法權。

同時，隨著宦官人員的不斷變化以及機構的不斷完善，在限制宦官上，又有了一些新的舉措。洪武十年朱元璋制定了宦官禁令，從而來限制宦官干預朝政的行為。

朱元璋是一個善於總結歷史教訓的人，他非常明白宦官和外戚對於政治統治的危害。他認為漢唐的禍亂都是由宦官、外戚造的孽，皇帝大權旁落後任人宰割，政治黑暗，生靈塗炭，這一幕幕血的教訓，使這位來自民間、經過艱苦卓絕的奮鬥才登上皇帝寶座的皇帝不能不感到震驚。

朱元璋深感成功是來之不易的，而守住基業那就更難了。他苦苦地思索著治國之道，憑著他敏銳的觀察力，朱元璋認定治國應先治家。要想使朱氏王朝萬世不變，首先就是要把宦官、女寵、外戚問題解決好。朱元璋清楚地記得儒士范祖千當初投奔他時講過的一段話：「帝王之道，從修身、齊家開始，才能治國、平天下。」

朱元璋首先要解決的是宦官問題。宦官這在宮廷裡是少不了的，但只能做奴隸使喚，讓他們灑掃奔走，人數不可過多，也不可當作心腹耳目。做心腹，心腹病；做耳目，耳目壞。駕馭他們的辦法，是要使之守法，守法就做不了壞事；不要讓他們有功勞，一有功勞就難於管束了。

為了防止宦官參政並進而形成專權之勢，朱元璋採取了一系列的措施來對他們加以限制。朱元璋對宦官的人數及品級進行嚴格的規定。西元1367年，朱元璋設置了內史監，品級為正四品，並設有監令、監丞、奉御內使等宦官。後改內使監為御用監，官品定為正三品，這與漢唐相比低了很多。

洪武二年，朱元璋命吏部制定內侍官制時說：「古代宦官不到百人，而

後代宦官竟然多達數千，成為大禍患。」故吏部最初確定宦官人數為 182 人。當時規定：內使監奉御 60 人，尚寶 1 人，尚冠 7 人，尚衣 10 人，尚佩 9 人，尚履 8 人，尚藥 7 人等。雖然到了後來，內侍諸司機構有了更改和增置，但人數還是控制得嚴格，雖略有增加，但總數並不多。

朱元璋不給宦官立功機會，他規定：宦官專掌內職，不許兼外朝文武官銜，不得穿戴外朝官員冠服。他這樣規定，是因為他始終認為，宦官中好人不多，不能給他們立功的機會。因為這些小人有功就會驕恣，要讓他們知道法令的威嚴，用法來約束他們，防止他們干預政權。

朱元璋立下規矩，凡是宦官都不許讀書識字。又鑄鐵牌立在宮門，上面刻著：「內臣不得干預政事，違令者斬。」他還規定，做內廷官品級不許過四品，每月領一石米，穿衣吃飯公家管。並且，外朝各衙門不許和宦官有公文往來。

有一次，一個在宮內供事多年的老宦官不慎談論了朝政。朱元璋知道後異常憤怒，本應將他處斬的，但念他是資深的老宦官，朱元璋就饒了他一命，下令立即把他逐出宮門遣送回家，終身不得再為官。

朱元璋又制定宦官禁令，規定：凡宦官在宮內相互謾罵、鬥毆，不服管教者，視其情節，分別處以杖 60、杖 70、杖 80、杖 100 等刑罰。對心懷惡逆、出言不遜的，凌遲處死。同時還規定：知情不報者同罪。

朱元璋始終對宦官存有戒心，他曾說：「宦官這種人，早晚都在皇帝身邊，在人君出入起居的時候，利用小忠小信騙取皇帝的信任。時間長了，必假借威福以竊權，並干預朝政。久而久之，其勢力就不可遏止。」朱元璋對宦官的制約是非常嚴格而且行之有效的。

在洪武一朝三十多年中，宦官小心守法，宮廷和外朝隔絕，和過去的歷史朝代相比，算是家法最嚴的了。但是朱元璋有時也會打破自己訂立的這些

規矩。早在明王朝創立之前，他就時常派遣內使到軍中傳達命令，而且還派內官去犒賞軍旅、訪察下情等。洪武年間，朱元璋還派遣宦官參與核查稅課，去西北交易馬匹以及出使真臘等國。

在朱元璋的晚年，宦官建制已達到十二監、七局、二司共二十一衙門的規模，內官對外官的監督體制也基本確立。從這種意義上來說，朱元璋為明王朝正式形成宦官專權局面埋下了隱患。

為杜絕女寵之禍，朱元璋決心嚴宮闈之禁，以漢唐為鑒，嚴立家法，杜絕皇后、皇太后參政干政。洪武元年三月，朱元璋命翰林儒臣纂修《女誡》，他告諭朱升等人說：「皇后雖貴為天下之母，但不可參與政事。至於妃嬪，不過是供奉服侍聖上之人，如果過分寵愛，就會驕恣違法，上下失序。朕觀察歷代宮闈，政由內出，很少不成為禍亂的。」

朱元璋還說：「只有聖明的君主才能夠防患於未然，其他的沒有不被女色誘惑的，你們要為我撰述《女誡》，收集古代賢德婦女和后妃的故事來教育後宮的妃嬪，讓後代子孫均有所遵循。」

《女誡》中規定：皇后只管宮中妃嬪之事，其他宮門以外的事一律不得參與，後宮妃嬪以下女使的一切費用，包括金銀錢帛器用等，都要報給尚官監，由尚官監的內使核實後再支取，有違令者一律處死。宮人不準與外官私通書信，違者處死。宮人如有病，講明病狀，依病情給藥。外朝大臣的婦人只有初一、十五才能入宮朝見皇后，其他時間如果沒有特殊緣由不許入宮。另外規定：皇帝和親王的后妃、宮嬪，一律從良家女子中擇聘，絕不允許接受大臣們私自進獻的女子。

朱元璋還命工部造鐵製紅牌，上面用金字鐫刻後宮妃嬪們應遵守戒律，掛在後宮中以示警戒。他所以嚴格規定，是鑒於元朝後宮宮女、妃嬪私通外臣，並讓番僧自由出入宮內，大臣也讓婦人隨意入宮，以致造成宮中屢出淫

亂醜聞。而對於外戚，他聽從馬皇后意見，對他們嚴加防範。外戚主要指皇帝母族和妻族親戚。這些人利用與皇帝的親情關係，常把持和干預朝政以致造成混亂，明代以前的這種教訓是很多的。

後來，朱元璋也放寬了政策，規定外戚可以封為公、侯，也允許他們干政，但是卻不發給他們鐵券。這樣一來，在洪武年間，外戚沒有形成氣候，更沒有形成專權的局面，這無疑有利於明初政局的穩定和社會經濟的發展。

實施軍制改革

朱元璋深知軍隊就是自己政治事業的堅實支柱，軍隊可以幫他打天下，也可以幫他看守天下，沒有軍隊，舊王朝是不可能被推翻的，自己的政敵也不可能被消滅，新王朝就會被風起雲湧的農民起義所吞沒。

總之，要想成為一個國家至高無上的統治者，無論在什麼時候，如果沒有強大的軍隊做後盾，造成保駕護航的作用，那是斷然行不通的，因此朱元璋十分重視軍隊的建設。

朱元璋進行軍隊建設的起點便是募兵，這就涉及到了兵源的問題。早在當年沒有自己的部隊時，朱元璋就對兵源提出了很嚴格的要求。他認為一支軍隊要有一支軍隊的紀律，無論入伍前士兵的職業是什麼，只要一進入到軍隊裡，就要按照軍隊的紀律來對其進行約束與要求，必須要培養出一支能夠打仗並且能夠打勝仗的軍隊，否則要一幫莊稼漢來是不可能自立於群雄、自立於天下的。

朱元璋重視軍隊的紀律，他在檢閱新軍時，特別指出了這一點。朱元璋懇切地勸誡將士們說：「你們原來是很大的部隊，可是我毫不費事就收編了你們，原因在哪裡呢？一是將官沒有紀律，二是士卒缺乏訓練。現在我們必須要有嚴格的紀律，進行嚴格的訓練，才能夠建功立業。」

朱元璋自起兵之日起就十分重視軍隊的建設，尤其重視軍風、軍紀和軍隊的素質方面的建設。在攻下大都之後，他對軍隊的建設提出了更高的要求。

朱元璋認為創建一個新的王朝需要一支強大的軍隊，而奪取了天下之後，仍然需要一支強大的軍隊來進行保衛，只有這樣才會使內外的敵人沒有可乘之機。無論是戰時還是和平時期，軍隊擔負的主要職責都是基本相同的，為此他一再告誡各部隊將領：有備無患，不論和平時期還是戰時，都要隨時準備迎擊敵人。

對軍事機構的改革與調整，也是加強中央集權體制的一項重要組成部分。朱元璋登基後覺得大都督府的權力太大，在廢除中書省的同時，他又採取了分權制衡的辦法，把大都督府分成中、左、右、前、後等五軍都督府。其長官為左右都督，分別管理京師及各地的衛所和都指揮使司。

此項改革在於化整為零，分散中央軍事機關的權力，使軍隊的權力歸皇帝直接掌握。為使五軍都督府和兵部能夠互相牽制，朱元璋規定，五軍都督府對軍隊無調遣權，只是負責各都司衛所軍隊的管理和訓練，軍隊的調遣屬於兵部。遇有戰事，由皇帝親自派遣帶兵的將領，戰事結束後，將帥回朝覆命，軍隊返回衛所。這樣的好處是使將不專兵，兵不專將，以避免將帥擁兵自立，從而威脅了朝廷。

朱元璋所建立的常備軍是和農業生產密切結合、逐步建成的。在攻克集慶以後，朱元璋主張實行屯田政策、廣積糧食、供給軍需。他和劉伯溫研究了古代的兵制，總結了歷史經驗：徵兵制的好處是舉國皆兵，有事召集，無事歸農，兵員素質好，來路清楚，平時的軍費開支也少；其缺點是兵員都出自農村，如果要是有長期戰爭，那就會影響到農業生產。募兵制的好處是應募的多為無業遊民，當兵是職業，訓練的時間較長，作戰能力也相對較高，

兵員數量和服役時間不受農業生產的限制；缺點是要維持龐大的軍隊，軍費的開支是很大的，此外，招募的兵大部分來路不明，沒有妻兒老小的牽掛，容易逃亡，也容易叛變。較好的辦法是揚長避短，將武裝力量和生產力量結合起來，這樣既可以靈活指揮，又可以避免財政上出現過重的負擔。

透過以上情形，朱元璋和劉基共同創立了軍隊管理制度──衛所制，它是明代獨有的軍事管理制度。在明朝時，軍人有特殊的社會身分。在明代戶籍中，軍籍和民籍、匠籍是主要的戶口。軍籍屬於部督府，軍人不受普通地方行政官吏的管轄，在身分上、法律上、經濟上的地位，也都是和民戶不同的，軍和民是截然分開的。

顧名思義，衛所是由衛和所組成的。衛即是衛指揮使司，所即是千戶所、百戶所。在建制方面，如果是單一的一個郡，就設所，兩個郡在一起相連則設衛。衛所是一個個或大或小的管理基層部隊的機關，就相當於現在的連、團、旅、師的建制。這種嚴密的體制在歷史上無疑是個首創。在現實中，管理效果也是非常的好。

衛所的兵源有四種：一種是從征，即起事時所指揮的部隊；一種是歸附，包括削平群雄所得的部隊和元朝投降的軍隊；一種是摘發，指因犯罪被罰充軍的，也叫做恩軍，這種人在軍隊中是沒有地位的；一種叫探集，即徵兵，是按人口比例進行的，一家有五丁或三丁出一丁為軍。前兩種是原有的武裝力量，而後兩者則是補充的武力，特別是探集軍在數量上占了很大的比例。這四種來源的軍人都是世襲的，為了保障固定的軍人數量，法律規定軍人必須娶妻，世代繼承下去，如無子孫繼承，則由其原籍家屬中抽壯丁進行頂補。

明代的衛所大都分布在邊地和各省內，衛和所都有固定軍士人數，其下面還有總旗和小旗，軍士數也有固定。大體上是 5600 人為一衛，長官是指揮使。衛又分 5 個千戶所，1,120 人為一千戶所，長官被稱為千戶；千戶所

下分有 10 個百戶所，每百戶所有 120 人，長官被稱為百戶。所轄總旗二，小旗十，一個總旗領五個小旗，小旗有軍士 10 人。

衛所是陸續建立起來的，到了西元 1392 年，全國有 17 個都指揮使司，分別隸屬五軍都督府。京師和外地共有 329 個衛，65 個千戶所，衛所軍總數有 120 萬人。朱元璋及其王朝後代，借此制度使軍隊兵源得到了充分保障。

國家的行政、軍事和監察三個機關是分別獨立的，它們是單獨對皇帝負責的；各系統職責分明，法令詳密，這樣的官僚機構更加完備了，使得效率也有所提高；皇帝的獨尊地位由此也大為提高，國家政權在統一的基礎上也顯得更為牢固了。因此，朱元璋的一系列改革，是一個歷史性的進步。重要的是統治全國的官僚機構更具有權威性，也更加集中、完備了，這也是史無前例的創舉。

恢復農業生產

自從朱元璋登基以後，雖然他在政治上確立了絕對的統治地位，但是此時明朝的經濟基礎卻極為薄弱，出現了一片淒涼景象。長江上下，關中冀北，到處都是背井離鄉的人群。早已經被元王朝掠奪殆盡的地域，又加上 20 多年的戰亂，無疑雪上加霜，原來富庶的江南地區現在卻是一幅滿目瘡痍的景象。

在朱元璋的思想深處，有著中國傳統的封建統治者一脈相承的觀念。他有自己的理想，那就是以男耕女織的自然經濟為基礎，人民豐衣足食、安分守己地過日子。

為了擺脫這種局面，朱元璋與李善長、劉基、宋濂和陶安等人經過反覆的計議，制定了一整套撫民方略，即減賦、墾荒、興水利和打擊豪強。同時，為了穩定北方新平定的地區，洪武皇帝朱元璋降旨免除一到三年的賦

稅。醫治戰爭創傷的根本出路，就在於發展農業。對此，朱元璋再三強調，休養生息政策的重點就是農業。

要解決一個地域遼闊、人口眾多的國家所缺乏的物質基礎，重點就是要採取各種有效的措施。在這些措施中朱元璋保護了貧民，限制了富豪。明初的富人，有舊時遺留下來的地主豪強，又有跟著朱元璋創建大明而形成的地主新貴。他們的貪得無厭，橫行霸道，對當時社會經濟的恢復與發展，有著各種妨礙作用。

朱元璋命人將那些遊手好閒的懶漢和無業游民，通通抓起來關進了「逍遙牢」，經過規勸後，強令他們進行農業生產。而那些有田不耕，任其田地荒蕪的人，全家則被遷發充軍到荒涼的地區。後來，朱元璋又發布命令，除了王公貴族以及官僚之家，普通百姓不準買賣或收養奴婢。

地主豪強對貧弱的農民要做到「四毋一週」，即「毋凌弱，毋吞貪，毋虐小，毋欺老，孝敬父兄，和睦親族，周給貧乏，遜順鄉里」。這在封建社會歷代的帝王中也是絕無僅有的。

當前最急迫的是開墾土地，增加人口。如果做到了這一點，當官的就算盡到了職責。此時，既要解決有地無人耕種的問題，又要增加墾荒開田的數量。因此朱元璋下令：凡有能力開墾荒地的農民「不限頃畝」，皆免三年租稅。

這些被開墾的荒蕪土地，有的是原來地主所有，因戰亂逃亡了，戰爭結束後他們又回來了，因而與新的土地所有者產生了糾紛。這時，就會按照官府制定的法令進行實施，即被遺棄的田土，被他人開墾成熟的土地視為己業；官府可以把附近的荒田補給原主，不得依前占戶。

這些政策不能小視，它消除了農民開墾荒地的顧慮，保護了農民的積極性，使那些在元朝無地的農民成為小土地所有者。他們在新王朝相對穩定的

環境裡得以休養生息，發展農業生產，自然成了明王朝依靠的社會基礎力量。

經過多方面的努力，大批荒地得到了開墾。十幾年後，開墾的荒地竟然超過了原有熟田的面積。有瞭解決增加耕地的良策，隨之而來的就是要解決有地無人的問題，這也是解決生產力的大事。對於這一問題而制定的措施是廢除元朝的「奴婢、驅丁、佃奴」制度，把全國戶口劃分為「民戶、軍戶、匠戶」三種，把奴隸、農奴和工奴大部分變為自由的民戶。這一措施的實施進一步保障了人民的人身自由，也體現了他們人格的重要性。

此外，為了使社會經濟儘快得到恢復，荒蕪土地及早得到開墾和利用，朱元璋還採取了移民屯種的措施，也就是把地少人多「狹鄉」的百姓，遷移到人少地多的「寬鄉」去耕種，即屯田。這僅是屯田的一種，若是細分的話還有軍屯和商屯。屯田的土地是國家所有的，耕種的軍民為國家的佃戶，同樣也是免三年的賦稅，如有多開墾的荒地，則享受「永不起科」的待遇。

墾荒與屯墾，不僅解決了全國軍糧民食，農民也有了一塊屬於自己的土地。從此，全國的糧食也由緊張轉為富餘，明朝政府也不會再為糧荒發愁了。

可是在這時，新的矛盾又出現了：許多州縣官吏乘機謀取私利，他們虛報墾田畝數作為政績，以邀封賞。發生這樣的事情是朱元璋沒有料到的。同時，隨著田地的增加，土地分配不公的現象也越來越嚴重。江南土地狹窄，每戶不過十畝左右，北方一些地區則是多得多，有的每戶達到了數百畝，甚至還出現了一家占地百頃的大富戶。對此，朱元璋顯得異常的憤怒，他開始向那些多占良田的富戶和惡豪發起了攻擊。

大家都知道朱元璋出身於貧困的農民家庭，因此最讓他痛心的便是農民沒有一塊養家餬口的土地。他最痛恨的就是地主占據大量的肥田沃土，欺壓剝削農民。經過多重考慮，朱元璋決定先禮而後兵，他親自接見了江南所有的富民，並且義正言辭地對他們進行了訓誡。

可是，這些受到皇帝接見的富翁，在飽享禮部賜給的酒飯之後，只是把皇上的接見和宴請視為回鄉誇耀的資本，各個都是沾沾自喜。不少人並沒有把皇帝訓話的深意放在心上，只知道磕頭謝恩。回到家鄉後，他們依然是我行我素，早已經忘記了皇帝的訓話。

對於皇帝的告誡，大多數人都沒有理睬。朱元璋見他們拿自己的話當做耳旁風，很是憤怒。於是，他與李善長等商議對策，決定採取更加嚴厲的措施來懲治這些不聽話的富民。

隨後，朱元璋開始遷徙蘇州的富民，前後遷移的人數多達 20 萬人。這些富翁一旦離開了土地遠走他鄉，帶走的也只能是一點錢財，而像房產、田地這些則只能一概扔掉了。而對於有劣跡的富民或者是鄉村的頭目，就不僅是遷徙那麼簡單了，被抄家後還要發送到荒蕪之地。對於劣跡昭彰、魚肉鄉民的惡霸，抄家後還要殺頭。這些措施的實施，雖然給那些富民帶來了極大的痛苦，但是對於農民來說卻是一件好事。

占領江南之後，朱元璋還在江浙、江西等地實行糧長制度。每萬擔左右的稅糧為一個納稅區，並且委派田糧最多的富戶擔任糧長。為了讓他們能夠忠誠地效力於朝廷，朝廷還給了他們許多的優待，即使犯了死罪也只打一頓板子了事。

可是，令人沒有想到的是，就是這樣一味地寬容，得到的結果卻是使不少人成了為害一方的惡霸。朱元璋決定嚴懲這些惡霸，惡行一經查出就會立即殺頭。那是在洪武元年，一次就殺了 160 多個糧長。

金華有個姓匡的首富糧長，曾經口出狂言，說道：「皇帝徵糧百萬，都不如我一個田莊的收入。」這話被朱元璋知道後，暗暗記在了心裡。當這個匡糧長解糧進京時，朱元璋不露聲息地問道：「匡糧長，你解的糧食在哪兒？」

首富答道：「霎時便到。」

朱元璋問道：「殺時 —— 就到了嗎？」

這個匡糧長並沒聽出話裡暗藏的殺機，他爽快地回答道：「是的，霎時就到了。」

「那好，給我推出去殺了！」等到匡糧長醒悟過來，他早已經人頭落地了。匡糧長的家人聽到這個消息後四散逃亡，財產也被人搶劫一空了。從此，曾經聞名一方的大富翁匡糧長，眨眼間便化為烏有了。

此外，蘇州首富沈萬三一家的遭遇，也是同樣的悲慘無比。沈萬三兄弟多年來一直在海外做買賣，堪稱是蘇州的首富。沈萬三害怕朱元璋的屠刀會落到自己的頭上，於是，他千方百計地獻錢納貢，夢想著可以用錢財來買到一世的平安。

為了討好朱元璋，沈萬三進獻了一個聚寶盆，並表示可以承擔京城城牆三分之一的修築費用，同時，他還可以捐資犒賞部隊。朱元璋早就對沈萬三支持張士誠心懷恨意，現在見他如此誇富，便想藉故殺掉他，便說道：「你竟然口出狂言，要犒賞天子的部隊，一定是個犯上的亂民，罪當殺頭。」

馬皇后認為，人家送禮出錢，並沒有犯死罪的道理，於是便勸說朱元璋。朱元璋覺得馬皇后說得有道理，便下令赦免了沈萬三的死罪，但是，全家被發配到雲南充軍。而沈萬三所獻的那個聚寶盆，則被埋到了城門下邊，作為鎮門之寶。最後，朱元璋還將原來的城門改名為「聚寶門」。

朱元璋毫不留情地對富戶進行打擊、遷徙甚至是殺戮，這與他的貧寒出身也是有著直接聯繫的，正是這種恨富情結與他性格上固有的殘忍聯繫到一起，才釀出了那麼多不忍卒睹的慘劇。

本來想為窮人爭地權、謀福利的朱元璋，沒想到富戶的田產被收沒入官的同時，佃農也成了無田可種的赤貧。他只得趕快分給他們一塊土地，並號

召他們廣種桑麻、學種棉花，以做到衣食自足。

在恢復生產的基礎上，朱元璋還採取了重農措施。朱元璋為了進一步促進社會經濟的發展，他同意劉基的「生息之道在於寬仁」的主張，而寬仁必施以實惠，「寬仁必當阜民之財」，對待生產勞動者必須寬厚仁義。朱元璋認為「養民者，必務其本」，就像「種樹者，必培其根」是一樣的道理。

首先要兌現的是寬賦。明廷實行寬賦，對一些地區少徵賦、緩徵賦。洪武初年的田賦較輕，當時田賦分「夏稅」和「秋稅」，繳納以米、麥為主，絲絹和紗次之。

當時的蘇州、松州、嘉興、湖州等地賦稅過重，朱元璋下令減租去一半，以後又減租一次，最後，原畝租稅七鬥五升，全部定格在三鬥五升。但遇有嚴重災難的地區，僅是寬賦也是不能體現生息之道的，於是朱元璋又實行了免除賦稅的仁政。

此外，朱元璋還鼓勵種植桑、麻、棉等經濟作物。他重視經濟作物的種植，為手工業提供了豐富的原料，不僅使生產得到了發展，而且還形成了幾個產棉區和松江等生產棉布的中心。後來，經過大力推廣，經濟作物在全國的栽種上成了熱點，特別是種植棉花，不僅可以增加農民的收入，而且國家在財政收入上也有了很好的收益。

明初，除松江地區外，杭州也成了棉紡織業的中心，也為棉花的種植提供了市場。很快，棉花的種植就被推廣到了北方。於是形成了南北呼應，北方供應棉花，南方生產棉布的局面，從而促進了南北經濟的交流。

朱元璋也以棉布、棉花為供應軍隊的主要物資，而且還用棉布及其製品作為獎賞。過去百姓視為珍貴的棉布，到了此時已成為尋常的物品了。昔日平民多穿麻織衣服，富人穿綾羅綢緞，冬穿裘皮、絲棉。而棉布的出現改變了人們的衣著，平民百姓也可身著既暖又美觀的棉織衣服。

在江南一帶，東南各省的蠶絲和絲織業也發展了起來，生絲和織品的產量遠遠超過了前代，生產技術也有所進步，成為國內外市場上的重要商品。在蘇州、杭州、湖州、松江、常州一帶形成了絲織業的中心，同時，也出現了最早的資本主義商品經濟。

農業生產的恢復發展，促進了明代手工業和商業的發展。朱元璋的休養生息政策鞏固了新王朝的統治，穩定了農民的生活，促進了生產的發展。

在對農業進行恢復發展的同時，朱元璋非常重視水利建設，並且把它視為實施「安養生息」政策的重要內容。但是實際上明初時的治河工程一時還沒有提到議事日程，黃河不加治理，實在是一件令人擔憂的事情。為了灌溉農田，便利漕運和防止旱澇，朱元璋曾下詔令，如遇有此事，應該積極行事。後來，朱元璋曾多次調動大量人力、物力修建水利工程。

朱元璋十分重視興修水利和賑濟災荒。在即位之初就下令，凡是百姓提出有關水利的建議，地方官吏須及時奏報，否則加以處罰。到西元 1395 年，全國共開塘堰 40,987 處，疏通河流 4,162 道，陂渠堤岸 5,048 處，成績是顯而易見的。

此外，朱元璋很重視平時對水利設施的養護，他規定：凡盜決河防、圩岸、陂塘者，均受重刑。對提調官吏和在任的官員明確規定，不修河防堤岸或修而失時者，也要受處罰。

朱元璋當皇帝期間對修河築堰工程的廣泛推廣，一方面擴大了灌溉面積，另一方面使大批被洪水、海潮淹沒的土地變為良田和可耕之地，這對農業生產的恢復和發展也造成了巨大的作用。

以上各種措施的實施，不僅穩定了以小農經濟為基礎的明王朝的政權，而且還增加了朝廷的財政收入，從而也大大地提高了朱元璋的氣勢和威望。

扶植工商業發展

朱元璋即帝位後，他希望國內士、農、工、商等四民皆能各守本分，做好自己的本職工作，從而能夠實現沒有壞人、百姓安寧、物產豐富的和諧社會。為此，朱元璋在努力發展農業生產的同時，對工商業的發展也是倍加關注的。

洪武十一年五月，朱元璋命工部，凡是在京赴工的工匠，月發薪水鹽蔬，並准許工匠在休工時可以自由經營私產。洪武十九年四月，工部又制定了工匠輪班制，凡外地在籍的匠戶，定以三年一班，輪流赴京勞作三個月。根據居住地的遠近編定簿籍，規定班次，並且簽好合約。

匠戶按期帶著合約到工部報到應役，朝廷此時免去應役匠戶家的徭役。洪武二十六年，朱元璋又採納了工部的建議，最後確定五種輪班制，從而減輕了匠戶們的負擔。

除了匠戶輪班外，還有坐匠戶。他們在京師等地固定做工，由內府的內官進行監督管理。按照規定，坐匠每月工作 10 天，月糧由工部支給。

這些匠人在一個月剩下的 20 天中可以自由支配，他們可以為自己幹活，製作產品，自由地在市場上進行出售。與元朝相比，他們的負擔減輕了。這不僅促進了商品市場的廣泛擴大，也使工匠的技術得到了交流，而且更大程度上調動了匠人們的生產積極性，推動了手工業的發展。

朱元璋對商業極為重視，他始終認為，商業在一個國家內是不可缺少的。由於朱元璋採取了一系列扶植和保護商業的措施，使得在他當政期間，商業逐步發展和繁榮起來，形成了許多商業城市和市鎮，同時也是商品生產和銷售中心。

從此，城裡有了許多的手工業作坊和門市，雲集了數量眾多的各行各業的手工業工人以及小商販。隨之而來的是城市人口的猛增，南京及周圍屬縣

人口,已接近 120 萬人。長江沿岸借水運的發達,工商業城市也出現了新的各個行業的交易中心。

洪武中期,隨著手工業、商業的發展,礦業也漸趨發展。洪武七年,明政府下令設置鐵冶所,原制銅的池州置鐵冶所,加上原來江西南昌府進賢鐵冶處共有西元 13 所,每年共計煉鐵 8,052,987 斤。

當然被開礦的地區遠不止這些,如果國家一旦需要就立即開採,數量足夠需要時,就停止開採和冶煉。冶鐵納稅是按產量的十五分之一繳納。除鐵、銅以外,明初還開採了金、銀、鋁、汞等礦。

朱元璋在恢復社會生產、發展工商業的同時,試圖進行貨幣改革。為了交換方便,朱元璋統一了幣制,大量鑄造各種「洪武通寶」。但是,由於銅錢攜帶不方便,加之原料不足,朱元璋順應形勢,在洪武七年又設置了寶鈔提舉司,製造大明寶鈔,寶鈔以桑莖為紙料。同時,明王朝還禁止民間用金銀做交易。

可是,朱元璋並不懂得紙幣要有金銀做保障,卻把印「寶鈔」當成了朝廷的特權,增加財政收入的有效手段,這一錯誤概念導致超量印製,紙幣貶值,從而使「寶鈔」不得不退出交換領域,又重新使用起金銀貨幣。

貨幣改革對民間貿易和商人交易是極為有利的,但在當時由於沒有控制發行量,故無法保證貨幣值。明初頭幾年,寶鈔發行量較少,幣值較穩定,後來發行量不再限制,導致寶鈔貶值。

到了洪武三十年,杭州商賈一律以金銀定價,根本不用寶鈔了。而且時間日久,造假幣得以猖狂,使大明寶鈔的信用降低,大為貶值。重要的是,這種紙幣沒有貴金屬做準備金,直到洪武末年,寶鈔嚴重阻滯,商人、百姓都不買單。後來朝廷一再用命令來維持通行,也無濟於事,最終難免以失敗告終。

從洪武十四年到洪武二十四年，這十年之間，明朝國家掌握的戶口數量有了顯著的增加。這不僅意味著國家與豪強地主爭奪勞動力取得了很大勝利，而且也反映了恢復與發展經濟取得了一定成就。同時，朱元璋進行的土地丈量和人口普查，是幾百年來若干朝代的政治家、帝王所未能做到的大事，他劃時代地完成了。

發展文化教育

早在洪武元年八月中旬，在攻陷大都後不久，朱元璋即下達了一份〈求賢詔〉。緊接著，他又派出起居注詹同、魏觀，侍御史文原吉等人，分赴各州縣，訪求賢良。

賢良們看到了〈求賢詔〉，許多人聞風而動。在聽完專使的遊說後，他們紛紛收拾行囊，爭相上路。為此，朝廷缺少官吏的窘況很快就得到了緩解。但也有一些儒士，或出於自尊，或心懷恐懼，對〈求賢詔〉視同虛文，千方百計推脫逃避，遠離是非之地。

朱元璋意識到元朝之所以滅亡，除了統治者本身的素質以外，整個社會失於教化也是一個原因。因此，他採取了興建學校、選拔學官的政策，並且堅持把「教育工作」作為衡量地方官政績的重要指標。

明朝學校的性質沒有什麼特殊的，學校是「教育人才」的地方，同時也是「儲才」的地方。明朝的制度規定，把學校和選拔官員緊緊連在一起，則是比較突出的。

在朱元璋的倡導下，明朝從中央到地方興辦了各類學校。而朱元璋本人最重視的還是京城裡的國學，也就是太學。它是全國的最高學府，學生人數多而且相對集中，培養出來的人才又都擔負著國家的重要官職，並且對社會風俗文化有著廣泛的影響。

洪武三年，明朝政府正式設立科舉制度。十年的寒窗苦讀，一朝得中，高車駿馬，光宗耀祖。那種飛彩流霞的光彩榮耀，令多少讀書人醉心嚮往。朱元璋自然懂得，天下英雄盡入彀中的個中三昧。為此，朱元璋下了一道詔書，其中指出設科考試期望得以全才，任官唯賢，這樣方可有效地治國。

此外，明朝政府規定科舉考試只許在「四書五經」範圍內命題，考生只能根據指定的觀點答卷，不準發揮自己的見解。劉伯溫是這方面的策劃人。從考試的程式、場次到被稱作「八股文」的作文體例，都是由他制定的。這些規範和制度，一直到了清朝末年都沒有大的變動。

考中的狀元授修撰，榜眼、探花授編修，供職翰林院，前途無量。其他人則被授給知縣以上各級官吏。「十年寒窗無人問，一舉成名天下知。」這便是讀書人最好的歸宿。難怪，科舉成為了讀書人終生追求的「事業」。

自科舉制度實行以來，朱元璋就察覺出其有不如意之處，譬如科舉入選者多為「後生少年」，無辦事經驗，能擔當大事者很少，解決實際問題的能力差，特別是學與用的脫節，世人對科舉選官也是褒貶不一。所以在洪武六年，朱元璋宣布停罷科舉，這一停就是 10 年。到了洪武十五年八月，朱元璋又下詔恢復科舉制度，並以 3 年舉行一次為定制。

明代的科舉較之舊制有些特點：進士能入翰林是前所未有的；進士之為庶吉士，亦自此開始；凡在六部、都察院、通政司、大理寺等衙門者，都可被稱為進士。這樣可以讓進士在各個部門進行鍛鍊，被稱為觀政進士，這也是明朝首創。

由此可以看出，科舉出身的進士們得到了很高的榮譽，也鼓勵了讀書人走上當官的道路。有了在各個部門進行鍛鍊的考察環節後，可以使他們不用馬上負起重任，官方又可量才而用，這豈不是對雙方都有益。

洪武十五年，朱元璋下詔全國通祀孔子。同一年，新建國學落成，朱元

璋親自拜謁先師孔子，後又向全國各地方學堂頒布了釋奠先師孔子的譯註。

從發展趨勢上看，朱元璋對孔子的尊崇是很重視的，如祭孔都要求正官主祭，有布政司的地方則以布政司官，府縣則以本學儒官或老成的名儒擔任。起初國子學由祭酒主祭，後來派翰林院官，但新上任的祭酒必須親至一祭。

洪武三十年，朱元璋又嫌國子監的孔子廟不夠宏偉，自行規劃，做了改建。更主要的是，朱元璋積極地提倡和宣傳學習儒家的經典，運用儒家的思想理論，維護大明帝國的統治，使其長治久安。

有一個名叫秦裕伯的人，曾經擔任過元朝的福建行省郎中。後來，他看到時局動盪，便棄官而走，避居於上海。從此，秦裕伯閉門讀書拒客。早在吳元年，朱元璋就曾派人帶上他的親筆書信和禮品前去禮請，但均遭到秦裕伯的謝絕。現在，再次派人去邀請，依然是無功而返。

朱元璋覺得這個人之所以不識抬舉，肯定是因為做過元朝的官員，故意做出忠貞不貳的姿態。既然禮請不至，不妨來點綿裡藏針，連哄帶嚇地把他請來。

於是，朱元璋便寫了一封措辭直露的信：「先生屢召不至，情有可恕，朕不會強人所難。但，濱海之民好鬥，先生智謀之士而居此地，苟堅守不出，恐有後患！」

飽學的秦裕伯一看就明白，得罪了殺人不眨眼的朱元璋，「好鬥之民」隨時會來光顧，「後患」不期而至。他不敢再藉故推託，趕緊收拾行囊，跟隨使者來到了應天。朱元璋並沒有怪罪他，立刻命他做了翰林院待制。後來，秦裕伯又被任命為隴州知州。

楊維楨是聞名東南的大名士，當初，他曾對張士誠直言勸諫，並多次拒絕張士誠的禮聘。洪武二年，朱元璋命翰林學士詹同帶著禮品登門問候，請他進京主持纂修禮書。此時的楊維楨已經年逾古稀，他推託再三，聲淚俱

下：「哪有行將就木的老婦，再去嫁人的道理？恕老夫不能聽命！」

朱元璋心裡雖然不痛快，但也並沒有降罪於他。第二年，朱元璋再次派遣地方官去請楊維楨。楊維楨無奈，只得提出應徵的條件：「皇帝用吾之能，而不強吾所不能，則可以上路。否則，只有蹈東海一死而已。」

朱元璋知道楊維楨提出的應徵條件後，就越發器重他了。他不但慷慨地應允了楊維楨提出的條件，而且特賜皇帝安車，讓楊維楨坐著進京。楊維楨頗受感動，來到應天後，他對禮書的發凡、體例等，進行了詳細的指點，只住了三四個月，即悄然而返。

朱元璋儘管很生氣，無奈有約在先，倘若加以懲處，有失皇帝信譽，只得聽憑他平安歸去。從此，楊維楨的自由來去被傳為了佳話。朱元璋豁達大度、禮賢下士的美名，在儒生中廣為流傳。

俗話說伴君如伴虎，有一些老朋友，在朱元璋打天下時鼎力相助，一旦他榮登大寶，成為炙手可熱的真龍天子，便立刻像躲避瘟疫一般脫身而去。有的堅決拒絕做官，有的不告而別，隱姓埋名，遁跡江湖。他們知道，對於膽識過人而又天賜機緣的幸運兒，只可以與之共患難，而不可以共富貴。如果不遠遠地離開，一旦老虎發怒，就會被其一口吞掉！

最為典型的例子，就是精通卜筮象數之學的儒生陳遇。朱元璋攻占集慶之後，就請他出謀劃策，參與機密。朱元璋稱吳王後，授他供奉司丞，他堅決謝絕。

朱元璋登上皇帝寶座後，三次授他翰林學士，陳遇照樣推辭。朱元璋便賞他一乘小轎，撥十個扈從跟隨，以示寵榮。洪武三年，朱元璋又請陳遇做中書左丞。第二年，再請他做禮部侍郎兼弘文館大學士，但一概遭到堅拒。後來，又授他太常寺少卿、禮部尚書。儘管朱元璋幾乎要翻臉，但陳遇仍然心波不起，堅不應職。

這樣一而再、再而三地不給皇上面子，朱元璋當然很惱火。但想到「君子不可奪志」這句古語，同時也為了表現自己的仁厚大度，才沒有對陳遇加以處置。

此外，朱元璋為了籠絡老儒，決定給他們的兒子授官。有一天，朱元璋當面試探道：「陳先生，朕三番五次授你官職，你都不應。朕只得把官職授給你的兒子。」

「陛下，此事萬萬不可！」陳遇慌忙推辭。

「為什麼呢？」朱元璋板起了長臉。

陳遇叩頭答道：「臣的三個兒子，年紀都還小，正是學習做人的時候，給他們授官，只能增陛下之累，有害無益，此事還是以後再說吧。」

相強不得，朱元璋也只得作罷，但仍然把陳遇放在自己身邊，經常召進宮來，詢問治國安邦大計。陳遇也坦誠相對，直言進諫。他能夠把握皇帝喜怒無常的個性，冷靜靈活地進言。

朱元璋感到，陳遇對自己多有裨益，卻絲毫沒有構成威脅。這既成就了朱皇帝，也成全了他自己。陳遇的睿智機變，受到後世史家的高度讚揚。

留下千古遺憾

劉伯溫努力地掙扎了一下卻未能起身，徐達上前扶住劉伯溫，與同來的幾位故友，對劉伯溫深深一拜。

這時，劉伯溫傷感地說道：「有你們的關心，我已經知足了，你們的心領了。甕中已經糧盡，是我劉伯溫無能，讓家人受苦，更讓我劉伯溫傷心。你們帶來的物品錢財，伯溫就收下了。只是，伯溫今生恐怕再難還你們的情，你們回去後就不要再來理我了，如果讓皇上知道了，恐怕會對你們不利。」

擴大胡黨血案

中書省是朱元璋沿襲元朝統治制度而設立的中央最高行政機構，丞相為其長官，明朝的左丞相其實是皇帝一人之下、百官之上的最高行政長官，權力極大。所謂「胡黨之獄」，就是以洪武十三年，中書左丞相胡惟庸結黨謀反被殺而得名的。

朱元璋是出自淮右的領軍人物，最早參加起義的大多數也是淮西人，有的還是朱元璋的鄉里，有的則是親近的族人。在縱橫徵戰中，這些人自然分別充任了領兵的將帥、幕府的臣僚等重要職務。隨著朱元璋的勢力發展壯大，淮西將臣的地位不斷上升，尤其占領集慶後，淮西人的地位在文武勢力範圍內愈加顯著。

隨著朱元璋地位的抬高，他和淮西將臣關係也發生了根本性的變化。朱元璋考慮的是如何提高皇權，保全朱家的江山，為此他頒布了一些申誡公侯的條令，規定了處罰和處刑的律令。

朱元璋想以此來約束淮西集團的公侯及其家人、僕人，他還在統治上層部門有意安插非淮西的賢能志士為官，並且以禮法約束，監視舊淮西集團。

　　李善長是淮西集團的核心人物，從洪武元年任左丞相直到胡惟庸先後掌權的 17 年中，他極力排擠浙東人士，使之不受重任。浙東地主集團的領袖劉基作戰有功，建國之後，更有治國辦法，功勞也是非常顯著的，但是在分封功臣時，劉基卻只被封為誠意伯，而李善長則被封為了韓國公，歲祿也是劉基的 20 倍。

　　由此可見，雖然同是為抗元打天下，為新王朝建立做出了貢獻，但是兩個集團卻存在著極為不平等的現象。一些小的不和睦，就會引發大的禍根。有一次，劉基把李善長的親信 —— 中書省都事李彬給殺了，這雖然是秉公執法，但是卻加深了兩個集團的矛盾。後來，朱元璋偏聽李善長的挑唆，就讓劉基告老還鄉了。

　　此外，明王朝統治階層內部矛盾逐漸集中在皇權和相權的矛盾上。明朝建國後，制度上以中書省總攬行政事務，並設左、右丞相。但是擔任過丞相的人極少，洪武元年李善長、徐達分別為左、右丞相。

　　徐達因為是大將軍，長年領兵在外，實際執掌丞相職務的只有李善長。李善長也非善類，表面寬和，內心狹隘，不但排擠與自己能力相當的人，連皇帝信任的人也不肯輕饒。

　　洪武三年，李善長回老家養病，中書省一時無長官，就詔浙東集團的楊憲為中書右丞，汪廣洋為中書左丞。楊憲飛揚跋扈，凡舊吏皆罷免時，排擠淮西集團人士，改用自己的親信。唆使劉炳彈劾左丞相汪廣洋時被朱元璋發現，下獄追問，劉炳坦白受楊憲指使，於是洪武三年七月朱元璋把楊憲和劉炳一起殺了。這是朱元璋在政治上最早於統治集團內部開殺戒，實際是加強皇帝專權主義的一個步驟。

　　汪廣洋在楊憲被殺後，被召回，復任中書右丞，當年冬，封忠勤伯。然而一個在明初政治上引起巨大爆炸的人物悄然崛起了，他就是後來胡黨之獄首犯胡惟庸。

留下千古遺憾

胡惟庸原是定遠人，在朱元璋拿下定遠之後，他就跟隨朱元璋，因寫了那個《策略策論》後更加受到朱元璋的器重。胡惟庸有許多事情要向朱元璋請教，朱元璋也有些事情要問胡惟庸。兩個人常在一起，相處的時間雖然很多，但商議的都是國家大事，胡惟庸一直都在尋找為自己謀得地位的機會。

胡惟庸不斷地巴結討好朱元璋，在楊憲被殺後，汪廣洋復任時，胡惟庸就千方百計取得了朱元璋的歡心。朱元璋屢次稱讚胡惟庸有才幹，並且也是十分信任他，後來，胡惟庸被任命為左丞相。

隨著官職的升高，胡惟庸的膽子也是越來越大。不懂避諱的胡惟庸，讓朱元璋覺得他已經嚴重侵犯到了自己的皇權。朝廷內外諸衙門上奏的摺子胡惟庸皆斗膽拿去先拆看，發現對自己不利的，竟隱瞞起來而不奏報。接踵而至的是各地想當官的、升官的，失意的功臣、軍人都奔走到他的門下，送金帛、送名馬，珍寶古玩更是不計其數。

當然，也並非所有的人都對胡惟庸聽之任之，大將軍徐達早就對其奸邪深惡痛絕，並坦率地告訴了朱元璋。胡惟庸知道後，頓時就起了報復之念。

徐達有個看門人叫福壽，胡惟庸暗自拉攏他，想利用他除掉徐達，結果被福壽給揭發了，徐達知道後對胡惟庸更是異常地憤怒。

胡惟庸對劉基給自己的評價和預見也有耳聞，並懷恨在心，當劉基憂憤而病癒加重時，胡惟庸乘機迫害這位宿仇。

劉基晚年得了病，胡惟庸窺視到朱元璋不再像以前那樣關心劉基了，因此，胡惟庸挾醫視疾，下了毒藥，把劉基給毒死了。

胡惟庸在罪惡的道路上越走越遠。他在劉基死後，更加肆無忌憚地與李善長進行勾結，並且還弄一些「天降賜福」的假象來迷惑廷臣從而來抬高自己，阿諛奉承之徒爭言為丞相瑞應，使得胡惟庸進一步發展為直接與朱元璋本人產生了對抗。對此，朱元璋也是怒不可遏。

不巧的是此時胡惟庸的家人為了謀取非法之利，毆辱了關吏，朱元璋大怒，殺了家奴，胡惟庸驚慌又不滿。後來，朱元璋又追究劉基被毒死的情形，胡惟庸心虛害怕，私下加緊陰謀活動，揚言先發制人不能束手就擒。

胡惟庸找到了一些被朱元璋責難的軍官進行謀反，讓他們收集軍馬，這已經引起了朱元璋的警惕。後來，胡惟庸又得到了李善長的支持，就更加膽大包天了。他派遣親信林賢下海招引倭軍，向異國求援。又遣元朝故臣封績帶信，向逃到塞外草原的北元君主稱臣，請派兵為外應。

但是，這個陰謀還未來得及付諸行動，一個意外的打擊就降臨到了胡惟庸的頭上。胡惟庸的兒子騎馬在街上招搖過市，橫衝直撞，墜馬死在車下。胡惟庸氣急敗壞，立即殺了馬伕，朱元璋對此極不滿意，下令以命償命。胡惟庸請求以金帛給其家作為賠償，朱元璋不答應。胡惟庸狗急跳牆，聯絡親信策劃謀反。

朱元璋正處在建國後統治政權日益鞏固，矛盾也不斷暴露的關鍵時刻，相權和皇權的矛盾達到了頂峰。他最敏感的莫過於針對其權力的挑戰，這使他已毫不留情地處置了一些來自統治集團內部的人物，包括地位很高的文臣武將。

洪武十二年九月，占城來使者進貢，胡惟庸等不奏報，宦官出門見到後才上報，朱元璋發怒斥責了中書省大臣。胡惟庸及右丞相汪廣洋雖稱有罪，卻諉過於禮部，而禮部又反過來怨中書省。朱元璋愈發憤怒，把這些人通通囚起來，審問受誰指使。十二月，御史中丞塗節告發胡惟庸毒死了劉基，又揭發胡惟庸與御史大夫陳寧謀反之事。朱元璋越來越感覺到胡惟庸的謀反之意了。

古往今來，對於皇帝的霸道，感受最深的是他的重臣和勛臣，而學習最快的自然也是這種人。俗話說得好，伴君如伴虎。由此可以看出，如果伴得久了，無論是重臣還是勛臣，便漸漸地滋長出一些虎氣或者竟也變成了虎。

這時的胡惟庸，或許還沒有變成一隻虎，而只是一隻沾上了些虎氣的狼。然而，當虎要吞食狼的時候，狼總是會拚死一搏，從而使自己能夠活下去。

在胡惟庸的丞相府中，有一株大榆樹，離樹不遠處還有一口井。此井水質特別好，清涼甘甜，令人大加讚賞。平時裡，井水涓涓細流，每到冬天時，反倒有大股泉水湧出。胡惟庸深知此泉的習性，早已想好了一個絕妙的計策，單等到這泉水大股湧出的時候，誘殺朱元璋。

西元 1380 年的冬天，胡惟庸望著井中那大股湧出的泉水，稍一猶豫，便換了朝服，乘車前去皇宮。見了朱元璋，跪伏在地，奏說：「啟稟皇上，府中井裡湧出了醴泉，請皇上前去觀賞。」

宅井出醴泉，自是大明的祥瑞。朱元璋聽了龍顏大悅，說道：「果真如此，可是朕大明王朝的祥瑞。丞相快回去，朕即刻就來。」

胡惟庸聽了暗自高興，拜謝後急忙回了府。胡惟庸走後，朱元璋稍作安排，便帶了幾個大臣高高興興地前去宰相府。當走出皇宮時，朱元璋對身邊的老太監擠擠眼，說道：「這可是大祥瑞呀！」楊公公心裡十分清楚：朱元璋的意思是，終於有了個好機會，殺死胡惟庸，徹底解決丞相的事情。

胡惟庸也是同樣的高興，他在自家的牆道裡藏了許多兵勇，只等朱元璋前來，他們就會衝出來殺了這位皇帝。然後，等候在城外的吉安侯與平涼侯，就會帶領他們的軍隊衝進皇宮，待將朱元璋的一切死黨清除乾淨後，他胡惟庸就成了當今的皇帝。這一切安排得天衣無縫，盡在掌控之中，胡惟庸越想越興奮，他忍不住爬上了樓頂，他希望快一點見到朱元璋的金龍轎頂。

就在這個時候，胡惟庸安插在朱元璋身邊的一個暗探趕回來給他報信：「大事不好，皇上的鑾駕後面，還有一支異常悍勇的衛隊。」

胡惟庸聽了大驚失色，他這才深深地知道，皇帝不是人人都可以當的，原來皇帝早已經探明了他的野心，這偌大的天下，實在是強中更有強中手。胡惟庸趕忙吩咐劉傑，將牆道裡的兵勇疏散出去。待朱元璋到來時，胡惟庸

熱情迎接。

朱元璋的衛隊，查遍宅子內外，也未找到半個兵丁。回去之後，朱元璋很快就查清楚了，是因為有人給胡惟庸通風報信，朱元璋更加惱怒了，立即頒旨必須馬上查出這個人來。這個人很快便被查到了，不過此刻他已經成了一具死屍。原來報信人為了保全他的主子，果斷地結束了自己的生命。

朱元璋在佩服胡惟庸的同時也下定了殺他的決心。可是，現在說胡惟庸謀反，還拿不出確鑿的證據。朱元璋皺緊眉頭，咬牙切齒。一旁的楊公公見了，湊近朱元璋輕聲說：「要殺胡惟庸，非常容易。」朱元璋讓楊公公快點說出來。

楊公公說道：「奴才知道，汪廣洋原來有個美豔的小妾，被賜死時，胡惟庸霸占了這個小妾。」

朱元璋聽了非常高興，這種事情可大可小，一切盡在朱元璋的手中。這一回，朱元璋決定要以這件事情大做文章。於是，朱元璋立刻叫來宗人府的人，說：「沒官女人只可以給有功的武臣，他胡惟庸一個文臣，怎麼能夠如此膽大妄為地亂了朝廷的規矩，這怎麼能行？你們一定要好好追查此事，定個罪來告訴我。」

後來，經過宗人府的徹查，此事屬實，按嚴辦之例，宗人府給了判胡惟庸罷官回鄉的處罰意見。朱元璋看了也不說話，只見他在判決書上打了個大叉，然後寫下五個大字：「腰斬，滅九族。」

就這樣，因為占了汪廣洋的一個小妾，胡惟庸被腰斬了，九族也遭災。同時獲罪的還有六部堂屬各官，有的罷官，有的關押，有的流放，有的斬首。然而，又有誰會想到，這僅僅只是殺戮的開始。

皇權的至高無上，一切都顯得理直氣壯，原本也許是屬於理的東西，但是在皇權的面前，都變得那麼不值一提。皇權的自我維護，皇帝的隨心所欲，都成了至理名言。

在以後的十多年的時間裡，開始走向老邁的朱元璋，在對極權的追求上變得越來越窮凶極惡，在對自己權威的維護上變得越來越歇斯底里。在處理許多事情上，朱元璋不斷地失誤甚至是犯錯，在面對已是很明顯的錯時，他要麼不去承認，要麼就是推給其他人。

聰明的朱元璋，在胡惟庸死了很久以後，還一直抓住胡惟庸謀反「罪狀」。只要是與他的集權有一絲悖逆的人與事，朱元璋就都把他放進胡惟庸案中，給他定一個萬劫不復的死罪。於是，胡惟庸謀反的死黨也被陸續地揭發了出來。

朝中的許多人，包括一些地方的官吏，認識與不認識胡惟庸的人，都因為胡惟庸的案子被牽連了進來。一時間，繁華的帝都金陵城，被弄得腥風血雨，人人甚感自危。

南雄侯趙庸、滎陽侯鄭遇春、永嘉侯朱亮祖、靖寧侯葉升等1公、21侯，最後連皇上自己的親家，一直感情頗深的李善長，他也沒有放過。為了表示自己的這種殺戮是正確的，朱元璋還特別親自作〈昭示奸黨錄〉，布告天下，訴說胡惟庸罪該萬死，必須進行殺戮。

朱元璋發起的抓胡黨運動，從洪武十二年起，延續長達十多年，直接受到株連殺戮的人高達三萬多，間接受害的人更是不計其數。案情內容也不斷擴展延伸，就連被貶到江西安遠縣的老夫子宋濂，也被牽連了進去。

有一天，朱元璋正在伏案批閱奏章。忽然，傳來輕輕的腳步聲。他頭也不抬地問道：「是誰？」

「是孩兒。」

扭頭一看，太子朱標臉色惶恐地肅立一旁。他放下手中的奏章，不解地問道：「標兒，發生了什麼事？」

「爹爹……孩兒是給宋老師求情來了。」朱標說道。

「為什麼？」朱元璋瞪大了雙眼。

朱標囁嚅地答道：「爹爹，宋老師，對我大明朝，忠心耿耿，並無大過。何必……非要置他老人家於死地呢？」

「這麼說，是為父我昏蒙不明，冤枉好人啦？」

「孩兒不敢。不過，孩兒的成長，除了嚴父慈母，全靠宋老師十餘載諄諄教誨呀。沒有宋老師，哪有孩兒的今天？請爹爹開恩，饒宋老師一命吧。」朱標抽抽搭搭哭了起來。

「朱標，你已經不是小孩子了，怎麼還這麼糊塗？我要殺他，除了他罪有應得，還不是為了爾後你能夠平安地坐天下。你認為對咱們有功，就不能殺嗎？告訴你，越是功勞大的，對咱們朱家的威脅就越大，不必再多說了，回去好好讀書吧。」朱標揩揩滿臉熱淚，腳步蹣跚地退了出去。

洪武四年，宋濂因一句「自古戒禽荒」的勸諫，被貶為江西安遠縣知縣。過了兩年後，宋濂才被召還。洪武六年，遷侍講學士，知制誥，仍在文學侍從之列。洪武九年，朱元璋又進行安撫：召他的次子宋璲為中書舍人，長孫宋慎為儀禮序班。他對宋濂調侃道：「宋先生，你為朕教導太子及諸王，朕也教誨了你的子孫呀。」

洪武十年正月，已經68歲的宋濂，以年老為由懇求致仕。朱元璋痛快地答應了，並賜給他一部《御制文集》以及許多貴重的錦緞。朱元璋對宋濂說道：「老先生，32年後，便是卿的百歲壽誕。那時，拿這綺帛做百歲衣吧！」宋濂感動得老淚縱橫，顫顫巍巍地高喊：「皇上的恩德，地載天覆，臣沒齒不忘！」

宋濂平安地回到家鄉，不置田產，不談朝政，唯以纂述和授徒為樂。每年九月十八，皇帝誕辰之期，他都長途跋涉來到京城祝賀壽誕。洪武十二年來祝壽時，他陪著皇帝登文樓，一步踉蹌，摔倒在樓梯上，跌得許久沒有爬

起來。內侍將他攙扶起來，仍然面色痛楚，氣喘吁吁。朱元璋看宋濂實在是老了，就憐憫地吩咐道：「老先生年事已高，明年不要再來為朕祝壽了。」

「謝皇上體恤老臣。」宋濂忙不迭地磕頭謝恩。

可是，到了第二年的「萬壽節」，因為胡惟庸的案子，朝廷氣氛十分緊張。朱元璋也是心緒不佳，忽然想到，宋濂往常年年來賀，君臣飲酒賦詩，談天說地，何等愜意！今年卻不見他的蹤影。由此可以看出，朱元璋早已經把去年吩咐宋濂的話給忘記了。於是，他命人潛往宋濂的老家暗暗查訪。

當使者來到宋濂的家鄉時，宋濂正在與幾個朋友飲酒賦詩。對於一個致仕高官來說，本來是件非常普通的事情，但朱元璋聽罷匯報，卻勃然大怒，認為宋濂不把皇上放在眼裡，於是想治他的罪。

可是朱元璋又轉念一想，宋濂以溫厚耿忠聞名朝野，如貿然下手，難免留下欲加之罪的話柄，那豈不是有損皇帝的聖明？他只得把一腔怒火壓了下來，等待找到口實再來問罪。

有一天，朱元璋訊問刑部一位姓郎的主事：「宋濂的孫子宋慎，與胡黨有沒有聯繫？」郎主事心領神會，立刻將宋慎「通胡始末」報了上去。於是，宋慎被列名胡黨，逮捕處死。宋濂次子、宋慎的叔叔中書舍人宋璲，則連坐被殺。緊接著，派人去抄了宋濂的家，將老人連同他的妻小、僕婦，一繩子拴到京城，下了大獄……

太子朱標正是得到師傅全家被抓，就要殺頭的消息後，找皇上為師傅說情的。不料，卻碰了個硬釘子。萬般無奈，他只好去找母親馬皇后幫忙。

馬皇后得知宋師傅大難當頭，心憂如焚。正當她焦急得坐立不安時，可巧皇上來到了乾清宮。看到皇上滿臉烏雲，肯定是有特別煩惱的事情，於是，馬皇后倍加小心地施禮讓座，然後小心翼翼地問道：「皇上今日臉色不快，莫非什麼人又惹你生氣啦？」

「你的好兒子，他身為太子，我為他掃清龍椅周邊的虎狼，他竟然給他們講情，你說可氣不可氣？」

「原來是為標兒生氣。」馬皇后沉默片刻又問道，「皇上，不知妾身該不該問，標兒到底做了啥糊塗事，惹得你生這麼大的氣？」

「宋濂一家是胡黨，我把他一家抓來應天等候處置。他竟然哭天抹淚地給他講情，絲毫不懂得我的一片苦心，簡直是糊塗透頂！」

「皇上，宋先生真的是犯了該死的罪過嗎？」

「哼，我能冤枉他嗎？」朱元璋見皇后淚流滿面，唉聲嘆氣地問道，「怎麼，莫非你也要為那老傢伙講情？」

「妾身不敢，只是皇上，民間為孩子請個教書先生，還像對待貴客似的，吃最好的飯食，永遠不忘人家的情分呢。這麼多年來，宋先生教太子和諸王唸書，盡心盡力，你怎麼就忍心殺他呢？」馬皇后急忙揩揩滿臉的淚水。朱元璋不願再聽下去，拂袖而去。

吃晚飯的時候，馬皇后陪朱元璋吃飯。她不飲酒，也不吃肉，只吃下兩口米飯，便放下了筷子。

「皇后，怎麼回事，莫非你病了？」

「不是。妾在為宋先生……祈福呢。」

朱元璋分明有些動情，勉強說道：「看在你們母子的分兒上，我饒了那老奸賊一命。」說罷，他放下筷子，起身離去。

死罪可免，但是活罪難逃。宋濂撿回一條命，被流放四川茂州充軍。已經是 72 歲的老翁，枷鎖銀鐺，好不容易到了夔州，已經是諸病纏身了。

這一天，宋濂來到一座破廟歇宿。寒風砭骨，老人蜷縮在神壇前，捫心自問，平生無愧天地聖賢、神佛皇帝，卻落到如此悲慘下場。天地雖大，哪裡去尋公道和正義？他越想越傷心，趁著押解人睡得正酣，他解下褲帶，顫

顫抖抖地在窗櫺上拴了一個繩結，引頸進去，了卻了可憐的殘生。

此外，還有華雲龍，他也是跟隨朱元璋南下定遠的 24 個心腹之一。洪武元年，在大將軍徐達指揮下北伐中原時，屢立戰功，於是華雲龍做了北平鎮守兼北平行省參政。

洪武三年，晉封淮安侯的華雲龍坐鎮元舊都，權重位尊，生活是日漸奢侈腐化，竟然忘掉了自檢。他不但住進了元丞相脫脫豪華的府邸，還使用了故元皇帝的龍床。朱元璋得知後，曾派專使斥責。但是華雲龍置若罔聞，依然故我，日夜沉湎酒色，連政事都懶得過問。

洪武七年六月末，朱元璋召華雲龍回京，起程不久便死在了途中。華雲龍的死也成一個謎，是驚嚇而死，還是自裁，亦或是被殺，不得而知。

在宋濂奉命為其撰寫的〈神道碑〉中，人們看到這樣幾句話：

> 侯從征四方，粗著勞孝。初無奇功駿烈照耀人之耳目。然而，封以大郡，
> 賜以封爵，寵恩之加不為不重矣。奈何，徇欲敗度，絕無憂國恤民之心，
> 乃知往古韓彭之流，怙功自專，卒致夷滅，皆其自取云爾。

自古至今，只要不是大奸大惡的人，死後所作的墓誌銘，無不是揚善避惡，極盡褒揚之事。一向溫厚誠篤、筆底生花的宋學士，給一個蓋棺論定的侯爺作墓誌銘，不但一反常規，毫無遮掩偽飾，而且公然與被劉邦殺死的韓信、彭越相比，由此可見，華雲龍並非是善終。

華雲龍死後，他的兒子華中還是襲了爵。後來，朱元璋讓華中負責治療李文忠。結果病人被治死了，他自然難逃懲治。等到洪武二十三年時，抓胡惟庸黨羽的風浪再起，華中則「名正言順」地成了「胡黨」。不過，此時他早已遺屍貶所了。

製造藍玉大株連

洪武二十六年，大將軍藍玉及其黨羽被殺，史稱藍黨之獄。藍玉是定遠人，他是名將常遇春的內弟。常遇春時常在朱元璋面前誇獎他，因此得到了朱元璋的器重，升遷很快。

從洪武四年至十一年，藍玉連續參加伐蜀，北征，討西番，多有俘獲。藍玉勇略超眾，有大將之才，多次立功後，得到了朱元璋的大加讚賞與厚待，自此便漸至驕蹇自恣。

朱允炆被冊立為皇太孫後，便成為了大明皇位的合法繼承人。隨後，朱元璋便任命了皇太孫的輔佐官：馮勝、傅友德為太子太師，藍玉職位略低一級，為太子太傅。此時，遠在西北前線的藍玉得知後，卻感到受了冷落，私底下一再發洩不滿。

其實，莽漢藍玉對太師、太傅究竟有多少差異，也並不是十分瞭解，他之所以要爭太師的名分，不過是不願屈居馮、傅之下而已。殊不知，他的牢騷不滿，傳到了萬里之外的朱元璋的耳朵裡，就成了爭權奪利，攻訐皇帝。

朱元璋想到已死的太子，年紀還小的皇太孫，想到有朝一日自己撒手而去，到那時又有誰能保證他們不起篡逆之心呢？想到此，朱元璋捫心自問，連聲哀嘆。

憂慮焦灼的朱元璋，常常夜不能寐。有時好不容易睡去，卻也是噩夢連連。不是這個手握重兵的驍將齊聲向他要爵位，就是那個莽漢領兵殺回京城逼迫他下野，甚至要把他拉出午門砍頭。越想越可怕，朱元璋凜然而起，在華蓋殿的方磚地上踱躞不休。剛剛走了不幾圈，右腿膝蓋一軟，便跪到了地上。

宮娥們急忙上前將他拉起來，扶上臥榻。喘息方定，朱元璋便作出了一個重大的決定：再興大獄，將那些覬覦皇位的武臣，再來一次總清理。正在

這時，傳來明軍北征捕魚兒海大獲全勝的好消息，而這場戰役的前線總指揮正是藍玉。

北征軍載譽歸來，朱元璋隆重設宴，為藍玉等功臣慶功。酒筵豐盛，朱元璋率先舉杯致詞。皇帝如此鄭重其事的祝賀，堪稱是恩寵有加。

此時，作為當事人的藍玉本應該是感激涕零。誰知，被勝利沖昏了頭腦的藍大將軍竟然忘乎所以，他不躬不揖，不跪不拜，竟然大模大樣地端坐在那裡，端起酒杯一飲而盡，然後大大咧咧地說道：「對藍某來說，掃滅那些小丑，不過是探囊取物，何足掛齒！」

如此傲慢無禮的行為，使在座的文武大臣們都感到十分驚訝，朱元璋心裡更是不快。他覺得，往常英勇善戰、恭順聽命的勇將，原來都是裝出來的假象，不由得在心裡罵道藍玉不知好歹。

藍玉生得高大魁梧，人稱紅臉大鬍子。他打起仗來，勇猛頑強，所向披靡，宛如猛虎下山，故而深得朱元璋的賞識。開國之初，藍玉就被封為了大都督府僉事。洪武四年，在傅友德麾下討伐明昇夏政權，連連奏捷。洪武五年，他擔任中路軍先鋒，率部大敗擴廓帖木兒於野馬川……

後來，雲南的平定讓藍玉功居榜首，年祿又加 500 石，朱元璋還冊封他的女兒為十一子蜀王朱椿的妃子，他成了極其榮耀的皇親國戚。洪武二十年，北徵納哈出時，馮勝為大將軍，傅友德為左副將軍，藍玉為右副將軍。當徐達、常遇春和李文忠這「開國三杰」先後去世後，藍玉實際上成了朱元璋所倚重的第一員大將。

藍玉面對接踵而至的俸祿與嘉獎，不禁飄飄然起來，從而把自謙和自律拋在了腦後。皇帝不計前嫌，依然如此倚重，藍玉本應勤謹惕屬，以報答皇帝的恩寵。然而，藍玉得意忘形，不識時務，把起碼的檢點都拋在了腦後。

藍玉從西北前線返京後，竟然帶著四員大將進宮覲見。朱元璋想單獨向

他面授機宜，便揮手命令隨從們離開。不料，皇帝連說了三聲，隨侍的將領依然像木樁似的站在原地不動，後來還是藍玉揮手示意，部將們才退了出去。

朱元璋勃然大怒，他沒想到藍玉比徐達、常遇春都厲害，訓練出來的部下只聽將領的話，卻不聽皇帝的聖諭。這樣的將領領兵去打仗，肯定會很有戰鬥力。可是，如果讓他擁有兵權，又真是一件非常可怕的事情。如果他成了軍隊的首領，朕又如何去統率三軍？想到這裡，朱元璋的眼裡露出凶光。

在對付藍玉的問題上，朱元璋是講究策略的。朱元璋首先向藍玉發出了警告，命人將藍玉的錯誤鐫刻於鐵券上，並時常譴責他的過失。但是藍玉卻並沒有理會，他未能從中看出問題。當朝見朱元璋時，他依舊是態度傲慢無禮。

同時，朱元璋大封皇子為王。洪武二十四年，皇十六子朱栴，皇十七子朱權，皇十八子朱楩，皇十九子朱橞，皇二十子朱松，皇二十一子朱模、皇二十二子朱楹等全都封了王，遍布大明王朝的多個角落。在北部邊疆，朱元璋布置了九個藩王，還給他們配備了足夠的精兵。這一切都為最後的行動創造了條件，只等著藍玉撞上獵捕之網。

此時的藍玉還沒有真正「明白」，他如此放肆地張揚權勢與威福，已經引起朱元璋的極大震驚與疑慮。儘管朱元璋依舊讓藍玉率軍去平息叛亂，但此時，朱元璋對他已經是心生嫌棄、嚴加防範了。

就在藍玉率軍去平息叛亂時，朱元璋立刻派出他的錦衣衛，把藍玉的情況摸清楚。此時的朱元璋已經下決心要除掉藍玉，但是他要給藍玉找一個「合適」的罪名。

第二天，便有錦衣衛的人回報：藍玉因軍功受寵後，人也漸漸驕傲恣肆，曾經縱容家奴侵占民田，御史對其家奴的不法行為進行質問，他就驅逐御史。藍玉帶兵北征回還，夜半來到喜峰關城下，要求開門，關吏限於制度

沒有及時開門，他就毀關而入。後來，又有人告發藍玉，說他私自佔有元朝皇帝的妃子，致使元妃因羞愧而上吊自殺了。朱元璋認為這其中隨便的一條都可以殺了藍玉。

藍玉在入朝見皇帝時，言語傲慢，不守人臣應遵守之禮。西征回師的藍玉，被命為太子太傅，但是他卻不願居於宋國公馮勝、潁國公傅友德之下；藍玉所奏諸事，因朱元璋討厭他無禮，很多話不願聽，更加怏怏不滿。藍玉和靖寧侯葉升是姻親，洪武二十五年葉升被追查是胡黨人物，被殺，藍玉不滿，又怕葉升招出他也是胡黨，於是萌發叛逆之心。

西征回師，藍玉見了朱元璋之後，覺察出自己已經處於危險境地了。於是，藍玉決定先下手為強。當時藍玉聯絡了各地的侯爵人士及其他一些文武將吏或子弟，曾經為藍玉部下或往來密切的人，他都派遣親信進行聯絡，召集他們在其私宅聚會。密謀集合諸將吏及其家奴，埋伏甲兵叛亂，確定日期為洪武二十六年二月十五日，藍玉想在皇帝出城躬耕籍田的時候起事。

藍玉的謀反計劃已經確定且正要實施時，被錦衣衛的人告發。朱元璋立即將藍玉逮捕入獄，並由吏部審訊。當吏部尚書詹徽令藍玉招出同黨時，藍玉大呼：「詹徽就是我的同黨！」話音未落，武士們便把詹徽拿下，審判官們目瞪口呆，不再審了。3 天後，朱元璋將藍玉殺死，隨後，便是大規模的株連和清洗。至此，胡、藍兩案，前後共殺 4 萬人。這兩次大清洗，進一步證明了朱元璋在皇權上的統治地位是不容動搖的。

怠慢功臣劉伯溫

　　朱元璋的功臣之一劉伯溫不但善謀略，而且精通天文。在古代，往往把觀測天文現象跟預測吉凶扯在一起。劉伯溫對天下形勢觀察仔細，考慮問題周到，他的預見往往比較準確。在民間傳說裡，甚至把劉伯溫當做一個「未卜先知」的神人。

　　求雨和平反本來是毫不相干的兩碼事，劉伯溫也不可能有求雨的法術，不過他懂得天文，能觀測到氣像要發生變化，就借這個機會勸諫朱元璋平反冤案。

　　劉伯溫執法嚴格，有一次，丞相李善長的一個親信犯了法，劉伯溫不顧李善長的阻撓，把那個親信給殺了。這件事招來了李善長的怨恨，只要一有時機，他就會在朱元璋的面前說劉伯溫的壞話。

　　劉伯溫又一次被解官還鄉時，心裡非常平和。每天他都會早早地起來，呼吸著新鮮的空氣，沿著屋後兩旁的竹林小道，隨心所欲地走上一會兒。一切都是這麼的悠閒自在、安詳和諧。曾經的軍師，安邦的勛臣，如今卻同那鄉間老人一樣，靜靜地享受著淡泊名利的鄉間生活。

　　曾經親身經歷元亡明興的整個過程的劉伯溫，深知一處地方治安不好，就會影響到多處地方治安的失控。於是，劉伯溫再也坐不住了，他寫了三千多字的摺子，請奏朝廷在談洋設立巡檢司，既可使國家增加稅收，又可保地方穩定平安。

　　劉伯溫的好友劉運知道此事後勸他說：「而今在朝廷主事的胡惟庸、汪廣洋都對你不滿，你不如待在家過自己的快樂日子，不去管他這些閒事。」

　　劉伯溫沉思了許久，最後，他還是決定將摺子交給兒子劉璉，讓他直接送給朱元璋。當掌管中書省的胡惟庸知道此事後，非常地憤怒，他憤憤地想道：「這個劉伯溫，還這樣看不起我？！」頓時，他萌發了要整一整劉伯溫

的念頭。為了謀求一個萬全之策，胡惟庸特意去了李善長的家。

李善長離了丞相任後，雖說有時還要到金陵去走走，但往日卻清閒了許多。李善長是朱元璋的親家，胡惟庸又是李善長的親戚，一下子，大臣與皇上的關係近了許多，胡惟庸膽子也大了許多，他簡直有恃無恐。

胡惟庸對李善長說了劉伯溫的兒子替父親直接向朱元璋上摺子的事情，還說劉伯溫目中無人，最後，他又說到徐達等將帥，對劉伯溫倒是言聽計從，對我們卻不怎麼看得起。

李善長點了點頭說道：「這對你我來說，確實不是什麼好事情。」

後來，李善長給胡惟庸想了個整治劉伯溫的方法，他指出劉伯溫誇讚故鄉青田地有文氣的「文」字換個字。

「王氣！」胡惟庸大聲地喊起來。他明白過來，又想了想說：「我就告他說談洋之地有王氣，想用來為自己做墓地。皇上知道了，豈能容他？」兩人商量著，談得唾沫四濺，越談越有勁。直到李善長有些倦了，胡惟庸才離開。

胡惟庸歡天喜地地回到府裡，興奮得一夜沒睡著覺。第二天，朱元璋差人來宣他去有事要問。回答了朱元璋要問的事情，趁閒聊時，胡惟庸有意地將劉伯溫誇他青田有王氣的事情，說給朱元璋聽。朱元璋很是憤怒，於是，剝奪了劉伯溫的俸祿。

劉伯溫作為一個傑出的政治家，他有著自己的政治理想和人生信仰。他出生於一個富有的地主家庭，從沒有在乎身外的金錢物質。他為官多年，最後雖身為御史中丞、太史令，但為官清廉，處處以國家利益為重，始終是兩袖清風。如今俸祿被剝奪後，劉伯溫一家上百口人，在生活上一下子陷入了困境。

可是，最可怕的便是說他想佔有王氣之地建墓，這在朱元璋看來是何等嚴重的罪名。劉伯溫苦苦地思考著，最後他決定赴京謝罪。

劉伯溫在金陵住下，也不去為自己作任何的辯解，默默地忍受著內心的壓抑，不久他便病倒了，日子也越發艱難起來。這一日，徐達及其他許多故友前來探望劉伯溫。

此時貧病交加、無藥無醫還無食的劉伯溫，正掙扎著坐在書桌前，翻看自己往日裡書寫的《郁離子》，見徐達等故友進來，將書放在桌案上，抬頭感謝地望著他們。看著蒼老的劉伯溫，徐達十分痛心，聲音淒然地呼道：「軍師！」

劉伯溫努力地掙扎了一下卻未能起身，徐達上前扶住劉伯溫，與同來的幾位故友，對劉伯溫深深一拜。這時，劉伯溫傷感地說道：「有你們的關心，我已經知足了，你們的心領了。甕中已經糧盡，是我劉伯溫無能，讓家人受苦，更讓我劉伯溫傷心。你們帶來的物品錢財，伯溫就收下了。只是，伯溫今生恐怕再難還你們的情，你們回去後就不要再來理我了，如果讓皇上知道了，恐怕會對你們不利。」

劉伯溫說的話，讓徐達等人心裡涼涼的。回到府裡後，徐達又派人給劉伯溫送去了許多生活上需要的物品。徐達是個忠勇之人，他決定要給劉伯溫討回一點公道。

有一次，徐達與朱元璋對弈後，對朱元璋說起了他與幾個故友去看劉伯溫的事情，最後他說道：「軍師是個文人，只說談洋有文氣，哪裡說什麼王氣？就算他真想去爭什麼王氣墓地，憑他的聰明，又怎麼會當眾說出來？」

朱元璋聽了，認為徐達說得有理，有些動心。後來，這件事情被胡惟庸知道了，他不能容忍徐達對劉伯溫的關心，更不允許劉伯溫有翻身的機會。他奉朱元璋之命在金陵找來醫生，去給劉伯溫看病，然後卻給了他一些致命的藥品。劉伯溫病情日益加重，在他只剩一口氣時，有人報告了朱元璋。

或許是想起了劉伯溫為大明江山所做的貢獻，朱元璋派人送給劉伯溫許

多東西，還特意寫了《御賜歸老青田詔書》，其內容是對劉伯溫「受冤」後的做法表示充分的肯定，最後，他親自派人護送劉伯溫還鄉。劉伯溫回到青田才三天，就永遠地閉上了眼睛。

關於劉伯溫的死因，在後來「胡惟庸案」發時，醫生供認是胡惟庸授意他去毒死劉伯溫的，這也成了胡惟庸的罪狀之一。

打擊大臣保皇威

朱元璋對中書省越來越不放心，雖然口頭上說，「朝廷紀綱，盡系於此」，但是實際上他對什麼事都不肯放手。軍隊的征發與調動，將帥的任命，策略的決策，朱元璋無不親自過問，大都督府實際上也是直接控制在他手中的。

中書省則不同，它是立法行政機構，國家政府的基礎，內有六部，外有各省，都在它的管轄之下。舉凡工農錢穀、訴訟刑罰、科舉學校、工程水利、官員任免等等，都在它的職責範圍之內，權力極大。作為中書省負責人的中書丞相，地位在一人之下、萬人之上。

同時，在中書省的幾名要員中，也出現了互相攻訐誣陷的現象，從而使得朱元璋不勝其煩。而主其事的丞相，任何事情都緊緊地抓在手裡，更使朱元璋心存懸念，他擔心宰輔擅權，大權旁落。在這之中，最早的一場撕咬，便是檢校楊憲將鋒利的爪子伸向了同僚張昶。

張昶原是元朝戶部尚書，奉命南下勸降朱元璋時，朱元璋愛惜他的才華，便讓他做了參政。張昶熟悉歷代典章制度，更熟知元朝禮儀規範，為新朝各項制度的建設建樹頗多，因此，很受朱元璋的器重。

此外，中書省內有一個朱元璋的寵臣，名叫楊憲。在朱元璋攻下集慶後，楊憲看準時機投身報效。此人寫得一手漂亮的四六文，處理政務乾淨俐

落，再加上伶牙俐齒，善於投人所好，很快便得到了朱元璋的寵信，命他做了監視將帥臣僚的檢校。

對於張昶淵博的學識和精明的辦事能力，楊憲既羨慕又滿懷妒意。於是，楊憲便主動聯絡，暗中窺視，很快，直爽的張昶便被楊憲抓到了把柄。

當時，元順帝依然占據著北方半壁江山，元將擴廓帖木兒還擁有相當強的實力。張昶出使被困，靦顏事敵，心中鬱悶不樂。有一天，在楊憲的追問下，張昶眼含熱淚，吐露了心事：「我乃元朝舊臣，如能回到元朝，仍不失高位厚祿。不幸，卻滯留在這裡，有國不能投，有家不能歸。妻子兒女遠在北方，他們的安危讓人記掛呀！」

張昶久歷官場，並非不知道戒備。殊不知，這個脅肩諂笑的楊憲，卻是一條咬人的惡狗。楊憲不但偵探到了張昶的內心祕密，而且拿到了他「陰謀叛變」的物證。

李文忠在收復杭州時，將元中書省平章長壽丑的遣送到應天。為了瓦解敵軍，朱元璋又把長壽丑的放回了大都。張昶曾經暗暗托長壽丑的帶去一道給元順帝的表章和一封家書。可是，不知什麼時候，這兩篇底稿都被楊憲偷了去。

楊憲喜不自勝，當即向朱元璋作了匯報。然後，楊憲從袖中抽出一疊稿籤，雙手呈給了朱元璋。朱元璋一看，勃然大怒：「不是愛卿發現得早，險些讓張昶的奸謀得逞，愛卿立了大功呀！」

當天夜裡，朱元璋便下令逮捕了張昶。張昶自知求生無望，在供詞上直言不諱地寫下八個大字：「身在江南，心繫塞北。」恩將仇報、與新朝為敵的傢伙，朱元璋豈能容得下他？張昶立即被砍了頭。

楊憲出賣好友的卑鄙行徑，雖然令不少人齒冷，但他卻更加得到了皇帝的青睞和倚重。楊憲為國除了奸，功勛卓著，儼然成為了皇帝的親信嫡系。

於是，楊憲在中書省內便更加趾高氣揚、不可一世了。

楊憲是個性情中人，他在劉伯溫手下工作了一年後，已深為劉伯溫的德智所折服，對劉伯溫也是心悅誠服，言聽計從。然而，也正因為如此，楊憲很快便遭到了不幸。

這一天，翰林編修陳桱前來拜訪，楊憲拿出自己刻的一方印章讓他看。陳桱端詳一番，恭維道：「這方印章，章法端莊俊秀，一派大富大貴的氣象。」

第一次得到這樣的恭維，楊憲內心非常高興。他立刻奏請朱元璋，將陳桱提升為翰林院待制。對於楊憲的脅肩諂笑和驕橫奸詐，左丞相李善長早有察覺，他決意找到時機將其除掉。但是，眼下楊憲恩寵有加，不能操之過急，要尋找更加合適的時機再下手。

洪武二年九月，楊憲被升任為右丞相，隨即便成了李善長的主要助手。在洪武三年初，朱元璋又把汪廣洋安排在左丞相的重要位置上。楊憲與汪廣洋長期共事，官品一直都比汪廣洋高，現在汪廣洋突然壓在自己的頭上，心中便是老大的不快。在每次遇到事情時楊憲也不肯謙讓，甚至有意頂撞。汪廣洋處處退讓，使得楊憲更加得寸進尺。

隨後，楊憲唆使御史劉炳彈劾汪廣洋奉母不孝，此時的朱元璋也正感到汪廣洋辦事不力，便罷免了汪廣洋的左丞之職，命他回老家高郵奉母思過。楊憲為了討好皇帝，同時也是為了自己的提升掃清道路，他對汪廣洋再下一石，讓部下劉炳上本，請將汪廣洋貶謫海南，以示懲戒。

朱元璋正在後悔對汪廣洋的處罰太重了，劉炳的落井下石，使他覺得裡面似有蹊蹺。於是，朱元璋突然命人逮捕了劉炳，劉炳招供說他的所為，完全是聽從楊憲的唆使。

這時，李善長看到機會來了，他趁機全面揭發了楊憲的種種不法罪行。朱元璋聽後大怒，把楊憲和劉炳同時處死了，他終於出了心中的惡氣。朱元

璋得意地在心裡念叨著：「普天之下，莫非王土；率土之濱，莫非王臣！哪裡容得你等胡作非為！」

再說汪廣洋，他其實是個很倒楣的丞相，早年便被楊憲排擠。楊憲被處死後，汪廣洋回到了中書省，可他又始終都在胡惟庸的威勢之下。汪廣洋知道，胡惟庸主要是因為有李善長的勢力相支持，才敢如此的橫行霸道。

汪廣洋不願長久地屈居於胡惟庸的威勢之下，便暗中蒐集李善長的不法證據。因為，在他看來，只要把李善長徹底整垮，胡惟庸也就橫行不下去了。當汪廣洋有了一些想法時，他便邀來密友御史大夫陳寧。

陳寧是個正人君子，平日裡看到胡惟庸的所作所為就非常生氣。這時，汪廣洋信心十足地對陳寧說：「只要我們一起參劾李善長有『大不敬』之罪，皇上一定會對他嚴加處治，我已經蒐集到了關於他對皇上的不敬之罪？」

「哦，快說給我聽聽。」陳寧說道。

「一是在皇上生病時，胡惟庸不去探望；二是胡惟庸縱容兒子六日不上朝，同時也不去向皇上請罪。」汪廣洋說道。

「這兩條，要算也可以算得上是不敬之罪。」陳寧說，「只是，這胡惟庸深受皇上信任，就這麼兩條罪，能參倒他嗎？」

汪廣洋自信地點點頭。自己經歷了起起落落，汪廣洋現在心裡很清楚，只要是皇上想扳倒的人，你隨便找個理由就能參倒他。現如今，離了職的李善長與胡惟庸他們走得這麼近，這肯定是朱元璋忌諱的，汪廣洋看清了這一點，他要出面幫他的皇上一個忙，扳倒了李善長，也幫了自己一個大忙。

西元 1376 年的某一天，朱元璋的御案上，放了一份汪廣洋與御史大夫陳寧共同上的摺子。朱元璋久久地望著摺子，汪廣洋參李善長的「大不敬」，只說了兩件事，這對朱元璋來說，已經是足夠了。經過一番考慮，朱元璋下令每年減去李善長一半的俸祿。

李善長立刻就明白了，他在家裡靜修靜養，還吩咐兒女們，凡事不可以張揚。可是胡惟庸心裡還不明白，他經常跑到李善長家裡，大發牢騷。

李善長憂鬱地說：「這說明皇上不喜歡你我靠得太近，你再去替我說話，恐怕我們都只會大禍臨頭了。」

胡惟庸聽了心中一驚，開始有了一些伴君如伴虎的憂慮。與此同時，胡惟庸便將所有的惱怒都轉移到了汪廣洋的身上，對他恨得咬牙切齒。於是，胡惟庸又去與李善長商量，應該怎麼整倒汪廣洋。

可是，經過皇上的這一次不輕不重的敲打，又看到劉伯溫的下場，已過古稀之年的李善長似乎感到事情有些不妙。於是，他閉目養神，不願就此事再與胡惟庸討論下去。

胡惟庸坐了一會兒便告辭回府了。胡惟庸是個心胸狹窄的人，在以後的幾天裡，他都在一門心思地想應該怎樣除去汪廣洋。終於有一天，胡惟庸想出了個可以置汪廣洋於死地的萬全之計。

這一陣子，胡惟庸在朱元璋面前確實很受寵，因為朱元璋離不開他。胡惟庸有許多事情要去請教朱元璋，朱元璋也有些事情要問胡惟庸。兩人常在一起，相處的時間雖然很多，但是卻一直都沒有找到機會。

有一天，朱元璋與胡惟庸談起了「國子監」的事情。朱元璋當了皇帝之後，為了培養和提拔新的力量，專門成立了培養人才的國子監。

「皇上為讀書人提供了入仕、升遷的機會，真是一件於國於民功德無量的事情。」胡惟庸說。

「對這些新科進士和監生，我們倍加厚愛，要經常教育他們，盡忠至公，千萬不要為私利所動！經過三五年的努力，一定要培養出一些像你們這樣的人才。」朱元璋望著胡惟庸語重心長地說。

胡惟庸聽了，連連點頭稱是，然後謙虛地說：「我們算不上什麼人才，

國子監有陛下的關懷，今後培養出的人才，一定會有像劉伯溫和李善長那樣的大人才。」

朱元璋聽了，想起劉伯溫的種種好處，不由得微微地嘆了口氣，說：「可惜劉伯溫已經死了！」

「是啊，真可惜。如果劉伯溫在地下知道陛下還在掛念他，一定會感激不盡的。」胡惟庸恭敬地望著朱元璋，稍停一會兒，又似乎是輕描淡寫地說，「對於劉伯溫的死，朝中有些說法。」

「什麼樣的說法？」朱元璋急急地問道。

「汪廣洋，曾對人說劉伯溫是我設計謀害的。」說這話時，胡惟庸聲音很小。

朱元璋聽了，睜大了眼睛望著胡惟庸，胡惟庸故作誠惶誠恐的樣子望著朱元璋。朱元璋說道：「這汪廣洋無事生非，實在可恨！」

因為朱元璋心裡有鬼，對此事他是很敏感的，於是，他立刻訊問了汪廣洋。汪廣洋根本就不知道此事的內幕，自然是矢口否認。朱元璋正要找機會替自己洗刷，便以「朋黨包庇」之罪，將汪廣洋削職奪祿，遠貶海南島，永不敘用。可是，就在汪廣洋離京不久，朱元璋忽然又改變了主意，他派使臣追上去，宣布就地處死，並且還列舉了汪廣洋一大堆的罪狀。

老實人汪廣洋聽完敕文後，滿腹含冤，唯有對天長嘆，然後引頸就戮。隨行的小妾陳氏，抱著丈夫的屍體大哭一場，想想自己走投無路，搶過公差的佩劍，自刎而死。汪廣洋本來是一個能文能武的人，由於在那樣的環境中，終只能成為大明王朝歷史上最懦弱無為的一介文臣。

實際上，朱元璋之所以升胡惟庸為左丞相，又恢復汪廣洋右丞相之職，目的就是想讓汪廣洋來牽制胡惟庸，不讓出現胡惟庸獨掌相位的局面。可惜汪廣洋在官復相職後，變得更加膽小怕事，遇到事情也儘量採取迴避的態

度，也不敢與胡惟庸進行對抗，根本就沒有造成牽制胡惟庸的作用，反而使胡惟庸的權力越來越集中。這令朱元璋大失所望。

一個人如果心胸狹窄，總是想去害別人，最終只會害了自己，因為他一方面在不斷地樹立反對派，而另一方面也隨時會給加害他的人以機會。

當年，奸詐的楊憲就是搬起石頭砸了自己的腳，但是汪廣洋卻是因禍得福，他不但復了職，還被晉封為「忠誠伯」。但是，汪廣洋的復職，對李善長來說，卻是個不祥之兆。李善長認為，這是朱元璋在易相問題上幾經動搖後，終於要付諸行動，而矛頭所指的也正是自己。

李善長在處理政務時的能力是極強的，在朱元璋每次率部出征時，也都是安排李善長做留守。李善長不僅能使後方綏靖寧靜，有條不紊，而且還能保證糧秣輜重的源源供給。

朱元璋征戰十多年，經歷過許多生死的關鍵時刻，每每都能殺死對方，而保全自己，才有了今天的大好局面。殺人對朱元璋來說，是件非常輕而易舉的事情。只是如今殺的人，大多是與自己並肩作戰的人。

這時，吏部的張富戶來了，說有重要事稟報。他說道：「李存義家的管家招供李存義和李佑曾夥同胡惟庸謀逆，現在人已交宗人府那兒押著。」

朱元璋不由得皺了下眉頭，這李存義是李善長的親弟弟，李佑是李善長的親兒子，他們也會謀反嗎？朱元璋的臉色突然變得嚴肅起來，他命人把宗人府的趙成叫來。當趙成顫抖著從懷裡掏出李存義家的管家的供詞時，朱元璋認為張富戶的話是屬實的。

朱元璋瞪大眼睛，破天荒地發出一道處置謀反者的聖旨：「李存義與李佑都免死，貶到荒涼的崇明島上流放。」

朱元璋看了李善長的面子，給了他們這麼一個天大的恩惠，非但沒有牽連李善長進來，連他謀反的弟弟和兒子都沒有殺。按理，李善長受到如此殊

遇，應該上書謝恩。

可是，李善長卻一直沒有半點表示，朱元璋感到異常憤怒。李善長的地位，不僅榮列開國功臣之首，他和他的兒子犯下死罪，也可以免死，他甚至可以「免二死」，皇恩浩蕩，位極人臣。可是如今皇帝為何對自己疏遠，甚至露出生嫌的神色呢？李善長百思不得其解。一輩子善揣聖意的李善長，也不明白朱元璋此刻的憤怒。

這時，岌岌可危的李善長，還在心裡埋怨朱元璋，怪他不該將自己的弟弟和兒子流放到荒涼的崇明島上去。如果當時，他懂得王者的田土，王者的疆土，只應順從統治者的聲音，如果他能夠認真思考一下，就不會有以後的災禍。可是他現在心裡憋著一肚子氣，便也想不了那麼多了。

而此時的朱元璋已經把李善長當作了要剪除的對象，他祕密安排錦衣衛得力親信，暗中監視李善長的一舉一動，探聽李善長在下面說的每句話，隨時準備抓住李善長的把柄，把他逮捕起來。

李善長對朱元璋懷疑自己這一點絲毫沒有一點兒心理準備，總以為自己是朱元璋的老朋友、老部下，還像從前一樣敢說敢諫。當李善長看到朱元璋自從當了皇帝之後大興土木，修造宮殿，追求享樂的時候，就忍不住批評朱元璋幾句，有時還在群臣面前向朱元璋進諫，這就更加深了朱元璋對他的反感。

朱元璋不但拒絕聽李善長的勸諫，反而怒斥李善長目無君主，妖言惑眾。李善長幾次勸諫被斥責，心裡有怨氣免不了私下發幾句牢騷。這樣一來給錦衣衛的人抓住了話柄，他們又添枝加葉地胡編亂造了一些報告給了朱元璋。

朱元璋自然是信以為真，他派人將李善長及所謂同黨一起抓了起來，列舉了 12 大罪狀。隨後，那權傾一時，一人之下、萬人之上的李善長被殺害了，並且還被滿門抄斬，在這次大屠殺中，有 2 萬多人被殺。

　　但是，在李善長的親人當中，也有沒被殺害的，這就是李善長的長子，他也是朱元璋長女臨安公主的駙馬。朱元璋經不住臨安公主的苦苦求情，這才開恩饒了李善長的長子一命，也算是給李善長保留了一絲血脈，罰他往江浦流徙。

　　在李善長死後的第二年，虞部郎中王國用卻上書來為李善長叫屈，他說道：

李善長一直與皇帝陛下同心同德，南征北戰，冒著千難萬險取得了天下。他不愧是大明王朝的第一勳臣，生時被封公，死了被封王。李善長已經是一人之下、萬人之上，到了頂級。他這樣的一種情況，卻要說他圖謀不軌，恐怕難以讓人相信。現在說他要幫助胡惟庸謀反，實在是荒謬。李善長與胡惟庸，就像是兄與弟的感情，李善長於皇帝陛下，卻有著子與女的感情。假使李善長要幫助胡惟庸篡奪帝位，只不過勳臣第一而已，哪裡又比得上他今天所得的地位？而且，李善長難道會不知天下是不可以憑了僥倖就可以奪取的……如今李善長已死，再說也沒有用，只請陛下能作為一個教訓來防止將來再出現這樣的事情。

　　或許是殺了李善長之後，朱元璋自己也有些後悔，當他看了虞部郎中的上書後，也並沒有去怪罪他。

　　有一天，朱元璋對身邊幾個大臣說：「以一個人的智慧計謀，處理全天下的事，朕固知其難。每當諸事糾葛繁複，朕便想，如果左右的人能竭誠盡意，幫助拿個主意該多好。可惜呀，披肝瀝膽者少之又少，固位偷安、默而不言者，卻大有人在。他們自以為得了為官之道，殊不知百世之後難逃清議。」

　　大臣們聽後，除了連連高喊「吾皇聖明」，誰還敢妄置一詞？只求在阿諛奉迎之下來全身保祿。

　　朱元璋曾經設立過一個機構叫做「執法議禮司」，司內設有白牌若乾面，上寫「執法議理」四個朱紅隸字。倘若遇到皇帝處事失誤，允許大臣手執白

牌直言進諫。但是，對於一個威猛如虎、喜怒無常、千猜萬忌的皇帝，又有多少人不顧生死敢冒險直言呢？

這樣一來，更加是離心離德和彼此猜忌，死氣沉沉的空氣瀰漫在朝廷之上。萬歲的呼喊聲越高，朱元璋的內心也就越不放心。他知道，要想把臣下都捏在手心之中，最好的辦法便是加強監視。戰爭年代，朱元璋主要是透過廣收義子來做耳目。建國後，朱元璋則多用太監來當眼線。

浙江紹興府有一位老儒名叫錢宰，他已經 70 多歲了，還被強徵到京城來編書。由於年老力衰，精神怠倦，有些苦不堪言。有一天，錢宰倚在桌上，隨口吟出了心中的痛苦和思念：

四鼓咚咚起著衣，午門朝見尚嫌遲。
何時得遂田園樂，睡到人間飯熟時。

第二天，朱元璋在文華殿宴請眾臣，老儒錢宰有幸入席。飲酒間，朱元璋不經意地問道：「錢宰，你昨天作詩了嗎？」

錢宰愣在了那裡，說道：「臣沒有作詩，只不過是隨口瞎哼罷了。」

「唸給朕聽聽好嗎？」朱元璋面帶慍色地說道。

錢宰只得戰戰兢兢複述了一遍。朱元璋嗔道：「朕何曾嫌你遲過？」錢宰嚇得慌忙跪了下來。

「看在你年老體衰的分兒上，朕不加罪。你回家『遂田園樂』去吧。」幸運的老儒，從此以後總算得到瞭解脫。

而當時被稱為文臣之首的宋濂，也是朱元璋不放心的人物。有一次宋濂在府上宴客，朱元璋密遣人監視，察看這個老實人是否表裡如一。

第二天，朱元璋問宋濂：「昨天你飲酒了嗎？」

「是的。和幾個較熟的朋友，在一起聚了聚。」宋濂直言不諱。

「都請了哪些客人？」朱元璋又問道。

　　宋濂被驚嚇得出了一身的冷汗，他不知有什麼事將要發生，只好把昨晚喝酒的幾個朋友的名字一一都說了。聽到宋濂如實的回答，沒想到朱元璋哈哈大笑起來，滿臉得意地說：「你果然沒有騙朕，是個坦蕩的君子。」宋濂這才鬆了一口氣，急忙磕頭謝恩。

　　國子監祭酒宋訥也是很得朱元璋信任的。有一天上朝時，朱元璋突然問道：「宋祭酒，昨天，你有什麼煩心事？」

　　「沒，沒有煩心事呀！」宋訥口吃地回答。

　　「那，你為何獨坐發怒呢？」

　　宋訥大驚，急忙答道：「昨天，一個監生顛跑而跌倒，摔破了手中的茶具。臣覺得有失斯文，於是喊來訓導了一通。皇上是怎麼知道的呢？」

　　朱元璋從袖中遞給宋訥一幅畫像，原來正是他發怒時的樣子，不知什麼時候被人偷偷畫了下來。宋訥嚇出一身冷汗，急忙跪倒在地。從此之後，宋訥在言行上再也不敢有絲毫的馬虎。

　　朱元璋認為，不論是君與臣的關係，還是官與吏的關係，通通都是主與奴的關係，也就是在上者要駕馭在下者。對於朱元璋來說，威與罰已經漸漸成為了一種思維的慣性和生活的必需，隨著皇權的鞏固，他的性情也顯得越來越暴躁了。

失信大臣李文忠

　　洪武十七年三月，朱元璋的親外甥、年僅 46 歲的李文忠突然死亡。李文忠原名李保兒，父親是李貞，母親是朱元璋的二姐。

　　自進入定遠以後，朱元璋的名聲日益增大，他的二姐夫李貞便攜著兒子李文忠前來投奔。隨後，大哥重五的兒子朱文正也奔來認叔叔。朱元璋非常高興，孤身一人 10 多年，如今有了姐夫，有了兩個侄兒，還有了一個義子，

朱元璋頓時眉開眼笑。

當時還正處在戰爭環境中，朱元璋讓 3 個孩子除了學習武藝之外，還讓他們努力學習儒家經典。李文忠學得最用心，後來還專門拜著名學者范祖幹、胡翰為師，學習經史與詩賦。

隨著年齡的增長，李文忠不僅文化提高，武藝精進，而且熟知韜略，頗有儒將風範。他在 20 歲時便跟隨鄧愈、胡大海攻下了嚴州，隨即做了嚴州鎮守。

李文忠與張士誠進行了長期的對抗，張士誠傾數十萬兵力不能前進一步，為朱元璋免去了南顧之憂，集中力量在西線與陳友諒一決雌雄。洪武二年，李文忠配合徐達、常遇春北伐，追擊元順帝。

在凱旋途中，常遇春暴斃。隨後，李文忠受命接替了常遇春副將軍之職，配合徐達進行西征。軍隊到了大同時，被殘留的元軍包圍。援軍未到，形勢危急。李文忠便使用計謀聲東擊西，巧妙地和元軍進行周旋，最後，終於使戰爭轉敗為勝，一舉斬獲了敵軍數萬人，因而再次受到了朱元璋的嘉獎。

洪武三年北征沙漠時，徐達為征北大將軍，李文忠任左副將軍，成為徐達手下的第一副統帥。在追擊擴廓帖木兒時，李文忠率部北出居庸關追擊元主。徐達在沈兒欲大破擴廓帖木兒，李文忠同樣連連告捷，俘獲了元順帝的孫子買的裡八剌以及后妃宮人、諸王將相等數百人，部眾五六萬人。戰後大封功臣，這位年僅 31 歲的大將被晉封為曹國公，並出任大都督府左都督一職。

洪武五年，李文忠與徐達、馮勝兵分三路再次北征。這次戰役，只有西路軍馮勝獲得了勝利，中路徐達和李文忠的東路軍都是損失慘重。此後，李文忠便長期鎮守北疆。當朱元璋為了震懾權相胡惟庸時，才把李文忠調回了京城，並且坐鎮大都督府。

留下千古遺憾

朱元璋在即位之初，便追封二姐為孝親公主，一年後，又改封為隴西長公主，李貞則被封為恩親侯駙馬都尉。當李文忠被封為曹國公時，李貞推恩也被封為曹國公，並為他們在京城西華門玄津橋上建造了府第。朱元璋以及太子、諸王，經常會去府上問候起居。

洪武十二年，李貞因病去世，朱元璋追封他為隴西王。朱元璋對李家恩寵厚愛勝過任何人，特別是皇外甥李文忠，實際上他也已是位極人臣了。

其實，以李文忠的智謀和能力來說，讓他擔任統領全軍的大都督是勝任的，對此朱元璋的兒子們也望塵莫及。李文忠也是感恩戴德，勤謹效力。雖然李文忠的威望與地位日益提高，但是朱元璋卻從來都沒有擔心過自己的親外甥會做出不忠於自己的任何舉動。

然而誰也沒有料到，禍起蕭牆。李文忠在嚴州的一件舊事，傳進了朱元璋的耳朵裡。這時，朱元璋才如夢初醒，深悔對這個表面忠厚能幹的親外甥，失去了應有的防範意識。

李文忠在鎮守嚴州時，僅是個二十歲的青年。堂堂重臣，又是統帥的義子、親外甥，自然是人人巴結的對象。因此，有幾個懷有私心的部下，便引誘李文忠尋花問柳。

此時，嚴州有一個極其漂亮的妓女，叫韓可兒。誰見了她都要駐足留戀，不忍離去。這一天，不諳風月的李文忠，被引入了韓可兒的香閨，一見之下，魂蕩心搖，忘記身在何處。隨後，部下們又把韓可兒接到了衙門裡，供李文忠長期享樂。

可是，天底下沒有不透風的牆。此事被在嚴州供職的檢校楊憲知道了，為了向朱元璋邀功，他便把這件違犯軍令的事祕密報告了朱元璋。前線將士取小納妾，朱元璋一向公開支持，但是卻嚴禁出入青樓妓館，飲酒狎妓，以免渙散軍心，洩露軍情。

而此時身為一方總指揮的李文忠竟然知法犯法，對自己的警告置若罔

聞，朱元璋被氣得暴跳如雷。於是，他立刻派人趕到嚴州，將妓女韓可兒處死，並把李文忠帶回京城問罪。

馬皇后得知外甥被拘，害怕脾氣暴躁的朱元璋魯莽行事，急忙對朱元璋進行勸阻。馬皇后語重心長地勸道：「小孩子血氣方剛，喜歡上好看的女人，不足為奇。何況他還是受到了壞人唆使，你狠狠責罵他幾句就是了，千萬不要太難為孩子呀！」

「都是二十幾歲的人啦，還是小孩子嗎？他把我的諄諄教誨，當成耳旁風，豈可饒恕？！」朱元璋憤怒地說道。

馬皇后仍然耐心地勸說道：「事情不能只看一面，嚴州地勢險要，保兒（李文忠的小名）威震一方，將順民安，張九四（張士誠的原名）畏服，這是他的功勞，也是他的大節。您是一國之君，凡事可不能只由著自己的性子來，更不能因小失大，得顧國家社稷呀！」

「那我就饒恕他這一回？」朱元璋猶豫起來。

馬皇后又說道：「前方不可一日無帥，狠狠教訓他一番後，叫他立刻回去好好任事吧。」朱元璋覺得夫人的話句句在理，只把李文忠叫來，當面訓斥了一頓，然後放他回到嚴州繼續任職。

李文忠回到嚴州後，害怕與恐懼使其終日忐忑不安，做事情也是無精打采的，夜裡還常常從噩夢中驚醒。這一切都被手下的儒士趙伯宗、宋汝章看在眼裡，因此，他們勸李文忠早做防範。但是一說到防範，李文忠頓時沒了主意。

「眼前的路只有一條。」趙伯宗成竹在胸地說道。

「什麼路？你們快說。」李文忠急切地說道。

「那就是去投靠張士誠。」宋汝章說出了謎底，「將軍這次能夠安全歸來，也算是萬幸啦。如果下次再去，那恐怕就是凶多吉少啦，還是早做打算為好。」

留下千古遺憾

李文忠經過反覆地思索，覺得部下的擔心也不無道理。於是，他派趙伯宗和宋汝章去杭州與張士誠的弟弟張士信祕密進行聯絡。朱元璋的親外甥願降，張士信自然求之不得，當即應允，李文忠又立刻與郎中侯原善商議投降的條件。

恰在這時，京城的使者來到嚴州，傳召李文忠立刻返京。李文忠猛吃一驚，認為是事情敗露了。但是，當他反覆看過朱元璋的親筆書信後，並沒有顯出絲毫的異常，方才稍稍定下心來。

李文忠返京後，朱元璋親切地向他詢問著前線防務，並面授攻防機宜。接著，舅母又跟他親密交談，讓他處處謹慎，好生撫慰將士。離開時，朱元璋不僅叮囑再三，而且賜給他名馬、金銀。

李文忠一則以喜，一則以悔，一則以懼。喜的是，舅父和舅母並未對自己產生疑忌，並且還是關愛有加；悔的是，不應該聽信讒言，從而產生了離異之心；懼的是，叛降的事一旦透露出去，舅父不會輕易放過自己。

回到嚴州後，李文忠便埋怨起侯原善和聞道遵，說道：「我幾乎被你等誤了！倘若事情洩露，我有什麼臉面見父帥？你們說，此事該當如何處置啊？」

侯原善答道：「現在有個妥善的法子，那就是讓趙、宋兩人，從此不再說話。」李文忠心領神會。當即下帖，請趙伯宗、宋汝章來太守衙門赴宴。等到兩人被灌得酩酊大醉，然後遣人用船送他們回去。當船行到一個叫大浪灘的地方時，趙伯宗、宋汝章便被幾個壯漢扔進了急流之中。從此，神不知、鬼不覺地去掉了一塊心病。

可是，正當李文忠春風得意、越來越顯要的時候，株連甚廣的胡惟庸案子扯出了這件公案。雖然事情已經過去了 10 多年，但還是令朱元璋感到震驚萬分。

朱文正是親侄子，李文忠是親外甥，都是自己一手撫育培養起來的至親。他待兩人情逾手足，恩同父子。不料，一有風吹草動，便離心離德，不惜叛離而去。這使朱元璋又驚詫，又傷感，又痛恨。

朱元璋越來越意識到，在權力和利益的誘惑下，沒有信義和親情可言，有的只不過是權詐和血汙。自古至今，為了皇位這塊誘人的香餌，曾經發生了多少子弒父、父殺子、兄弟相殘、親黨互誅的慘劇！此時的朱元璋當然知道，眼前還不便對這個手握重兵的李文忠動手。他要仔細觀察，然後再決定應該採取哪種措施。

在此之前，朱元璋對李文忠的進言，十分樂於聽取，看成是股肱心腹的肺腑之言。可是現在，不論李文忠的話是否有道理，朱元璋都要認真咀嚼，看看其中是否隱藏著不可告人的陰謀陷阱。

有一天，李文忠對朱元璋誠懇地勸道：「陛下，人才難得，人命關天呀，還是多給人留一條生路為是啊！」朱元璋把臉一沉，告訴他說知道了。

過了一些日子，朱元璋決定裁減宦官，李文忠趁機勸諫道：「陛下鑒前代之失，不準宦官干政，又裁減宦官員缺，真是天縱之聖。但據臣看來，宮中冗員依然過多，應該再裁減一些。」朱元璋一聽勃然大怒，把李文忠當面斥責了一番。

李文忠一片忠心進言，卻遭到狠狠的叱責，後悔得狠捶自己的腦袋。戰戰兢兢地回到家中，李文忠始終猜不透，舅父突然對自己如此冷淡和厭煩，到底意味著什麼？

幾天後，一群武士闖進府來，將李文忠手下的幕僚全部都捉走了，後來，沒有經過審問便都給殺掉了。李文忠驚詫莫名，不知屬下犯了什麼罪過。這時，他突然想起了十幾年前在嚴州策劃叛逃的事情，莫非是那件事情東窗事發啦？可是，牽線的人早已經被滅了口呀，祕密應該不會被洩露出去

呀？李文忠百思不得其解。

心裡的疑問解不開，李文忠越想越感到大事不妙。因此，他夜長難眠，飲食銳減，很快就懨懨病倒了。到了洪武十七年歲首，李文忠的病情越發嚴重，骨瘦如柴，臥床不起。

朱元璋派太子朱標前去探病，朱標噓寒問暖，關懷備至。接著，朱元璋又派遣淮安侯華中，督理御醫診斷治療。無奈，李文忠的病，是因驚懼憂慮而得，乃是心病，就算是華佗再世，恐怕也難以妙手回春，藥到病除。

正月二十七日，朱元璋駕臨探視。李文忠見舅皇駕臨，枯黃的瘦臉上掠過一絲希望的光彩。他強打起精神，要家人扶起來見駕，朱元璋急忙上前制止。他坐到床前，仔細地詢問外甥的病情。

李文忠喘息著，斷斷續續地答道：「舅舅，孩兒……恐怕，難以……為舅舅，盡忠，盡孝了。」

「不要這麼說，你會好起來的。」朱元璋蹙著眉頭進行安慰。

李文忠深受感動，凹陷的眼角滲出了兩行熱淚，喘息著答道：「孩兒在嚴州任職十多年，很得……舅舅的信任。可是孩兒，卻有一件……一件愧對舅舅的事。這件事情，長久地壓在孩兒的心中，一直不敢……」說到這裡，李文忠嘴角抽搐，哽咽難言。

朱元璋安慰道：「孩兒，那都是過去的事了，舅舅什麼都知道，如果不肯寬容你，把什麼事都記在心上，你也成就不了後來的功業。舅舅今天給你帶來了御醫調製的保春回陽丹，你服了後，很快就會復原的。」

「孩兒，不知怎麼……感謝舅舅的……再造之恩。等孩兒……病好了……一定百倍、千倍地……報答……報答你老人家。」

「不要勞神多說話，你就安心靜養吧。」朱元璋說道。看到外甥的虔誠與痛苦，朱元璋神色憂戚地站了起來，急匆匆地離開了。

當壓在心底的一塊石頭落了地時，李文忠倍感輕鬆。家裡人更是無比興奮，皇上駕臨，聖恩隆渥，而且帶來了靈藥，一家人趕忙給李文忠服下皇上親自送來的「保春回陽丹」。

但是，誰都不曾想到的是，在皇帝探視後的第三天夜半，叱吒風雲二十載、戰功赫赫的大將軍，竟然撒手人寰！這年，李文忠才 44 歲。噩耗傳來，舉朝震驚。剛剛聽說皇上親自探視後，大將軍病情好轉，怎麼會猝然而死呢？

正在朝野迷惑不解之際，給李文忠看病的郎中及其親屬 100 餘口，也被抓起來處死了。公布的罪名是：借看病之機暗下毒鴆，毒死了曹國公。欲蓋彌彰的朱元璋所做的一切，也露出了自己的狐狸尾巴。不然，他為什麼要殺郎中的全家滅口？這個留給歷史的「謎團」，在明眼人看來，根本不是謎。

猜忌馮勝留憾事

朱元璋身邊的虎將馮勝，衝鋒陷陣，所向披靡。他跟隨徐達多年征戰，屢為先鋒，地位僅居常遇春之次。馮勝的不足之處是急躁輕信、疏狂驕縱。洪武二十年時，馮勝擔任征虜大將軍，遠征金山納哈出。在發生了常茂與納哈出的衝突之後，馮勝果斷地採取了安撫降將、收服潰卒的方略，最後大獲全勝。

但是，此時的馮勝早已經把軍紀拋在了腦後，他藏匿良馬，搜求珍寶，甚至強娶降將之女。結果，馮勝受到了朱元璋的懲治，在大軍凱旋而回的那天，他被繳了大將軍印，並且被撣回鳳陽老家閒居。受他的連累，許多立功的將校也沒有得到獎賞。

回到老家的馮勝仍然不知檢點，對於子弟、奴僕的為非作歹，他也視而不見。兒子馮諒帶領奴僕打死了人，他竟然威脅地方官不得舉報。但是，事情最終還是傳到了京城。刑部判處馮諒死刑，連坐處死、流放者共 21 人。

後來，朱元璋看在馮勝的功勞的分兒上，赦免了馮諒的死罪。隨後，朱元璋把馮勝召到京城，對他進行了一番嚴厲的申斥。

馮勝誠惶誠恐地跪到地上連連叩頭，保證知過必改。回到鳳陽後，開始時他還有所收斂，但是隨後便很快把皇上的警告拋到一邊，又恢復了之前的樣子。

馮勝在家鄉的胡鬧放縱，引起朱元璋的極大不快。之前，朱元璋覺得威脅最大的是傅友德，於是，他把馮勝先放到了一邊。現在，傅友德已被剷除，如果馮勝再不知道加以收斂，那豈不是自討苦吃？

洪武二十八年正月，有一天，馮勝與妻弟樊父在家裡飲酒，酒後對弈，嬉笑戲謔，不拘形跡。不料，樂極生悲，兩人發生了口角，馮勝破口大罵小舅子的祖宗八代。

盛怒之下，樊父把他宴客的金銀器皿，搶到手裡奪門而去。派人索要，也不歸還。於是，馮勝竟然把官司打到朱元璋那裡，說樊父嗜酒搶劫，以身試法。樊父更加惱怒，說馮勝在打稻場裡埋藏兵器，圖謀不軌。

朱元璋把馮勝召進宮去，不動聲色地問道：「馮勝，有人告你私藏兵器，有這事嗎？」

馮勝急忙站起來剛想辯駁，不料，朱元璋卻擺擺手把他止住，斟上一杯酒推到馮勝面前：「你屢屢犯大錯，我多次寬恕，算得是仁至義盡啦。你把這杯酒喝下去，回府去吧。」

馮勝不敢再開口，雙手端起酒杯，一飲而盡，隨即轉身退出。不料，馮勝剛走了幾步，便感覺到頭昏眼花，心口如火燒水燙一般。驀地，馮勝立刻明白了：皇帝恩賜的那杯御酒，並非是通常的佳釀貢品，而是一杯索命的毒酒！

「原來皇上是要親手置我於死地呀！君叫臣死，臣不敢不死。馮某能活到今天，已經比其他將帥造化多了。」馮勝心想。

　　馮勝一面跟跟蹌蹌地走著，一面大聲地嘟囔著：「我之所以那麼做，是因為眷戀金戈鐵馬，嚮往著繼續為皇上出力呀！我早就知道鬼頭刀早晚要落到自己的頭上，可如今想不到的是，來的不是鬼頭刀，而是一杯毒酒。」

　　馮勝繼續朝府邸的方向走去，此時，「敕造宋國府」的金字大匾，已經就在前方不遠之處。已經離自家的黑漆大門不過數步之遙，馮勝忽然停了下來，他不願意讓妻子兒女見到自己七竅流血的狼狽相，更不願讓他們知道，是自己為之冒死拚殺大半生的當今皇上，親手置他於死地。

　　想到這裡，馮勝對準路邊的牆角，用上全身的力氣，猛力撞去，一股熱血自頭頂噴湧而出……馮勝在滾燙的血泊中，抽搐了幾下，立即停止不動了。等到家人們發現時，馮勝的幽幽冤魂，早已飄向了西天。此時為洪武二十八年二月初三，距離潁國公傅友德的自裁僅僅兩個月零四天。

解除老臣湯和兵權

　　朱元璋是個趁亂打出來的皇帝，他不但看到了龐大的元帝國的突然坍塌，而且還看到了各路義軍內部的你爭我奪。朱元璋從自己走向皇權的經歷中也逐步體會到：這人世間一切的仁、義、禮、忠都只不過是表面的東西，唯獨擁有真正的實力才可以保住自己的榮華富貴。為此，朱元璋覺得只有剷除一切擁有實權或者可能成長為擁有實權的人，才能夠保住不被動搖的皇權。

　　早在大明王朝建立時，湯和就跟隨徐達，北攻山西、陝西、甘肅、寧夏、內蒙古等地，並且立下了不少軍功。西元 1372 年，湯和因戰功被封為征西將軍。在親自領兵攻打四川重慶時，他又一舉消滅了夏國。接著湯和又先後三次進行北伐，從而消滅了元朝的殘餘力量。湯和的軍事才能和功勞業績，僅次於徐達和常遇春。

　　如今，眼看著一個又一個功臣勳將掉了腦袋，為了自保，湯和主動向朱

元璋提出了辭呈。湯和是朱元璋的同鄉，也正是由於他的積極勸說，朱元璋才決心投靠了郭子興。可以說，朱元璋的飛黃騰達，並且能夠登上皇帝寶座，湯和這個領路人，是功不可沒的。

其實，湯和在 31 歲時就已經得罪了朱元璋。有一天，湯和酒後心中不快，隨口說了一句狂言，其意思就是說我既可以跟隨朱元璋，也可以投靠別人。這句話很快就被朱元璋知道了，因此，湯和受到了嚴厲的斥責。與此同時，他也被朱元璋牢牢地記上了一筆帳。

因為一句狂言，湯和悔恨終生。此後，湯和處處小心謹慎，並時刻都注意著將功補過，可是朱元璋對於湯和的話卻始終牢記於心。湯和吃一塹長一智，從此，他在遇到事情時變得更加冷靜了，也更善於偽裝自己。

早在開國前夕，湯和的地位就已經成為僅次於徐達、常遇春、鄧愈的第四員大將。洪武四年，湯和任征西大將軍，率部攻打四川，後來，被明昇軍隊阻擋在三峽天險。朱元璋藉機批評湯和「逗留緩事」。攻占重慶以後，朱元璋又嫌湯和推進遲緩，特地派遣使者，傳達對他的嚴厲訓示。

湯和誠恐誠惶，率部奮勇挺進，很快平定了四川。但朱元璋對這位伐蜀總帥依然憤憤於心。結果，重賞了副帥傅友德、廖永忠，對主帥湯和，不僅沒有重賞，反而又是一頓訓斥。

雖然湯和此次西進，表現得有些游移遲緩，但畢竟一舉平定了四川，皇帝仍然有斥無獎，無非是當初酒後失言的結果。也許連湯和自己也不知道，酒後失言的代價還要償付多久。

湯和心裡的疙瘩解不開，情緒上也表現出了低落頹唐，這一切都瞞不過朱元璋銳利的眼睛。要知道，皇上不論對誰是獎也好，還是罰也罷，臣下只能叩頭謝恩，絕對不可以心生怨恨。然而，等到湯和意識到皇帝發現了自己的不滿，才知道闖了大禍。皇帝可以新帳老帳一起算，輕而易舉地讓自己的腦袋搬家。想到這裡，湯和不由打了個寒噤，雙膝跪倒謝恩。

　　朱元璋也覺得，總是揪住老朋友的小辮子不放，有失忠厚仁愛。第二天，朱元璋便傳下旨意，賜湯和田產一萬畝，算是對他應得而未得到的獎賞做了一點兒補償。

　　這一天，朱元璋把湯和叫到偏殿敘舊，並且推心置腹地說了一些話。湯和認為這是朱元璋的肺腑之言，是對自己的安撫和信任，心裡頓時安定了許多。不久，朱元璋又給了湯和到延安防邊，進剿元將伯顏帖木兒的機會。洪武十一年，朱元璋晉封湯和為信國公，加封號左柱國、左都督、議軍國重事，顯現出了一派前嫌冰釋的樣子。

　　然而，讓湯和萬萬沒有想到的是，在敕封誥詞中，對他在常州的過失，不僅念念不忘，而且還赫然鑄到傳之子孫後代的鐵券上。這真可謂是大案鐵鑄，百代不替了。

　　此時，湯和一則以喜，一則以憂。公爵的尊榮是得到了，皇帝對他的欠帳也清還了，而他欠皇帝的，卻是赫然鑄在鐵券裡。特別是「人臣無將」「威福不專」等語，即「不要當亂臣賊子」「不要作威作福」的警告，更是讓湯和感覺芒刺在背，如履薄冰。

　　湯和從徐達那兒回來後，顯得更加心事重重了。朱元璋借胡惟庸一案，大開殺戒，一口氣殺了 3 萬多人。如今，又來搞文字獄，差不多天天都在殺人，真是讓人想不通啊！

　　現在，只要有人犯了朱元璋的忌，他就會毫不留情地殺人。浙江府學林元亮，在給海門衛官作〈謝增俸表〉中，有「作則帝憲」這麼一句話，其中的「則」音同「賊」的音，結果，林元亮被朱元璋拉去砍了頭。

　　更讓湯和搖頭的是，在元旦時，朱元璋外出看燈，見有則燈謎上畫一個手抱西瓜的女人，坐在一匹馬的背上，這匹馬的蹄趾特別大。朱元璋看了竟然勃然大怒，他認為這特別大的馬蹄是諷刺他的馬皇后，於是下令將作燈謎的人給活活地打死了。

　　湯和想到朱元璋諸如此類的許多事情，不由得長長地嘆了口氣。當湯和低頭沉思時，他又想起了徐達的咳嗽，不免搖了搖頭。湯和知道，徐達也是為這些事情而感到心中不快，但是又不敢吐真言。朱元璋已經殺了那麼多功臣，如今連一些不相干的人也要殺，到時候不知他還要殺什麼人。

　　「不會，皇上不會這樣對我們！」湯和對自己說。像是為自己壯膽，又像是為自己擔心。他又想起了很久以前，他與朱元璋相處像兄弟一般，有什麼話都是大膽地直言。而現如今朱元璋之所以如此，無非是他擁有的太多，怕我與徐達這樣的人，來奪了他的權。自己打了這麼些年仗，早已經打夠了，誰又願意領兵？誰又願意去征戰？湯和順著這條思路想下去，眼前突然一亮。

　　「對啊，徐達要戍守北平，欲罷兵權不能，我湯和如今已平息了邊患，還要兵權，那豈不是……」湯和思考著。

　　湯和思來想去，認為現在唯一能夠自保的妙招，就是不做出頭之鳥，絕對不能夠引起皇帝的注意，甚至要急流勇退，把自己深深地隱蔽起來。於是，湯和決定主動交出兵權告老還鄉，也許皇上對自己也就完全放心了。

　　這一天，湯和單獨朝見朱元璋，並誠懇地求告：「陛下，老臣今年已經62歲了，老弱的身體已經不堪再為皇上效力了，為此，老臣懇求皇上可憐，恩準臣告老歸田。」

　　朱元璋點著頭說道：「好吧，愛卿這般年紀，朕也不忍心再加驅使。賜給你鈔五萬錠，讓工部在中都鳳陽給你起蓋府第，你就安心回去養老吧。」

　　「臣謝陛下！」湯和急忙以頭觸地，磕得地磚咚咚響。

　　「其他公侯將帥，有願意回家養老的，朕也要為他們建造府第。」朱元璋又補充了一句。這句話語意雙關，既是對老朋友進行安撫，也是對別人發出的一個信號，表達出如果你們自動離去，我會給你們賞賜的。

　　朱元璋說出這句話後蠻以為勛臣們會紛紛向湯和看齊，爭先恐後地交出兵權告老還鄉。令他沒有想到的是，事情都過去了許多天，仍然沒有一個人

響應，這使他感到十分掃興，由此也更加感覺到湯和的善解人意。

正在此時，沿海倭寇不斷進行騷擾。在家裡休養不到一年的湯和，又被朱元璋請來去江浙加強海防，抵禦倭寇。雖然說此時湯和已年過花甲，但是皇帝有命也是不得不從，更何況抗擊倭寇，解救百姓於水深火熱之中，更是一位將軍的使命。於是湯和領命，率領 3 萬軍隊迎著秋風前往沿海。

湯和果然是不負皇上的厚望，他一到就趕走了倭寇。但是湯和卻沒有立刻回來，他在沿海巡視一番以後，立刻又想出了個很好的辦法。湯和命令軍士，在江浙沿海一帶築城 59 座，又從百姓中徵得 5 萬多兵勇，對他們加強訓練，同時，還發給他們一些錢糧，使他們在倭寇來犯時，能有足夠的力量來依城自保。

這一招果然有效，待湯和回到南京後，又有倭寇來犯，結果被湯和組織起來的兵勇依靠築就的城池，有效地阻止住了進攻。湯和為明朝南方邊境的安穩立下汗馬功勞。朱元璋知道後，對湯和大加讚賞，賞賜了許多物品。

湯和離京之日，朱元璋帶領百官送行，場面之熱烈隆重，是多年來都未曾有過的。再次回到故鄉後，湯和生活的依然是小心謹慎，對於朝廷上的事情，他一語不敢涉及，皇帝給的賞賜也大都送給了鄉親故舊。湯和把信國公的頭銜彷彿忘在了腦後，對鄉親故舊，特別地眷顧友愛。

在湯和離開京城時，朱元璋曾經囑咐，倘若身體條件允許，就經常到京城來走走。於是，湯和奉命每到年尾便趕到京城，參加正月初一的新年朝賀大典。

洪武二十三年正月初一這一天，賀年大典結束後，湯和又去偏殿朝見。閒談中，朱元璋詢問他家鄉的「稀奇事」。湯和害怕落個對皇帝不忠的罪名，便如實匯報李善長在家鄉興造新宅時，曾向他借用 300 個衛卒，但是被他給拒絕了。朱元璋讚揚湯和忠誠可嘉，湯和聽到讚揚並沒有感到高興，反而是心情更加沉重了。

留下千古遺憾

因為，此時李善長的弟弟李存義父子已被牽進了胡黨案中，李善長也處在岌岌可危的境地。為了洗刷自己，湯和卻幹了一件落井下石的卑鄙勾當，這實在是愧對老友，也有失仁心義德。對此，湯和也感到痛苦難耐。

想到這些，風燭殘年的湯和，再也經不住精神上的折磨，他在京城中病倒了，病症是中風不能說話。朱元璋得到奏報後，立刻前去看望，並親自派人把湯和護送回鳳陽家中休養。等到湯和的病情有些好轉之後，朱元璋又命湯和的兒子將其護送到京城，設宴款待，百般撫慰。

曾經一起浴血奮戰、一起拚殺的兄弟們，一個個都被自己打發去了黃泉路，對此，朱元璋也感到有些冷清與悲涼。此時，他不由得想到了湯和，這個寡言少語的夥伴。

湯和在他最困難的時候給他安慰，在他走投無路時，把他帶上了投軍的發達之路。可是，眼下的湯和卻已經身不能動，口不能言，再也無法與他交談了。想到這些，朱元璋的兩行熱淚滾了下來。於是，他命令趕製了一輛安樂車，派人把湯和接到了京城。

當湯和被推進謹身殿的時候，朱元璋情不自禁地站起來，快步迎了上去。他拉住湯和的手，一時竟說不出話來。此時的湯和更是感動得鬍鬚顫抖，熱淚滾滾。

久別之後的再相見，使得兩人破涕為笑。朱元璋命內侍把湯和推到自己的面前，滔滔不絕地講起了幼年的往事，彷彿又回到了那個天真爛漫的童年時代。說到高興處，他還一隻手握著夥伴的手，另一隻手拍著他的手背，問他聽清了沒有。湯和一邊緩緩地點著頭，一邊傻呆呆地咧開嘴，露出了艱難的微笑。誰也沒有想到，這次難得的相見，卻成了他們最後的訣別。

洪武二十八年八月，久病的湯和溘然長逝，享年70歲。湯和死後被追封為東甌王。在開國重臣中，湯和是少數幾個得以善終的人。

晚年悲喜生涯

馬皇后無力地搖著頭，打斷了丈夫的話：「往後，臣妾絕不會再喝那些藥了。」果然，從此以後所有郎中開的藥，她一律拒絕再吃。

朱元璋急忙來到病榻前，進行勸說：「皇后，藥還是要吃的，如果沒有效果，我也會寬恕他們的。」

可是，馬皇后知道丈夫喜怒無常，動不動就會大開殺戒，她不願意讓那些郎中和服侍的人無辜受牽累。而且悄悄吩咐他們，讓他們躲避或者是逃命，以免被連累而無辜受到懲罰。

性格造就的人生

朱元璋出身於一個貧困家庭，做過遊方和尚，從軍以後便和儒生文人接近，從而沾上了書卷氣，還會談古論今。

先從儒家的作用說起，朱元璋從渡江到建國，他和幕府中的儒生，如范常、陶安、夏煜、孫炎、楊憲、秦從龍、陳遇、孔克仁、葉儀、吳沈、胡翰、汪仲山、李公常、劉基、宋濂等朝夕討論，講述經史。

經過十幾年的薰陶，再加上朱元璋不斷地努力學習，中年以後，他不但懂得了經義，而且還能夠寫通俗的白話文；不但能夠作詩，而且還能夠欣賞、評論文學的優劣了。

朱元璋在稱帝以前，當他在空閒時，就經常和儒生們列坐賦詩，這時，范常總是會交頭卷，朱元璋則是笑著說道：「老范詩質樸，極像他的為人。」

初下徽州時，朱升請朱元璋題字，他親自寫了「梅花初月樓」的橫匾；在和陶安討論學術時，朱元璋親制門帖賜給他，「國朝謀略無雙士，翰苑文章第一家」；在征討陳友諒時，經過長沙王吳芮祠時，他見到了胡閏所題的

詩很是喜歡，於是，當即命人把胡閏召到帳前；在鄱陽湖大戰取得了勝利後，朱元璋設宴慶功，他和夏煜等草擬檄文並賦詩。

朱元璋即位後就更加喜歡舞文弄墨了，當毛騏、陶安、安然死後，朱元璋還為他們親自寫了祭文；當桂彥良當上了晉王傅時，朱元璋寫了文章為他送行；當宋訥在讀書時，不小心被火燒著了衣服，朱元璋又以文章勸他改了這個習慣；當張九韶告老還鄉時，朱元璋又以文章為他餞行。由此不難看出，這時的朱元璋已經深深地沉浸在了知識的海洋中，他也正為這些文化修養所塑造著。

朱元璋自從會寫散文後，便主張寫文章應當簡單明瞭。朱元璋還會經常作詩，甚至會作賦，他和儒臣們歡宴大本堂，自作〈時雪賦〉。朱元璋還親撰寫了〈鳳陽皇陵碑〉，粗枝大葉，通篇用韻。他還會作駢體文，當徐達被封為魏國公時，朱元璋還親自為其制文。

對於歷史尤其熟悉的朱元璋，在和侍臣們進行討論時，說道：「漢高祖以追逐狡兔比武臣，發蹤指示比文臣，譬喻雖切，語意畢竟太偏。我以為建立基業，猶之蓋大房子剪伐斬削，要用武官，而藻繪粉飾，卻非文臣不可。用文而不用武，譬如連牆都未砌好，如何粉刷？用武而不用文，正如只有空間架，粗粗糙糙，不加粉刷彩畫，不成體統，兩樣都不對。治天下者要以文武相資，才不會壞事。」

沒過多久，朱元璋又與太子討論七國造反的事兒，太子以為錯在七國，而朱元璋則說道：「不然，這是講官的偏說。景帝做太子時，以博局殺吳王世子，做皇帝后又聽信晁錯，黜削諸侯，七國因之造反。」

對於經學，朱元璋在跟宋濂讀了《春秋左氏傳》，又跟陳南賓讀了《洪範九疇》和《蔡氏書傳》後，他發現所說的象緯遠行和朱子書傳相反，因此，朱元璋特地徵召諸儒進行更正。

　　此外，朱元璋對孔老夫子也同樣是貌合神離。當年，幸虧孔老夫子的後裔衍聖公孔克堅做事圓滑，才沒有惹下殺身之禍。為了張揚尊孔的這面大旗，朱元璋在京城裡新建了供奉孔子的文廟。

　　當禮官向朱元璋請示祭祀孔子的禮儀時，他胸有成竹地答道：「每年春秋二次祭祀孔子，可以只在曲阜舉行，不必天下省、府、州、縣普遍祭祀。」

　　皇帝的口諭一出，士大夫們頓時覺得連自己的信仰與人格都受到了損害。雖然人人害怕捋大皇帝的虎鬚，但是為了維護萬世師表的尊嚴，有人也是豁出了性命。

　　對於佛教，朱元璋在即位以後就顯得非常地崇敬，他詔徵東南戒德名僧，在蔣山大開法會，並且還和群臣頂禮膜拜。當僧徒中有回答的問題令朱元璋感到滿意時，這位僧徒便會被賜賞金襴袈裟衣並且召入宮中，與朱元璋進行講論。

　　有的僧徒還還了俗並且做了大官。朱元璋始終都認為和尚是與塵世絕緣的，因而會無所牽涉，可以把他們當成自己的心腹，當作耳目，來瞭解官員和民眾的言行。

　　由於朱元璋對僧徒的恩寵，從而導致了他們得意橫行，文武大臣也都被他們中傷。那些僧徒又倚仗著告發的功勞，請皇帝為佛教創立職官，改善世院為僧錄司，設置左右善世、左右闡教、左右講經、覺義等官。

　　再來說一下道教，度僧尼道十數萬人，在塵世的政府裡面又建立了一個空門朝廷，由此可見，當時的道教涉及的是多麼廣泛。

　　洪武十一年，解縉上萬言書說：「陛下天資至高，合於道微，神怪妄誕，臣知陛下洞矚之矣。然猶不免所謂神道設教者，臣謂不必然也。一統之輿圖已定矣，一時之人心已服矣，一切之奸雄已懾矣。天無變災，民無患

害，聖躬康寧，聖子聖孫，繼繼繩繩，所謂得真符者矣。何必興師以取寶為名，諭眾以神仙為徵應也哉！」

朱元璋在看過此萬言書後，認為確有可取之處。從此以後，朱元璋便對佛道兩教的興趣逐漸降低了，他不再侈談神異徵應了。

朱元璋一方面重用僧道，但又常常殺戮和尚、道士，對於儒家、法家等也皆是如此。朱元璋經常大罵李斯和韓非，但卻又從法家著作中生吞活剝，取法其道。他言必稱三代，儒家思想彷彿是他的政治旗幟，但是在他的骨子裡，卻又根本瞧不起儒生。

其實，朱元璋以「神仙為徵應」這一手法是相當成功的，民間流行著許多神異故事，以為他是真命天子。

傳說中主要的一個是：天上有二十八宿，輪流下凡做人主，元天曆元年天上婁宿不見，到洪武三十一年婁宿復明，洪武帝是婁宿下凡。當時不流通的洪武錢，鄉下人很看重，孩子們佩在身上，以為可以闢邪。豆棚瓜下，老祖父祖母們對孩子們講的故事，也多半說的是洪武爺放牛時的種種奇遇。

貧窮出身的開國皇帝朱元璋，對於起居飲食和生活享受，也是有自己的主張的，他不肯窮奢極侈。那是在至正二十六年營建宮室時，管工程的人打好了圖樣，朱元璋卻把雕琢考究的部分全部都去掉了。完工後的宮室樸素無裝飾，只畫了許多觸目驚心的歷史故事和宋儒的大學衍義。

當時有個官員要巴結朱元璋，說是某處出產了一種很美的石頭，用它可以鋪地。朱元璋知道後，把那個官員痛斥了一番，為的是他不懂得節儉的道理。

朱元璋認為理想的模範人物是漢高祖，而最早勸他學習漢高祖的人是李善長。朱元璋經常讀的書也是《漢書》，經常提到的古帝也是漢高祖，他隨時隨地隨事都以漢高祖自比。

當朱元璋滅了陳友諒後，兵勢日盛，有點像楚漢垓下之戰後的情形。有一天，朱元璋和孔克仁說閒話：「秦政暴虐，漢高祖以布衣起家，以寬大制馭群雄，做了皇帝。而今也是群雄蜂起，可皆不知修法度以明軍政，此其所以成不了事。」意中儼然以漢高祖自居，說完了還嘆了幾口氣。

有一次，朱元璋在讀《漢書》時，宋濂和孔克仁皆在座，他便問道：「漢治道不純，是何故？」孔克仁以為王道霸道相雜。

朱元璋又問道：「那應該由誰來負責呢？」孔克仁說責任在漢高祖。此時，朱元璋卻說：「不然，高祖初創基業，遭秦滅學之後，百姓困苦已極，氣還喘不過來，哪還有工夫講禮樂？孝文帝算是好皇帝了，正應該制禮作樂，和三代相比，可惜又不注意，終於只有那丁點成就。做帝王的要抓住時機，三代君主，有時機有人才做得好，漢文帝錯過了好時機。至於周世宗那才是苦呢，有決心有魄力，滿腔熱忱，只是不得其時，真是可惜！」

朱元璋又問道：「漢高祖以布衣做皇帝，靠的是什麼呢？」孔克仁以為是善於用人，而朱元璋又說道：「項羽南面稱孤，不施仁義，光誇自己能幹。高祖知道這個毛病，反過來謙遜忍性，不認輸，加以寬大容人，所以才能夠勝利。現在我守住江左，任用賢人，安撫百姓，等候大局變化。假使不如此，單憑軍力硬碰硬，怕也不容易成功吧。」

由此不難看出，朱元璋已經把漢高祖的個性和作風研究透了，下意識地養成了模仿的習慣。漢高祖在天下未定時，就派蕭何營建未央宮，朱元璋也在南征北伐軍出發前，就先造了金陵宮闕。

漢初分王子弟，明初也恰好建藩國；漢初賜民爵士大夫以上，明初也下詔天下富民年十八以上賜爵裡士，九十以上賜爵社士等等，做法都是十分相似的。可見，相隔 1,600 年的兩位同鄉的開國皇帝，竟是一脈淵源的師生！

隨著大明王朝的根基逐漸穩固，朱元璋的性情也有很大的改變，尤其是

他對別人不斷地懷疑，特別是對文字的使用，會使他產生許多莫須有的想法，從而也使得他失去了很多賢士。

明王朝建立之前後，朱元璋推行了不少招賢納諫、重視文人的英明舉措，許多耆老儒士也是紛紛投奔，甘心情願為他效力。但是持以敵對態度的士大夫也是大有人在，他們不願意出來做官，甚至被聘也不去上任，還有的以斷指來拒絕。

這樣一來，朱元璋不免一方面重視文人儒生，另一方面對他們的敵視態度，也加深了不滿和猜忌的情緒。再經過一些功臣武將及好事者的挑撥，使朱元璋在文字細節上更加挑剔。

朱元璋以戒備的眼光盯著讀書人，弄得文臣們終日都是戰戰兢兢的。有一天，宋濂向朱元璋推薦了江西新淦一個名叫鄧伯言的儒生。朱元璋聽說此人擅長作詩，於是，便命他兼程進京。為了試探鄧伯言的才學，朱元璋命他當面賦詩，出的題目是〈鐘山曉寒〉。

鄧伯言聽說，皇帝對文人的作品特別挑剔，因此，他進行了認真的構思，字斟句酌後方才完篇。鄧伯言雙手將詩稿呈上，他不知是否會討得皇帝的喜歡。

朱元璋接過詩稿，低頭看了一遍，隨後又高聲念了起來：「干戈旌四海，春雷動蒼穹。鰲足立四極，鐘山蟠一龍！」

鄧伯言偷眼覷著朱元璋的一舉一動，忽見他重重地拍擊龍案，鄧伯言以為皇上動了怒，嚇得眼前一陣黑，昏了過去。朱元璋只得命內侍將鄧伯言攙回了住處。直到出了東華門，鄧伯言方才甦醒過來。回到館驛後，他一頭倒在床上，兩餐沒張口，靜等大禍降臨。

殊不知，鄧伯言這首極盡歌功頌德的新作，不僅頌揚了「旌四海」「動蒼穹」的絕世武功，還謳歌了鰲立龍蟠的新皇基業，鄧伯言的詩說到了朱元

璋歡喜的地方，皇帝怎麼會不賞識呢？

第二天，內侍捧來上諭，授鄧伯言為翰林院編修。這位鄧老先生像死而復生一般，揩揩淚水，望詔謝恩。不過，鄧伯言經過這次驚嚇後，深深體會到了朝廷的俸祿不是那麼好拿的，是要雙手捧著命去爭取的。

不僅如此，紹興才子唐肅父子也體驗到了驚濤駭浪的滋味。唐肅在洪武三年被召進京，幫助朝廷制禮作樂，後來被升為翰林供奉。有一天，朱元璋帶領一班文臣到御苑鷹房，觀看外國進貢的珍禽異獸。有一隻大鵬，身長二尺，長喙賽鐵，利爪如鉤。朱元璋就讓宋濂作一首詠鷹詩。宋濂隨口吟道：

長喙如鑌鐵，利爪可搏鋼。
應遂凌雲志，自古戒禽荒！

朱元璋本想借大鵬的威武健壯，來吟誦雄鷹壯志凌雲、振翮高飛的勇武精神，來謳歌自己的雄才大略。孰料，宋濂竟用「自古戒禽荒」，來進行規勸，意思是不要玩物喪志，以免荒廢國政。

朱元璋心中快快不快，本想沉下臉狠狠訓斥一頓，但想到宋濂是太子的師傅，自己也常常當眾嘉勉，只得暫時忍住了。誰知，接下來宋濂並不識趣，要皇帝防微杜漸，這就等於指著鼻子教訓皇上。

此時，朱元璋的臉色顯得更加陰沉了，而站在不遠處的唐肅，誤認為宋濂的規勸打動了皇上。他看到了皇帝的聖明，於是心裡一高興，也跟著詠了一首七絕：

長喙利爪非尋常，一翩自應藐蒼穹。
詞臣不敢忘規諫，卻憶當年魏、鄭公。

唐肅認為雄鷹應該展翅遠翔，要是放在御苑裡供人觀賞，就有違了它的本性，他還將宋濂比成了宋朝名臣魏國公韓琦和鄭國公富弼。為雄鷹叫屈，

歌頌的目標也不是皇帝，而成了宋濂，朱元璋哪裡能聽得了這些，於是拂袖而去。由於走得匆忙，面前的一隻碧玉茶杯被袍袖帶到了地上，摔了個粉碎。陪侍左右的臣子們，各個都嚇得變了臉色。

對於宋濂和唐肅的不識時務，朱元璋啣恨於心，於是將他們逐出了朝廷。接下來，唐肅的兒子唐之淳又遇到了麻煩。有一天，朋友邀唐之淳飲酒。唐之醇酒醺意亂，竟得意地說出了誰也不知道的祕密：皇帝親筆冊封十王的冊文，他曾進行過修改潤色。

眾臣齊聲讚頌的「御筆絕世妙文」，原來是別人的代筆！這件事很快就被朱元璋知道了。臣下修改皇上的文章還了得，於是，唐之淳立刻被罷了官。唐之淳回到老家後，又換了他的父親來接替差使。朱元璋又將唐家父子像猴子一般耍了一回。

唐肅第二次被召回時，又重新回到了翰林院供職。不幸的是，心直口快的愚夫子，仍然沒有汲取教訓，率性而為又為他埋下了禍根。

那是在秋末的一天，唐肅被召來陪著皇上用膳。唐肅因為高興，以至於得意忘形，他竟然忘記了現在陪伴的是何人。酒至半酣，朱元璋指著一盤醬鴨問道：「愛卿，味道如何呀？」

「多謝陛下，微臣從未吃過如此好的美食！」他雙手捧著筷子拱手作答。

朱元璋問道：「你手裡舉著筷子，這是什麼禮節？」

唐肅再次拱手答道：「這是臣家鄉的俗禮。」

「俗禮」二字剛出口，朱元璋便「啪」的一聲，摔下了酒杯。唐肅不由得愣在了那裡，他不知皇帝為何如此惱怒。殊不知，「俗禮」二字傷了朱元璋的自尊，對於皇帝來說豈能用俗禮？

「你是在什麼地方？俗禮可以行於天子嗎？」朱元璋厲聲喝問。

「臣該死！忘了這是在朝廷，不是在鄉下，真是罪過，罪過呀！」唐肅

扔下筷子，滑到地上，磕頭求饒。

「什麼忘了？你在朕的面前，從來都是趾高氣揚，旁若無人。留你這種人在朝廷，只能敗德壞禮傷朕的心，給我逐出朝廷！」

這一次，唐肅再也回不了故里了。兩鬢如霜的老臣竟被捆綁著押往鳳陽屯所開荒種地去了。曾經的老翰林哪裡受過耕耘之苦，勞累加上氣憤，不久便死在了鳳陽。

唐肅的兒子、文章驚世的唐之淳被攆回老家後，歷經洪武一朝，始終都沒有被起用。直到朱元璋死了之後，他的孫子建文帝當上皇帝後，唐之淳才又被召了回來，並做了兩年的翰林侍讀。

對於一個讀書人來說，受得十年寒窗苦，為的就是金榜題名天下揚。但是，當時有不少文人既想當官，可是又害怕被殺頭。他們一旦被皇帝召見，一則以喜，一則以懼。喜的是出頭有日，即將享受脫下布袍換紫蟒的榮耀；懼的是皇上疑忌冷酷，喜怒無常，不知哪只腳不慎便踩進了陷阱，以此就成了皇帝手中的獵物。

精明的朱元璋忽然悟出了一個道理：越是不懷好意的人，就越是用華美的外衣遮蓋殺人的陷阱。地方衙門和軍事機關給皇帝進的表籤，從來都是充滿阿諛逢迎之辭。這些由地方教官代寫的例行公文，朱元璋一向都沒有時間認真去看。現在他忽然覺得這是個大大的疏忽。從此以後，朱元璋便處處留心，尋章摘句，仔細揣摩。

就在這時，一份由浙江象山縣教諭蔣景高代寫的表章送到了龍案上。朱元璋仔細一看，竟然有好幾處錯別字。在他看來這是有意輕蔑朝廷，於是便把蔣景高給殺了。從此，全國提筆寫奏章的人各個是心驚膽顫，誰也不敢草率下筆，就是寫頌揚的文字也是經過反覆推敲、百般斟酌的。

朱元璋曾經當過和尚，對於「光」「禿」等字眼很是忌諱，甚至對「僧

人」的「僧」字也非常地反感。因為，朱元璋在最初參加紅巾軍的時候，被人們罵作「賊軍」，所以他只要聽到有人說「賊」「寇」，或是與「賊」「寇」讀音相近的字，也是同樣的反感。如果有人犯了朱元璋的忌諱，他就會被毫不留情地殺掉。此外，那些不遺餘力地歌功頌德的文章，到了朱元璋的眼裡也完全成為惡毒的咒罵。

郭寧妃的三弟郭德成，生得俊秀文弱，他飽讀詩書卻不喜歡舞槍弄棒，朱元璋一直都很喜歡這個小舅子。開國之後，朱元璋便給了郭德成一個驍騎舍人的閒差。

郭德成一直都跟隨著姐姐和哥哥住在應天，當他看到朝廷上下，為了功名利祿你爭我奪；看到朱元璋想透過大殺大罰威壓天下，從而保住朱家的千秋江山；看到朱元璋的性情變得喜怒無常，多疑嗜殺，使人防不勝防時，郭德成感到了極度的恐懼。因此，郭德成為了躲開是非，排解心中的苦悶，他便放浪形骸，耽情詩酒。

郭德成最佩服的人就是陳遇，陳老先生精通天文地理，占卜術數，是秦從龍推薦他擔任朱元璋的幕僚的，許多奇謀密議也都是出自於陳遇的謀劃。朱元璋曾多次授予陳遇官職，但都被他婉言謝絕了，即使朱元璋疾言厲色，陳遇也是毫不退讓，他的這一行為反倒使朱元璋對其更加信任和寵愛了。

朱元璋願意重用那些淡泊名利的人，對於他強拉陳遇做官，就是出於這樣的一種心態。如今，他又發現郭德成雖為貴戚卻不媚上，便更加認定郭德成品德端正，於是，他決定給郭德成加官進爵。不料，郭德成卻是堅絕不肯接受。

這下可惹惱了朱元璋，他召見了這個小舅子，並且進行了嚴厲的訓斥。郭德成趕緊跪下去，說道：「聖恩如天，臣非草木瓦礫，豈能不知？但臣生性愚頑懶散，嗜酒如命，一旦醉倒便會忘記事情的緩急，從而耽誤了國家大

事。人生莫過於率情適意，但得囊有餘金，樽有酒漿，於願足矣。其餘非臣所望，俯乞皇上鑒察。」

話說得是如此誠懇坦率，反倒使朱元璋高興起來，只見他捋著稀疏的鬍鬚笑道：「你說得是，人若都能這樣安分知足，我的刑罰就可以閒置不用了。」心情愉悅的朱元璋賜給了郭德成黃封酒百壇，金銀各百兩，並命郭德成要經常進宮與他聊天。

有一天，郭德成在皇家花園陪朱元璋飲酒，見皇帝高興，竟忘了克制自己，再加上一杯接著一杯地喝著酒，直到雙眼昏花方才起身告辭。郭德成歪歪斜斜地跪到地上，向皇帝叩頭謝恩，結果，一頭卻栽到地上爬不起來了，連他的帽子也滾到了一邊。

朱元璋見郭德成這般狼狽相很是開心，又見他頭髮稀疏，光光的頭頂，不由得大聲笑道：「醉瘋漢，毛髮稀少，莫不是飲酒過量的緣故？」

郭德成醉眼惺忪地回答道：「皇上看它少，臣還嫌它多哩。臣恨不得剃成個禿子，省去許多梳理的麻煩。」「禿子」就是和尚，這話恰恰觸到了朱元璋的忌諱，他立即沉下了臉，拂袖而去。

郭德成知道自己失言了，當即嚇出了一身的冷汗，酒也被嚇醒了。一連許多天都是戰戰兢兢，夜不能寐。

這一天，郭德成忽然想出了個妙招：索性剃光了頭髮披上了僧衣，四處遊蕩，嘴裡還不住地唸唸有詞，仔細聽來唱的好像是佛號，朱元璋得知後覺得他是瘋了，反倒原諒了他。此後，郭德成依舊是飲酒狂放，不避形跡，他就是靠著裝瘋賣傻，無憂無慮，安然度過了一生。

朱元璋對臣下的不斷懷疑無疑造成了極大的危害，令人頗不服氣。當時翰林院的一位編修姓張，他直言不諱，朱元璋難以容忍，便把張某放出任命為山西蒲州學正。按照慣例應進賀表，因此張某撰寫了一表，呈給朱元璋閱視。

朱元璋見了表文，詞中有「天下有道」、「萬壽無疆」字樣，發怒說：「此老還謗我，以疆道擬之。」立即派人將張某逮來，張某毫不畏懼，引經據典，為自己辯護說：「陛下有旨，表文不許杜撰，務出經典。臣說『天下有道』，乃先聖孔子之格言；臣謂『萬壽無疆』，乃臣子祝君之至情』。今所謂臣誹謗，不過如此。」

朱元璋聽了張某的解釋，沉思了很長時間後，竟說了一句話：「此老還嘴犟。」然後下令放了回去，再也不追問了。

此外，蘇州才子高啟的命運，更加令人感嘆唏噓。高啟被徵召修撰《元史》，完稿後供職翰林院，並做了諸王的老師。後來他又被擢升為戶部侍郎。在高啟的詩作中，有一首〈題宮女圖〉，其中有這樣兩句：

小犬隔花空吠影，夜深宮禁有誰來？

高啟的詩跟張尚禮的〈七絕〉，可謂是異曲同工，甚至有過之而無不及。張尚禮不過寫宮人的寂寞閒愁，高啟寫的卻是夜深犬吠。吠什麼？顯然吠的是外人，這就有涉宮廷穢亂之嫌了。

朱元璋知道後十分生氣，但考慮到一個時期以來，連續殺了許多因為寫詩、奏本獲罪的人，為了不落個戕害斯文、濫殺儒士的惡名，他只好把高啟攆回了蘇州老家。高啟正慶幸自己因禍得福，從此可以安度餘生時，誰知禍不單行，厄運又來了。

蘇州知府魏觀，是個虔誠的孔孟之徒，處處以明教化、正風俗為己任，特別禮重當地的文人學士。結果，卻引起了武將們的不滿。魏觀正在修葺張士誠的府第作為蘇州衙門，並疏濬城中錦帆涇，以利舟船，並壯觀瞻。武將們便趁機參他，結果，魏觀被就地處死了。

不幸的是，重修張士誠府第的〈上梁文〉正是魏觀請高啟所作。朱元璋得知後，便引發了對高啟的舊恨。一審查文章，裡面有「虎踞龍蟠」字樣。

他認為，這四個字只能用在皇上坐龍墩的地方，豈可用到區區蘇州一隅？於是，朱元璋立刻降旨，將高啟鎖拿進京。

高啟反覆自省，自信無愧於心，準備到了京城面見皇帝時，以理相辯。孰料，到京後關押了幾天之後，未加審問便被腰斬了。朱元璋知道如果對高啟進行當面審問，倔強的蘇州才子會讓他丟盡臉面，於是，來了個不問而斬。

高啟死時才 39 歲，他的弟子呂勉悲憤至極，毅然遷居應天城外埋頭種田，絕口不談詩書文章。直到幾十年後，明成祖永樂年間，他才將老師高啟的文稿刊刻傳世。

隨著朱元璋的疑心越來越重，大明朝的文字禁忌也愈來愈多。不限於盜、賊、禿、僧等一部分字眼，而且成了一大片。禮部明文規定，禁止小民使用如下字眼和稱謂：天、國、君、臣、聖、神、堯、舜、禹、湯、文、武、周、秦、漢、唐、晉、太祖、太孫、聖孫、龍孫、皇孫、王孫、太叔、太兄、太弟、太師、太傅、太保、大夫、待詔、博士、太醫、太監、大官、郎中等。

人們歷來習慣稱醫生為太醫、大夫或郎中，而明朝規定一律將它們改稱為醫士、醫人或醫者；梳頭理髮人習慣稱待詔，也一律改稱為梳篦人或整容人；官員之家的守門人火者，也只許稱之為閽者，不許稱太監；官宦及百姓之家，也不得使用龍、虎等字。

大功臣馮國用的兒子都督馮誠，鎮守著雲南大理，他見那裡的形勢壯觀，便自己撰了一副楹聯：

兩關虎踞通滄海，雙塔飛龍上碧霄。

由於犯了「龍」「虎」諱，被人密報到京城，朱元璋立刻遣校尉遠去雲南，穿上鐵尖鞋，活活將馮誠踢死。

不僅寫詩作文、說話用語要避諱，就連繪畫也同樣有禁忌。因為參不透朱元璋的心理，白白丟掉性命的畫家也大有人在。

有一天，小太監向朱元璋稟告：「陛下，禮部來人問寫御容的畫師已經選定了，不知什麼時候開始動筆？」朱元璋讓明天退朝後開始。

第二天，畫像工作在華蓋殿的西廂進行。禮部找來的畫師姓袁，30多歲，言行舉止中透出一副書卷氣。他給朱元璋行過跪見禮之後，便在面前放下一張矮幾，雙膝跪在拜墊上，目不轉睛地端詳起面前的洪武皇帝朱元璋。

只見朱元璋前額高隆，眼窩凹陷，鼻頭肥大，下巴前突。稀疏的黑鬍鬚，往兩邊滑稽地高高翹起，宛如兩撮鼠鬚。袁畫師面露為難之色，但轉瞬消失得無影無蹤。袁畫師長舒一口氣後，便仔細地描摹起來。他畫得是那樣認真仔細，生怕有半點失真之處。因為一旦惹惱了皇帝，他的小命就不保了。

足足過去了一個多時辰，畫師方才放下手中的筆。他雙手端著畫像，送到了皇上面前：「小人畫出了草稿，請皇上過目。如有不妥之處，小人再作修改。直到皇上滿意了，再譜出正稿。」畫師恭恭敬敬地把畫稿放到朱元璋身旁的長几上。

朱元璋低頭看了一眼，眉心立刻出現了川字紋，刻出三條深深的溝壑。他十分驚訝畫師的技藝，短短一個時辰，竟然把自己的一張臉描摹得活靈活現，跟鏡子裡看到的一模一樣。

畫師偷眼看到了皇帝的表情，忐忑地問道：「皇上，如哪兒不中意，小人再作修改，直到讓皇上滿意為止。」

朱元璋臉上毫無表情：「你先下去吧。」

畫師退下之後，朱元璋帶上畫像去了嬪妃孫綺雲居住的後宮。孫綺雲見朱元璋手裡拿著一卷白絹，急忙問道：「皇上的御容，畫出來啦？」

「看看吧！」朱元璋把畫稿扔給了愛妾。

孫綺雲只看了一眼，便驚呼起來：「這畫師畫得這麼像。」

「愛妃覺得像嗎？」朱元璋又問道。

「像極啦！怎麼，皇上覺得不像？」她發現皇帝的神色有些不對。

「正因為太像……」朱元璋沒有再繼續說下去。

「那就叫他另畫一張嘛。」她眨眨眼理解了皇帝的意思，「這一張，留給自家人看。」

「這人眼睛如此厲害，他會把朕的面容牢牢記住的。要是回去以後到處亂畫，滿天下的人豈不是都……」朱元璋把後面的話又嚥了回去。

「那怎麼辦？」

「殺了他！」

「畫像要的就是畫得像嘛，要是這樣就殺了人家，不是惹別人說閒話嗎？」

「愛妃，你不懂。殺一個小小的畫師，跟維護朕的威信德望，哪個大？」

「我覺得人家死得太冤枉了。」

「好吧，看在你的面上，就給他留一條活命！」可憐的畫師第三天夜裡，便被蠢賊將雙眼刺瞎了。

又過了四天，第二個畫師被召進宮來。此人姓曲，他是個矮胖子，有50多歲了。圓圓的臉龐上橫臥著兩道垂尾濃眉，一雙小眼睛急速地觀察著周圍的一切，給人一種聰明而又狡黠的感覺。

曲畫師來到華蓋殿，尖聲尖氣地喊著萬歲，恭恭敬敬地給皇帝磕過頭，便跪在矮幾上溶墨展紙，筆走龍蛇地描繪起來。曲畫師在進宮前，禮部的官員就鄭重地告誡過他：「皇帝的龍顏，奇崛修偉，與眾不同，那個袁畫師不知迴避，結果差一點被殺了頭，你可要仔細思索著描繪呀！」

曲畫師本來就聽說過袁畫師的遭遇，卻不知袁畫師哪裡得罪了皇帝。等到磕完頭坐下來時，曲畫師只瞅了皇帝一眼，立刻找到了答案：皇帝的「龍顏」，竟是如此地醜陋，簡直讓人不敢目睹，那位袁畫師一定是害怕失真，

認真加以描摹，方才觸怒了聖顏。雖然保住了一條命，卻白白丟了一雙眼睛。曲畫師不由得打了一個冷戰。

畫得不像，有欺君之罪；畫得太像，有醜化龍顏之過，也同樣要受到嚴厲懲處，他真是後悔應召進宮來。眉心打結，雙唇拉緊，低垂著雙眼，望著地上的方磚，不知該如何下手，彷彿磚縫裡能夠找到答案，恨不得鑽進磚縫裡。

「磨蹭什麼，怎麼還不開始？！」朱元璋坐在上面厲聲喝問。

「小人，正在構思。」畫師慌忙地回答道。

突然，曲畫師的小眼睛眨了眨好像來了靈感，只見他立刻低頭畫了起來。他不像第一個畫師那樣，幾乎是看一眼畫一筆，有時甚至還要端詳許久才會下筆。曲畫師除了一開始注視皇帝片刻之外，他再也沒有抬過頭。不到兩盞茶的工夫，曲畫師便將草圖勾畫完畢，雙手呈給了皇帝。

朱元璋一看，差點沒大罵起來，這簡直是在造假！自己的狹長臉成了長方臉，三角眉成了臥蠶眉，單眼皮成了雙眼皮，細眼成了美目……畫上竟然沒有一點兒自己的影子。

「大膽！你這是給朕寫真嗎？」朱元璋怒吼道。

「是呀。」

「你這哪裡是在給朕寫真，分明是在胡寫亂畫，簡直是膽大包天！」

「陛下展龍目仔細端詳一番，就會覺得畫像酷似皇上了。」

朱元璋低頭看了一陣子，氣呼呼地說道：「這面容根本就不像朕，倒像是家家掛的財神。」

「皇上聖明！」曲畫師提高了聲音，「皇上的容顏，在普通人的眼裡是龍顏，在小人的眼裡，既是龍顏，也是神佛……」

「朕怎麼會是神佛？」朱元璋打斷了曲畫師的話。

「當然是，皇上不僅趕走了欺壓我華夏上百年的韃子，而且還開墾荒田，減賦稅，明法紀，肅貪暴。如此千載難逢的明君聖主，不是神佛是什麼？」曲畫師直起身子說道。

「話雖如此，」朱元璋的口氣緩和下來，「可是別人看了這畫像，會認不出是朕呀。」

「除了皇上誰人有如此佛心、福相，怎麼會認不出哪？」

朱元璋覺得這位曲畫師，分明是在巧掩飾過，本想大大發作一頓，卻又忽然想到，他畢竟是把自己畫成了神佛，如果為此就殺了他，實在與禮不合。於是，他便和緩地說道：「你如此濫竽充數，畫得如此失真，本應亂棍打出去，但是，念在你尚有一點兒孝心，且饒你一頓暴打，出宮去吧！」就這樣，曲畫師依靠著自己隨機應變的小聰明保住了性命。

在尋找第三個畫像的人時，的確是費了一番周折。畫師們聽說了畫像人十分悲慘的遭遇，因此沒有人敢於應召。最後，有一位年近花甲的老畫師沒有躲避得及，拗不過官家來人的說服威逼，只得應命進宮。

這位畫師叫高一蕃，面貌清癯，鬚髮皤然，一派仙風道骨。他何嘗不想親眼看看朱皇帝到底長著一副什麼樣的奇相偉貌，但是一想到前面兩位畫師的命運卻又不寒而慄。高一蕃不願意盲目冒險，更害怕會無端地將性命搭上。

眼看著進宮的日期逐漸臨近，高畫師的心裡越來越感到害怕。無奈，他只得去向足智多謀的劉伯溫求教。高畫師把前面兩位畫師的遭遇以及自己的擔心說了以後，焦急地問道：「這像畫得逼真了，是惡意詆毀；畫得不像又是故意欺君。懇祈中丞大人給予指點，小人應該如何做，才能保全自己的性命呢？」

劉伯溫聽後，只見他捋著虯鬚，點頭笑道：「那就來個不偏不倚。」

「不偏不倚？小人實在是不懂啊！」高畫師不解地說道。

「就是求其近似，而不求酷似。」劉伯溫解釋給他聽。

高畫師捋著疏鬚說道：「就是乍看之下有些像，細看又不像？」

「正相反，要乍看不像，但越細看越像，這叫追求神似，而不求形似。要抓住隱於中的精神，而忽略形於外的骨相皮毛。」

當高畫師跪在朱元璋面前時，用了足有兩個時辰才畫出了寫真稿。畫好後，老畫師戰戰兢兢用雙手將寫真稿捧到了御案上，並不斷偷眼端詳著皇帝的表情。

這時，只見朱元璋雙眼盯著畫像，雙唇緊閉，三角眉蹙到了一起，一副怒不可遏的模樣。老畫師見狀渾身瑟瑟抖個不停，認為自己將要大禍臨頭了。不料，剛剛過了一會兒，朱元璋的眉頭便慢慢地舒展開來，兩邊嘴角緩緩上翹，似乎有了幾分笑意地說道：「你畫得尚可，合朕心意，真是難為老先生了，就在這畫稿上施朱著彩吧，畫好了，朕有賞。」

「小人遵命。」高畫師趕忙跪地叩頭。朱元璋沒有食言，寫真像完成之後，他慷慨地賞給老畫師二百兩銀子。

這一天，朱元璋心緒極佳，為了驗證三幅畫像的效果，退朝後，他帶上畫像來到了馬皇后的住處。恰巧，惠妃郭玉琴、寧妃郭銀月也都在那裡。一聽宮女稟報皇上駕到，后妃們趕忙跪地迎接。

這時，朱元璋把帶來的畫像，展開一張放在長几上，回頭說道：「你們過來看看，這上面畫的是誰？」

馬皇后等近前看了好一陣子，一齊搖頭道：「不認識。」

「這是一個姓曲的畫師給我畫的像，怎麼會不認識呢？」朱元璋說道。

「皇后，你說，像皇上嗎？」郭銀月扭頭問道。

「一點兒也不像，畫得倒像是財神爺，那個姓曲的一定是在矇蔽皇上。」郭玉琴搶先答道。馬皇后也點頭稱是。

朱元璋又將高畫師的畫打開了，馬皇后看了一眼，便搖起頭來，又看了一下：「細看起來倒是有一點兒像呢。」兩位郭妃一齊答道是有些像。

「你們再看看，袁畫師的這一張。」朱元璋又打開了第三幅畫像。「這張像極啦！」郭玉琴高叫起來。

「真是太像了，這畫師的手藝可真高，畫得跟皇上真人一樣。」馬皇后點頭稱讚道。

郭銀月湊趣道：「畫得這麼好，皇上可得多多獎賞人家呦！」

「獎賞？我還想殺了他呢。」朱元璋無力地坐了下來。

「畫得像還要殺人家，那些畫得不像的，不得碎屍萬段？」郭玉琴不解地問。

「你不懂，正因為那個袁畫師的手藝高超，才不能留下他。不然，他畫了朕的真容，四處賣錢倒在其次，假如朕的真模樣讓外面的人都認識了……」朱元璋本來想說「多不雅觀」，可是，話到嘴邊又沒有說出口。

「這樣吧，這張似像不像的我拿走，準備以後用；那張很像的你留著吧，等以後傳給後代子孫，好認識祖宗的真面目；而那張根本就不像的，馬上燒掉吧。」朱元璋指著畫像吩咐道。

其實究其原因，主要在於朱元璋本人其貌不揚，近乎到了醜的地步，但是，他卻是個追求完美的人，他想讓國人看到的是個皇帝的樣子，是個應該具有威懾力量的人。

朱元璋為了將歷代功臣的事跡以及幫助他奪取天下的將士們的豐功偉績繪成掛圖，特意徵召各地名畫家會集京城。有一個叫周玄素的畫家，他的畫藝極高，城府也是特別的深，他就是靠著隨機應變的智慧保住了性命。

有一天，朱元璋命周玄素在宮殿的牆壁上繪一幅〈天下江山圖〉，這是一件極容易觸動皇帝忌諱的事情。當週玄素聽到朱元璋讓他畫〈天下江山圖〉

時，他嚇壞了，急忙跪在地上叩頭說道：「臣未曾遍歷九州，貿然奉詔，必然有失逼真。請陛下首先創一個規模大勢，臣然後稍作潤色，庶幾不會走樣褻瀆。」

朱元璋覺得周玄素狡猾，就想再進行試探。於是，他拿起筆慢筆勾畫，不到半個時辰，一幅草圖出現在八尺長絹上。然後放下筆，退後幾步，一邊點頭欣賞，一邊對周玄素說道：「草圖已繪出，爾為朕潤色之。」

周玄素急忙又說道：「陛下江山已定，鐵打鋼鑄，豈可動搖？小人豈敢染指呀？」朱元璋雖然對沒有抓到周玄素的把柄而感到有些失落，但是周玄素說的這些吉利話卻讓朱元璋倍感舒坦，他笑了笑便作罷了。

此外，朱元璋不僅愛聽諛辭和吉利話，還要求天下臣民，凡是與皇上有關的一切事物，都必須加倍珍惜。皇家印製的鈔票和皇曆，都不得任意毀壞，否則將處以重刑。在屢次有人犯禁遭難的同時，京城卻有一位顧姓的老者靠著機智保住了性命。

這位老者因為家裡貧窮，買不起窗戶紙，便撿來一本舊皇曆糊了窗戶。誰知就是這樣一件小事，也沒有被告密邀功的人放過。當聽到自己的事情已經被告發時，老者趕忙去向一位老吏求教。

當天夜裡，老者就被抓了起來。第二天，朱元璋親自審問了老者。他聲色俱厲地問道：「顧老頭，你是在用皇曆糊窗戶嗎？」

「正是。」老者不卑不亢地回答道。

「難道你就不知道，皇曆是朝廷頒賜的聖物嗎？知法犯法，你的膽量不小呀！」朱元璋虎起了臉厲聲喝道。

「萬歲爺饒命！」老者急忙懇求道，「小人是不得已而為之呀。」

「哦，那是為什麼？」

「啟稟萬歲爺，小的新娶了一房兒媳婦，因為日子擇得不好，不知衝撞

了哪路神仙，媳婦一進門，便忽發狂疾，藥石不靈，太醫……不，醫者們束手無策。占卦的說，用皇家之物鎮一鎮便好。小的家境貧寒，哪有皇家之物，想來想去，皇曆出自內府，便用來糊在窗戶上。說也真靈，當天媳婦的病就見輕，三天後就全好了。」

「真是這樣嗎？」

「小人不敢有半句謊言。」

「你兒媳婦的病好了，朕也替你高興。」

「是呢，街坊們無人不說皇上頒發的皇曆賽過靈符呢。」

「哈哈！」朱元璋笑了起來，「想不到，朕的皇曆還能為百姓避禍造福，真是太好了！」

誰能讓朱元璋高興，誰就可以因禍得福。這位顧姓老者非但沒有獲罪，還被賜予了一桌皇家的酒飯。酒足飯飽之後，客客氣氣放他走了。朱元璋始終認為，學問生異，智慧養奸。因此，他對讀書人的態度始終都是懷有戒心的。

處理家庭複雜關係

朱元璋的妻子馬秀英因早年喪母，被郭子興夫婦收為義女。在郭子興當農民起義軍的元帥時，他把馬秀英嫁給了英勇善戰的朱元璋。馬秀英的善良、聰穎和勤儉等都深得朱元璋的喜愛，在朱元璋成就大業後，馬秀英也順理成章地成為了馬皇后。

有一次，當陳友諒的軍隊兵臨城下時，不少官員和百姓都準備逃難。可就是在這人心慌亂的緊急時刻，鎮定的馬皇后用她的智謀穩定了軍心，也為朱元璋取得最後的勝利造成了重要的作用。

馬皇后與朱元璋相伴 30 年，不僅盡了一個妻子的責任，而且還在相互

尊重、相互信任的基礎上，對朱元璋的事業發展也產生了重大的影響。在朱元璋平定天下、創建帝業的歲月裡，馬皇后和他患難與共。朱元璋當了皇帝後，他對馬皇后也一直是非常尊重和感激的，對於她的建議往往也能夠認真地聽取和採納。

朱元璋的起步階段，也正是大戰的艱苦時刻，馬皇后始終緊隨其身，照料朱元璋的飲食起居，並且還替他掌管文件。馬皇后並不是一個有學問的人，但是，她為了替朱元璋做些機密文書的保管與記錄，便更加努力地學習文化。馬皇后把官員識文斷字的女眷請來做自己的先生，在她堅持不懈的努力下，終於疏通經史大義。後來，隨著教育程度的提高，馬皇后做事更加幹練。凡是朱元璋交代的事情，馬皇后總是記錄得十分清晰。此外，馬皇后還會及時地提醒朱元璋，以免發生什麼失誤。

有一時期鬧災荒，軍中缺糧現象非常嚴重，馬皇后自己忍饑挨餓，想辦法貯存些乾糧、醃肉供給朱元璋食用。當軍隊作戰缺少衣服和鞋子時，馬皇后便率領將士的妻子們不分晝夜地趕製衣服、鞋子。就連軍中的公文書信，也全由馬氏整理保管。當朱元璋需要查詢什麼的時候，便很快就能夠得到答覆。據說打下應天後，馬皇后仍然習慣保管朱元璋隨身的雜記。

朱元璋建國後冊封馬氏為皇后，並且說道：「家有良妻，如國家之有賢相。」朱元璋這一說法很恰當，但馬氏覺得言過了，心裡感覺不安。

俗話說得好，天下沒有不吃醋的女人。只是拘於當時封建禮教的限制，女人也只能接受不公平的現實。然而，馬皇后卻不同，她不僅不會干涉，而且還表現出少有的寬容和平靜。她所擔心的不是朱元璋把關愛給了別的女人，而是擔心朱元璋會因此誤了國事。

有一天，馬皇后伺候朱元璋吃完了飯，委婉地說道：「臣妾昨天讀到了一首好詩，是李山甫寫的，皇上是否願意聽聽？」

「好哇，您念吧。」

只見馬皇后輕聲念道：「南朝天子愛風流，盡守江山不到頭。總是戰爭收拾得，卻因歌舞破除休。堯行道德終無敵，秦把金湯可自由。試問繁華何處有，雨苔菸草古城秋。」

馬皇后把這首詩連續念了兩遍，朱元璋心領神會，點點頭笑著說道：「難得皇后如此牽掛著江山社稷，朕會命人把這首詩題寫到謹身殿的屏風上，天天讀之永遠不忘。」

馬皇后急忙施禮，說道：「皇上聖明！」

這一天，馬秀英知道朱元璋有許多事情要處理，於是便耐心地在屋裡等著。她看著丈夫的事業一天天做大，一天天走向那輝煌的成功之巔，又是興奮又有些擔心。可是，當她看到丈夫還是一心一意地愛她時，她便感到十分滿足。

當馬秀英看見丈夫那雙對郭麗渴望的眼睛時，她也會感到煩亂不安。可是，馬秀英的聰明也告訴她該怎樣來處理這件事情。有一天，馬秀英對朱元璋說道：「我帶皇帝去個地方。」話剛一說完，馬秀英就拉起朱元璋來到了一間別緻的閨房，只見閨房中有一位身著新婚紅裝的姑娘正坐在床緣上，屋裡的陳設豪華不已，床上的用品更是玉帛錦緞，只可惜姑娘頭上蓋了頭蓋，一時竟不知是誰。

「你這是……」

「給你找的妃子，她是你最喜歡的郭麗……」馬秀英儘量輕鬆地說。聽到郭麗這兩個字，朱元璋眼睛一亮。

郭麗是郭子興的小女兒，美麗芳潔，端莊賢淑。郭子興死後，朱元璋就將其母女接來與自己同住，但都是馬秀英安排照顧的，自己軍務繁忙，很少與之接觸，偶爾看到一回，便不免愣上一陣子。但是，這個想法也只是偶爾冒出。基於對馬秀英的傾愛，基於戰事的繁忙，他還是很少想起這個女人，可是如今她卻成為了自己的妃子，這怎麼能不叫朱元璋感動呢？

「你為什麼？」他望著馬秀英，似乎不明白她為什麼要這麼做。

「因為你喜歡。」馬秀英對朱元璋說道。

「我喜歡的，你就去做嗎？」

馬秀英點點頭：「我活著，就要讓你得到你喜歡的。」

「夫人！太感謝你了，我一輩子都會對你好的。」朱元璋緊緊地摟住了馬秀英。

「我知道。」馬秀英說，「你去休息吧，我也要去休息了。」

馬秀英推開朱元璋，走出門去。來到灑滿月光的庭院裡，久久地凝視著那在雲裡急急穿行的月亮。

此外，馬皇后會對朱元璋的一些過火行為及時給予糾正，尤其是在朱元璋誅殺異己的殘暴行為上，表現出了極大的不滿。私下馬皇后經常會規勸朱元璋，希望他在用人上面能夠避其所短，用其所長，同時，也應該愛惜他們的生命，不要動不動就施以酷刑，要選用賢人共同治理國家。

雖然善良的馬皇后欣賞那種孝敬慈愛、無為而治的治國方式，但是作為皇帝的朱元璋，則需要的是開規模、立章法、清汙穢、除積弊、強主幹、弱枝末的治國方式，他要為子孫後代掃平障礙，這就需要採取雷厲風行的嚴酷手段。即使是這樣，馬皇后也會以仁慈為心、清淨為本念，對朱元璋的行為進行矯正與補救。

朱元璋對後宮的要求是十分嚴格的，他堅絕不許嬪妃干預政事，更不準她們奢侈腐化。馬皇后統攝六宮，處處做出了表率，氣度、能力皆令朱元璋欽佩不已。

和朱元璋血緣關係較近的侄兒朱文正，在對陳友諒的戰爭中立了戰功，但是因叔父未及時賞賜而產生不滿，朱元璋因此殺了朱文正身邊的親信，還要治他的罪。後來，由於馬皇后的努力規勸，這才使朱元璋將朱文正免官了事。

　　馬皇后對娘家人也是極為懷念的，每當說到父母早逝就會傷心地痛哭流涕，朱元璋也因關心她而及於外家，打算要為馬皇后訪察親屬，以便封賞。馬皇后是個是非分明的人，當她知道朱元璋要這麼做的時候立刻就謝絕了。胸懷坦蕩、通情達理的一番話，令朱元璋極為嘆服，他立即改變了主意，收回了預定的封賞。

　　馬皇后身先垂範，其他有此想法的妃嬪也只能傚法，沒有人再敢藉著自己被恩寵，為父兄邀官求爵。難怪朱元璋曾經當著大臣的面大加誇獎馬皇后，說她是自己的得力臂膀，可堪比唐太宗的長孫皇后。

　　此外，馬皇后與身邊的妃子和宮人相處得也是十分和睦。隨著國事越來越繁亂，朱元璋變得異常暴躁，也變得很神經質。馬皇后看在眼裡，急在心裡，她總是想盡一切辦法來安慰朱元璋。

　　在朱元璋每次用膳的時候，都是馬皇后親手安排的，她想儘量讓朱元璋吃得高興、舒服些。妃嬪們勸馬皇后要愛惜自己的身子，讓她們替她做一些事。馬皇后總是解釋道：「不是我不信任你們，皇上日理萬機，心情煩躁，萬一哪裡有了不周之處，你們就會受到懲罰，我心裡不忍呀！」

　　這樣的事情，確實曾經發生過。有一天，在用午膳時，朱元璋情緒極壞，沒吃幾口便放下了筷子。他拿起調羹喝了一口湯，覺得有些涼，便狠狠地將調羹摔進了羹盆裡。羹湯四濺，弄了馬皇后一身一臉。可是，她不僅未惱，而且連忙賠笑，伸手摸摸羹盆，說道：「這湯是涼了些，我去為皇上熱熱吧。」說罷，便親自去御膳房加熱。

　　端回來時，朱元璋看見馬皇后雙鬢添霜，神色憔悴，為了自己，仍然如此艱辛操勞，愧疚地問道：「剛才燙沒燙著？」

　　馬皇后甜甜地笑著說道：「沒事，是臣妾粗心，讓皇上生氣了。」

　　「皇后，你的心腸真好！」朱元璋動情地拉過她的一隻手握在手裡，「有

你做我的皇后,是朕的福分呀。」

「皇上言重了,你能夠永遠高高興興,才是臣妾等的福分呢。」朱元璋的臉色頓時平靜了許多。

還有一次,一個宮女在侍候朱元璋洗腳的時候,水比平常略微熱了些,朱元璋立刻怒吼起來:「混帳東西,你誠心要燙死朕?」說著便一腳將宮女踹倒,又一腳將洗腳盆踢翻。「來人呀,給我拖出去,重重地打!」

宮女跪在洗腳水裡磕頭哭求,惹惱了皇帝,小宮女一場重責眼看是在劫難逃了。正在此時,馬皇后聞訊趕來了。她一副十分生氣的樣子,近前指著宮女斥責道:「伺候皇上不用心就該狠打!」她轉向皇帝說道,「這事不必皇上費心勞神,由臣妾來處置她就是了。」

朱元璋生氣地問:「你打算怎麼個處置法?」

「把她送到官正那裡去議罪!」宮女被拉走後,皇后又吩咐重新打來熱水,親自伺候朱元璋洗腳。

朱元璋這個時候已經平靜了許多,想了一陣子,忽然問道:「宮女有錯,皇后為何不親自處罰呢?」

馬皇后緩緩地答道:「皇上,咱們是帝王之家,不能喜而加賞,怒而加刑。人在喜怒時行賞罰,難免出自喜怒。而交付專管此事的官正,就可以平靜對待,按律酌處。朝廷的事,也應當如此。陛下在外廷要定人的罪過時,不也是交給三法司承辦嗎?」

一席話說得朱元璋半晌無語。仔細想想,不但敬佩皇后的仁慈之心無所不在,而且她的話中,暗含規諫之意,可謂用心良苦。朱元璋非但沒有惱怒,反而高興地拍著她的肩頭說道:「老天爺派你來做我的皇后,這是咱前世修的福分!」馬皇后微微笑了笑。

然而,不知是過度的勞心,還是染上了什麼病症,自打入春以來,馬皇后便覺得渾身懨懨的,做什麼事也打不起精神。御醫們使出了渾身解數也毫

無起色。等到了秋風蕭索、落葉滿階時，馬皇后已是茶飯難進，下不來床了。

馬皇后懇切地對朱元璋說：「自古道『生死由命，富貴在天』。一旦找來的郎中投藥無效，陛下會因愛妾心切，憤而加罪於郎中，那豈不白白送掉性命，還會增加了妾身的罪過。萬萬使不得呀！」

「不，我不能眼睜睜地看著你受罪，不管怎樣……」朱元璋聲音哽咽說道。

馬皇后無力地搖著頭，打斷了朱元璋的話：「往後，臣妾絕不會再喝那些藥了。」果然，從此以後所有郎中開的藥，她一律拒絕再吃。

朱元璋急忙來到病榻前，進行勸說：「皇后，藥還是要吃的，如果沒有效果，我也會寬恕他們的。」

可是，馬皇后知道朱元璋喜怒無常，動不動就會大開殺戒，她不願意讓那些郎中和服侍的人無辜受牽累。而且悄悄吩咐他們，讓他們躲避或者是逃命，以免被連累而無辜受到懲罰。

在馬皇后彌留之際，她劇烈地喘息著，斷斷續續地對朱元璋說道：「求賢納諫，慎終如始，子孫皆賢，臣民得所……但能如此，妾就雖死無憾了。」

「皇后，我一定能照你的話去辦，你就放心去吧。」見皇后故去，朱元璋失聲痛哭起來。洪武十五年八月初十日，馬皇后與世長辭，享年僅 51 歲。

朱元璋失去了相濡以沫 30 多年的馬皇后，悲慟不已。而更多的則是，馬皇后的所作所為，贏得了朱元璋的尊敬與欽佩。她生前，朱元璋褒獎她，比諸歷史上的賢后長孫皇后，並且還為馬皇后的父親起墳立廟；她死後，朱元璋不再冊立皇后，表示對她的敬重和懷念。

皇后撒手而去，悲痛不已的朱元璋變得暴躁無常。雖然會想到馬皇后臨終前的再三叮嚀，但是還時不時地因為一點小事，就會大發脾氣。為了排遣心中的悲傷與思念，朱元璋決定大做佛事，追薦皇后。他相信，皇后是菩薩娘娘轉世，現在一定是到西天極樂世界去了。

　　不料，安葬皇后這天，狂風大作，電閃雷鳴，暴雨如注。整座金陵城一片汪洋，彷彿沉沒到大澤之中。朱元璋傷痛之餘，又增加了幾分憂慮。於是，他把僧人宗泐叫來，責問道：「你回答朕，今日是皇后封安大典的日子，為何上天如此地天公不作美？」

　　宗泐知道皇帝的喜怒無常，如果回答不當，就可能將小命白白搭上。沉思了一陣子，宗泐壯著膽子問道：「小僧有四句偈語，不知皇上願意聽否？」

　　朱元璋說道：「念來朕聽！」

　　宗泐清清嗓子，高聲吟道：「雨落天垂淚，雷鳴地舉哀。西方諸佛子，同送馬如來。」

　　朱元璋認為和尚胡編亂造欺騙自己。宗泐急忙說道：「陛下，昨晚小僧入睡後，忽見菩薩降臨，於是，小僧急忙叩頭詢問，為何皇后升天的日子，天色不佳？菩薩念了這四句詩後便駕雲翩然而去。陛下，這是小僧夢中得句呀！」

　　朱元璋覺得和尚不像是在欺騙自己，而且四句詩也非常吉利，心頭的悲痛和怒氣漸漸消解。過了一會兒，果然雨過天晴，豔陽高照。朱元璋這才高興起來，他更加相信馬菩薩真的榮登仙境了。

　　身為一國之尊的朱元璋，雖然一再標榜，自己夙興夜寐，憂患國事，無閒暇迷戀女色，但是當他登上皇帝寶座之後，這個麻臉漢子雖然不是「後宮佳麗三千」，但供他享用的絕色麗姬，也足有數百人之多。每當占領了一個地方，朱元璋都要派親信四處蒐羅，或者是接受他人的饋贈。

　　自古以來，貞潔與忠誠是女人必須遵守的條律，這與男人來說卻是毫不相干的。女人如果不貞，輕則被休，重則被殺。女人如果干涉丈夫納妾娶小，那則是不被寬恕的妒婦。

　　朱元璋就是這樣一個封建禮教的忠實捍衛者，那些替他打天下而獻出性

命的將領，他們的子弟都繼承了父兄的爵位和俸祿，過起了錦衣玉食的富貴生活；而那些無子女的遺孀，卻失去了原有的生活保障。

在面對那些失去了生活保障的婦女時，朱元璋對於她們的悲苦卻視而不見，甚至還對她們說道：「你們一個個凶悍忌妒，容不得丈夫納妾生子，不但絕了我功臣的後嗣，還落得孤苦伶仃、無人奉養的地步。你們也怨不著別人，現在發給每人木碗一個，打狗棍一根，都到功臣的門口去乞討。」

貧窮出身的大明天子，竟然如此狠毒地對待陣亡將士的家屬，這也難怪，因為她們觸犯了朱元璋的喜好。剛剛做了兵馬統帥時，他便是金屋藏嬌、妻妾成群了。等到做了皇帝之後，他亦步入歷代帝王的後塵，佳麗如雲，天天徜徉在溫柔鄉里。

這些嬪妃是如何來到朱元璋身邊的呢？這也是有多種管道的：一是從民間挑選而來的，當然在其中也不免有強娶的；二是從元朝宮廷中選取的，其中有蒙古人、高麗人等少數民族；第三是收納了陳友諒的宮妃。

朱元璋在對待嬪妃的問題上和其他帝王並沒有多大不同，看著這些表面上風光的女人，實際上如果稍有不慎就會遭遇不測。即使是在朱元璋死後，他也要讓40多個嬪妃為他陪葬南京孝陵，由此不難看出，朱元璋的封建專制思想是多麼強烈。

朱元璋到底有多少嬪妃，他自己也是諱莫如深，史官們更是弄不清楚。有的嬪妃雖然受到了朱元璋的寵幸，但也會很快就被拋之腦後。有的就算是為他生兒育女，只要偶然惹怒了他，不是被打入冷宮，就是被立即「賜死」。就連恩人郭子興的親生女兒，朱元璋的第一個小妾郭玉琴，也曾遭到過朱元璋的嚴厲懲罰。

郭玉琴是馬皇后的義妹，在郭子興死後，由小張夫人做主嫁給了朱元璋，她也是朱元璋最早納的一房側室。後來，郭玉琴被晉封為郭惠妃，她為

朱元璋生了3個兒子和2個公主，為朱家的傳宗接代立下了功勞。但是，誰也沒有想到，由於郭玉琴的坦蕩直爽，不小心惹惱了朱元璋，隨後，郭玉琴便受到了嚴厲的處罰，被打入了冷宮。

胡氏原是濠州人，婚後不久丈夫便拋下她去了豐都城。朱元璋在一次巡查時，無意中看到一位美若天仙的姑娘從眼前閃過，立時像是被攝去了魂魄一般。第二天，朱元璋便即登門相求，想把姑娘納為側室。胡母看他只是個醜陋無比的小頭目，根本就不把他放在眼裡，當即就把朱元璋給拒絕了。

占領應天府以後，朱元璋始終都惦記著那個姑娘，當即派媒人帶上彩禮前去提親。此時，胡母覺得朱元璋的官越做越大，仍然對女兒一片癡情，也算得上是個有情有義的人。更何況，如果女兒嫁過去自然有享不盡的榮華富貴。於是，胡母當即就答應了媒人。

登基之初，朱元璋將胡氏封為充妃，她的父親胡泉則被任命為定遠衛指揮。直到充妃生下了楚王朱楨，寵幸依然有增無減。誰知，一件意外的事件卻改變了她的命運，不僅奪走了她的寵愛，就連寶貴的性命也搭上了。

這起災難起源於宮中爆出的一件醜聞。楚王朱楨離京去封地武昌就國不久，有一天早晨，太監在清理御河中的枯枝落葉時，打撈出一個未足月的死嬰。顯然，這是宮裡的人墮胎後，悄悄扔進去的。

嬪妃宮娥受幸後，懷上龍種，乃是難得的寵幸。如能生下王子、公主，意味著身價倍增，一步登天。乞求都得不到的好事，可現在明顯就是宮廷穢亂的鐵證。

朱元璋得知後暴跳如雷，即刻命令官正司嚴加搜查，凡是有嫌疑的宮人一律處死。不久，朱元璋得到密報：醜事是一個姓胡的所為。朱元璋立即想到了胡充妃，這個當初極不情願嫁給自己的妖婦，本來就是個一身事二夫、極不貞不潔的女人。這些年來，胡氏年長色衰，他再也提不起興致前去寵

幸。既然如此，她哪裡來的孩子？一定是她淫亂後宮的結果。

　　想到此，朱元璋怒氣衝衝地直奔胡充妃居住的懿德宮，進行質問。胡充妃見皇上來了，急忙跪到地上迎接。朱元璋大聲怒吼道：「賤人，你自己做的醜事，卻還在這裡裝清白。」

　　「皇上這麼說，臣妾越發糊塗了。」

　　「你這個不貞不潔的騷貨，竟敢與人私通生下孽種，朕今天定不饒你！」說完，朱元璋倏地從腰中拔出寶劍向胡充妃刺去。寶劍刺進胸口，熱血噴湧而出，胡充妃倒地而亡。

　　等大腦冷靜下來之後，朱元璋有些後悔了。他仔細一想，胡充妃自從跟了自己，可說是盡心盡意，無可挑剔。況且，她已經是快 50 歲的人了，年老色衰，怎會招來狂蜂浪蝶？只怕，十有八九是冤枉了充妃！

　　朱元璋正在自怨自艾的時候，楚王朱楨得到母親暴亡的消息，連夜趕來京城，他是懷著滿腹狐疑和憤怒而來的。但是，當來到父皇面前時，他卻連一句質問的話也不敢說，只是跪在地上，大聲地哭喊著母親。

　　朱元璋拍拍兒子的肩頭，淒然地說道：「楨兒，為父知道你心裡難過，可是，皇家的臉面不能不顧忌呀。我不會無故冤枉誰的，看在她養育了你的分兒上，詔封她為昭敬皇妃，你看如何？」

　　「多謝父皇的恩德。嗚嗚嗚……」

　　朱元璋一本正經地安撫著滿腹狐疑的兒子，又勸他趕快回武昌去，告訴他肩負重任，千萬不可耽誤了軍國大事。打發走了朱楨後，胡氏溺嬰這件疑案，方才告一段落。

　　胡順妃年輕貌美，身材苗條，走起路來猶如風擺楊柳，說起話來也是燕囀鶯啼，曾一度深得朱元璋的喜愛。她進宮不久，便生下了湘王朱柏，也算得上是有功之人。

正當緊鑼密鼓肅清「胡黨」的時候，朱元璋忽然接到密奏：他的老丈人，也就是胡順妃的父親胡美，帶著他的女婿多次溜進後宮，不知做何勾當。

知道這些後，朱元璋疑心大起，他堅信棄嬰於御河掩藏罪證的，一定不是那個胡充妃，而是這個胡順妃。想到這裡，朱元璋立即命令官正司將胡順妃暗暗地處死。可憐這位莊重的女子，成了溺嬰案的又一個無辜犧牲品。隨後，胡順妃的父親胡美也被賜自盡，胡美的女婿也被祕密處死了。

為了皇家的顏面，朱元璋並沒有將此事張揚，直到後來處置了李善長，在公布「奸黨罪狀」時，才把胡美拉進「胡黨」，同時公布了他們翁婿「淫亂後宮」的罪行。

朱元璋生來心腸極狠，即使為其生兒育女的嬪妃也都視如草芥，如稍有不遂心便張口就罵，舉手就打，甚至隨便揮劍殺戮。除了馬皇后，朱元璋始終禮敬三分外，在後宮嬪妃中，沒有不被到他辱罵、毆打的。機智聰明的孫貴妃是個例外。

孫綺雲不僅十分美麗，而且能夠識字解文，頗有智謀，曾為朱元璋獻計，從而解除了危難。朱元璋就是接受了她的建議，才活捉了民軍元帥陳野先，並且在江南立住了腳跟。對於一個弱女子能夠建立奇功異勛，朱元璋感到大為驚訝，因此視她為女中豪傑。

岌岌可危的太平城，若不是孫綺雲獻出的妙計，朝暮之間就要被元軍攻破了，她簡直就是自己的救命恩人。雖然這話只是朱元璋心裡想的，但是感恩之心卻從來都沒有忘記過。朱元璋登基後，孫綺雲立刻被冊封為貴妃，地位僅在馬皇后之下。

孫綺雲被封為貴妃後，她的哥哥孫瑛也立即被召進京城，賜給金銀緞匹，並派他去鎮守軍事要地龍灣。後來，孫瑛又被升任太僕寺卿。但是，

好景不長，美麗聰慧的孫貴妃，正當風采伊人時突然暴病而亡，這時她才32歲。

從不輕易落淚的朱元璋，此時卻連連揮灑痛淚，他要用最隆重的葬儀來安撫有功的愛妃。可是，皇家法度森嚴，葬儀的規格是不能夠隨心所欲的。孫貴妃沒有兒子，只生下女兒懷慶公主。按照規定，就連給她穿孝的兒子都沒有。

這讓朱元璋如何能夠甘心，既然法度是由自己一手制定的，當然也可以親手來改變它。朱元璋決定要讓兒子們通通為孫貴妃穿孝。與此同時，朱元璋為了做到名正言順，他喊來禮部尚書牛諒，讓他查一查，看看過去有沒有讓王子們給貴妃穿孝的先例。

牛諒回去後，考察了歷代喪禮記錄，開列出一篇流水帳，奏了上去。朱元璋一看，既然古人也有主張為母親服喪三年的，這便是最好的歷史根據。於是，他立時命令禮部制定出一個新規制：嫡子對生母，庶出的兒子對父親的正妻，以及庶子對生母，一律戴孝三年；嫡子及眾子對庶母，也要服孝一年。

按照這個規定，曾經受過孫貴妃撫育的周王朱橚，算作親生兒子，應為孫貴妃行慈母禮，戴孝三年；皇太子及諸王則穿孝一年。這本來是對親生父母的禮節，現在移到了庶母身上，眾王子憤憤不平。這時，太子朱標竟然當面與朱元璋頂撞了起來。

朱元璋本來就擔心大臣們反駁，現在竟然連最聽話的嫡長子，都公開聲明不遵旨，豈能容得？朱元璋屬聲喝道：「膽大包天，竟敢抗旨！不孝的孽子，看我不親手打死你！」朱元璋一邊罵著，一邊拔出寶劍，追了過去。

朱標一看這種情況便奪路就跑，他逃回東宮，哭著向「太子正字」桂彥良訴說了事情的經過。桂彥良不慌不忙地勸道：「貴妃病逝，皇上痛徹於

心。你應該體諒君父的心情，百孝不如一順，死死拘守古禮，有違兒臣當盡的孝道呀。」

朱標聽了師傅的勸說，感到忤逆父意，有失孝道。只見朱標脫下官服，換上喪服去向父皇賠罪。朱標邁進謹身殿便跪到地上，以頭撞地的哭道：「父皇，剛才兒臣鬼迷心竅，竟敢當廷頂撞父皇，實在是罪該萬死。」

朱元璋看到太子滿身孝服，一臉的後悔相，他的怒氣也消了大半，厲聲喝道：「朱標，你身為太子，不但不為眾臣和諸王做出表率，竟然帶頭抗旨，實在是大逆不道，可恨可殺！」

「兒臣死有餘辜！」朱標悔恨地說道。

朱元璋漸漸放緩了語氣：「看在你知過能改的份兒上，朕饒了你這一次。快去吩咐眾大臣和諸王子，穿起孝來，為孫貴妃送葬。」

在為孫貴妃舉行了隆重的殯葬後，朱元璋又命禮部官員編纂了一部名叫《孝慈錄》的禮書，將他所制定的新喪儀用文字形式保留了下來。

朱元璋接納了元王朝宮妃 30 餘人，還親自收納過陳友諒的愛妃。陳友諒姬妾成群，他單單將達氏據為己有，除了因為她美貌絕倫，再也沒有別的解釋。

喜新厭舊是人的通病，喜歡女人的朱元璋也不例外。不到一年，達氏便為他生下了兒子朱梓。朱元璋一高興，達美人搖身一變成了達定妃。

可是，人各有志，達氏始終忘不了大漢皇帝的溫柔眷戀。對朱元璋那張賽過驢子的長臉，每每定睛注視，都感到心裡不舒服。而陳友諒兵敗時，朱元璋血流成河的無情殺戮，更是一直縈繞心頭，揮之不去。

達氏念念不忘做陳友諒愛妃時的甜蜜日子，陳友諒的清眉秀目長久地在她面前出現。自從懷上孩子，為了保護龍種，達氏遵命暫停侍寢。終於逃脫了無盡無休的折磨，她高興得暗暗流淚。

與此同時，等待達氏的卻是深宮似海。從此，達氏很難再見到皇上的影

子了。在這深宮內院之中，連一聲雞鳴鳥啼也很難聽到，她不知道該怎樣度過漫長的後半生。

當達氏的兒子漸漸懂事後，有一天，他突然問：「娘，你怎麼不愛說話呢？你一定是有什麼心事吧？」

達氏看看宮娥不在跟前，兩眼一陣紅，俯在兒子的耳朵上說道：「孩子，娘當初就不是大明宮裡的人。」

「那你是哪裡的人？快告訴我嘛！」朱梓搖著達氏的手臂懇求道。

「可是，孩子，你能保證不說出去嗎？」

「娘，你儘管放心地說，孩兒保證不說出去。」朱梓說道。

於是，達氏流著淚，把自己的身世、家人，以及因為生得貌美，被選進宮去，漢皇帝陳友諒對自己如何體貼寵愛，兵敗時，朱元璋如何無情地殺戮，以及被朱元璋強迫做了他的妃子等事情，都告訴了朱梓。

後來，達氏又告訴朱梓他不是朱元璋的兒子，說自己被擄來時，肚子裡就已經懷著他了。

朱梓驚得半晌無語，熱淚滾滾而下：「原來，他不是我的父皇。」

「孩子，君子報仇十年不晚。咱們把仇恨牢牢記在心裡就是。」達氏對朱梓說道。

從此之後，朱梓對朱元璋表面上尊敬如初，但在內心裡卻是無比憤恨。幾年以後，朱梓長得越來越像陳友諒，一表人才，深得後宮嬪妃的喜愛。

為了報復朱元璋，朱梓藉著生活在後宮的方便，便與李賢妃和葛麗妃等發生了不正當的關係。當他16歲被晉封為潭王後，經常藉著朝見的名義回京城逗留，並且與舊情人進行祕密的來往。

這個時候的朱元璋還被蒙在鼓裡，他以為朱梓是眷戀自己和母親達定妃。因此，朱元璋不但沒有懷疑，反而認為這個兒子比別的孩子對父母更多

幾分孝心，於是對他愈發地喜愛。而事實上，朱梓始終將殺父之仇深深地埋藏在心底，他對朱元璋也是恨之入骨。

那是在洪武二十三年三月，朱梓得知老丈人於顯和妻兄於琥，被牽連進「胡黨案」，並且被一起處死後，再次觸動了心中的隱痛，也就更加堅定地相信自己不是朱元璋的親生兒子。

朱梓年輕氣盛，心中的憤懣會常常溢於言表。他認為山高皇帝遠，在自己的一畝三分地裡，無人會背叛自己去告密。於是，朱梓不僅會在親信面前流露出對皇帝殺戮自己至親的不滿，還公然將自己是大漢皇帝的兒子事情告訴了親信。為了報復朱元璋，他甚至將自己與皇妃們的風流韻事也說了出去。

殊不知，朱元璋的耳目是無處不在的。朱梓的言行終於傳進了皇帝的耳朵。對於如此大逆不道、犯上作亂的行為，朱元璋恨不得親手將他殺掉。於是，朱元璋命令徐輝祖，帶領十萬人馬直奔長沙，將朱梓逮回京城問罪。

尚在睡夢中的朱梓，被大兵壓境的氣勢給嚇壞了，一時之間竟慌了手腳。他考慮之後決定一不做，二不休，下令關閉城門，不接見徐輝祖。並調兵遣將，層層設防，舉起「大漢」旗幟，正式反叛。

徐輝祖見勸降無望，只得率兵攻城，長沙城當天夜裡即被攻破。

聽說王府已被團團包圍，朱梓知道逃走無路。橫豎是一死，索性把家人召到一起，反鎖上門，一把火將房子點燃。頃刻之間，全家人在烈火中化為灰燼。

朱元璋沒能親手處置「孽種」，心中的憤怒難以消除，他立刻將達定妃叫到面前責問此事。當達定妃知道兒子朱梓已死時，倏地站起來，一頭向柱腳撞去。「咚」的一聲響，腦漿迸裂，死在了地上。

朱元璋憤怒地咆哮著，命人把李賢妃和葛麗妃押來。不一會兒，李賢妃

和葛麗妃被太監架著手臂拖來了。朱元璋怒吼道：「你們知道淫亂宮廷，跟朱梓勾搭通姦，該當何罪？

葛麗妃伏在地上瑟瑟抖著不敢出聲。李賢妃則哭著辯解道：「皇上，臣妾實在是冤枉呀！」

「無恥的東西，還敢強辯？！來人呀，把她們拉出去亂棍打死。不準殯葬，把她們的屍體，扔到山溝裡喂野狼！」李賢妃和葛麗妃被亂棍打死後，她們跟達定妃一起，被裝進了一隻大籮筐，埋到了太平門外的亂葬崗上。

冷靜下來之後，朱元璋反覆思考，覺得處事太草率。陳友諒死的年限與朱梓出生的年限前後相差整一年，足見，朱梓不是陳友諒的遺腹子，而是自己的親生兒子。

但是，朱元璋又轉念一想，無風不起浪，朱梓的懷疑絕對不會是空穴來風。不用說，他是聽信了惡人挑撥才起了疑心，那些別有用心的壞傢伙，真應該千刀萬剮。

虎毒不食子，一日夫妻百日恩，朱元璋對自己的做法產生了幾分悔意。於是，他立刻降旨，將達定妃、李賢妃和葛麗妃的屍首挖了出來，重新裝棺安葬。可是，這時三具屍體已經腐爛得無法分辨了。朱元璋只好吩咐照舊掩埋了，在旁邊另外培出了三個土丘，算是三位妃子的墳墓。

朱元璋雖然對功臣勛將、嬪妃媵嬙動輒殺戮，但是對自己的親生骨肉，卻從來都不忍心下手。朱元璋對公主們成家後的家庭生活，以及她們過的是不是幸福毫不在意；對於那些駙馬爺，只要稍涉不敬或不忠的嫌疑，朱元璋便會像對待外人一樣，毫不猶豫地將其處死。

朱元璋 28 歲時才生了第一個兒子，到了 68 歲為止，在這 40 年的時間裡，共生下了 16 個女兒，26 個兒子，總共 42 人。其中有 2 女 2 子早夭，有 38 個子女長大成人。

那些龍子鳳女，既是皇室的傳宗接代者，又是調節朝廷政治格局的一枚棋子。他們的婚姻，無不帶有強烈的政治色彩：為了籠絡大將勳臣，平衡與牽制他們之間力量的消長。朱元璋有7個女兒嫁給公侯勳臣的兒子，分別是長女臨安公主、二女寧國公主、五女汝寧公主、八女福清公主、九女壽春公主、十一女南康公主、十二女永嘉公主。

曾經的金枝玉葉，錦衣玉食，但是，作為政治工具的公主們，其實並不像人們想像的那樣夜夜歡歌。許多金枝玉葉的命運，甚至連普通百姓都不如。

有的公主年紀輕輕便成了獨守空房的寡婦，永嘉公主嫁給郭鎮不到10年，27歲的郭鎮便一命嗚呼，23歲的永嘉公主便成了寡婦。嫁給張麟的福康公主同樣也是婚後不久便喪偶，只能和不懂事的兒子相依為命。

在這些公主中，其實最可悲的是做了權力鬥爭的犧牲品。朱元璋將臨安公主下嫁給李祺，就是為了拉攏左丞相李善長。可是，當他感覺到勳臣的勢力威脅著皇權的時候，便不顧父女情分，毅然將親家滿門抄斬。李善長一家包括駙馬李祺等70餘口，慘死在朱元璋的刀下。此時，不到30歲的臨安公主卻只能對著孤燈冷月，消磨淒苦的後半生。

此外，東川侯胡海因為牽進「胡黨案」，和兒子胡玉一起被處死。三子胡觀因為是南康公主的駙馬，僥倖保住了腦袋。寧國公主的公爹梅思祖在死後的第八年，被定為「胡黨」，他的小兒子梅義全家被殺，看在寧國公主的情分上，朱元璋饒了他的大兒子梅殷一命。可是，這位娶了馬皇后長女的駙馬爺，雖然逃脫了朱元璋的刀下，但是卻沒能躲過大舅子朱棣的暗箭。

只要是權力鬥爭的需要，朱元璋從來都不顧及女兒的幸福、駙馬爺的生死。有好幾個駙馬爺，都成了權力鬥爭的犧牲品。唯一的例外則是駙馬爺歐陽倫，他的被殺可謂是罪有應得。

歐陽倫是安慶公主的丈夫，安慶公主和姐姐寧國公主都是馬皇后所生。

歐陽倫依仗著自己是皇親國戚，正宮娘娘的愛婿，肆意為非作歹。他不僅強占土地，隱匿賦稅，還利用走私鹽茶來為自己牟取暴利。

明朝初年，鹽茶由國家專賣，嚴禁私販私運。朱元璋屢申禁令，茶戶不但要按茶樹納稅，茶葉也不得私售，只準賣給官家，因此被稱為官茶。然而，禁令只是對一些小民有效，而多數勛戚大僚依然如故，以致走私活動愈演愈烈。

歐陽倫倚仗自己是駙馬爺，更不把朝廷的禁令放在心上，他率領奴僕照舊販運。地方官吏不但不敢阻攔，還處處提供方便。司吏忍無可忍，便冒死上奏朝廷。

朱元璋見到奏報，拍案而起。命令錦衣衛將歐陽倫一干人等通通捉拿，對於知情不報的陝西官吏，一併處死。巡檢司的官吏不避權貴如實奏聞，則給予提升嘉獎。安慶公主得知後倉皇進宮，她跪在朱元璋面前聲嘶力竭，苦苦哀求。

朱元璋卻厲聲斥責道：「要是親家翁和駙馬一個個肆意妄為，都給予寬恕，那朝廷的法度置於何地？大明天子的賢明又置於何地？平時不勸男人學好，到了這時候卻來哭求，已經晚啦！不看在你是皇后親生女兒的分兒上，要你跟那惡棍一起死，叫你連寡婦也當不成，趕快回去。」

「父皇……」安慶公主一聲長吟，便暈了過去。

看到安慶公主這個樣子，朱元璋有些心軟了，他決定給歐陽倫留個全屍，讓他自裁。

朱元璋的女兒女婿們的經歷可以說明：第一，他想以此加強其統治地位，借助與文臣武將的聯姻關係，從而擴大其社會基礎；第二，因女兒們必須在成年以後才能出嫁，其發揮作用的時間也較諸王為晚，大多數在洪武十年以後陸續登上政治舞台；第三，表現出的差別也是很大的，他們大多數是

積極維護明朝統治的，個別的在洪武朝時已被處死，有些則是在建文朝時嶄露頭角，極個別的在建文朝時傾向燕王，至永樂時得寵於一時。總體上可以得出，這是朱元璋家族分流出來的一派重要的政治勢力，同時，也反映出了中國傳統封建社會的統治結構。

朱元璋「大義滅親」，將女婿處死，對於親生女兒的幸福毫不在意。但是，他對於朱家江山的繼承者和捍衛者，也就是那些龍子龍孫，卻是另一副面孔。朱元璋會盡其所能，為後代子孫鋪平通向幸福樂園的康莊大道。

朱標是朱元璋的長子，在朱元璋被稱為吳王時，朱標就被立為了王世子。朱標隨宋濂學習經傳，自幼受到了悉心的教導，朱元璋對他寄予厚望，並進行多方的培養。西元 1368 年，朱元璋正式立朱標為皇太子。

朱元璋在宮中特設了大本堂，貯藏了各種古今圖書，讓諸名儒輪班為太子和諸王講課，並挑選許多的青年才俊來伴讀。在教學中，太子的一言一行，都被要求按禮法行事。

朱元璋曾特地對教育太子和諸王等人的儒臣說：「我的孩子們將來是要治國管事的，教育中最重要的是正心，心一正萬事就辦得了，心不正則諸欲交攻，那是大大要不得的。你要用實學教導，用不著學一般文士，光是記誦辭章，一無好處。」故此，朱元璋除了讓太子誦習儒家經典外，還專門選了一批德行高雅的端人正士，作為太子的賓客。同時，朱元璋還常以自己的經歷來訓導太子，要他明白創業的不易和守成的艱辛。

朱標儘管生於安樂，但並無紈絝之習。他生性聰穎、忠厚，頗能領會各種善教，對宋濂等人言必稱師父。朱標天性仁慈，對兄弟十分友愛，秦王朱樉、周王朱橚及晉王朱棡等曾多次有過，朱標從中調護求情，使他們免受責罰。因此，朱標在諸王中的威信頗高，也頗具儒者風範。

有一次，朱標聽到吉安侯的長子吉浩被抓了起來的消息後，一夜都沒有

睡著。他越來越明顯地感覺到，父親讓自己追隨大儒，學做仁德之君，但父親實際希望自己做的，卻又正好是相反的。

父皇的言行不一，使生性善良的朱標常常不知所措，也感到惶惶不安，因此，幾十年的生活都過得十分壓抑。朱標見了朱元璋就像老鼠見了貓，只求自己能夠儘快離開。

可如今，朱標有事要去求父皇，這使得他非常的難受。然而吉安侯的長子吉浩曾是朱標的伴讀，倆人從小一起長大，關係非常的好。現在吉浩已經被父皇關了起來，而且很快就要被殺頭了，他再也忍不住了，終於跨出了大步去見他的父皇。

朝廷靜悄悄的，沒有人再敢站出來替牢中那幾百號即將要成為冤死鬼的人求情。這個時候的朱元璋倒有幾分得意，正在寂寞難耐時，朱標竟然來了，這倒使朱元璋大吃一驚，他愣愣地望著他的皇兒。

這時，朱標一改過去對父皇的懼怕，從容不迫地給父皇行過大禮後，苦著張臉待在那兒。朱元璋一看就知道朱標是為了什麼來的，心裡不免有些生氣。可是，朱元璋卻不願意在兒子面前破壞了自己的形象，於是他只好忍著，溫和地問朱標：「皇兒來找我，有什麼事嗎？」

朱標雖然想得很清楚，而且自覺得十分有理，但父皇溫和的問話，對他卻像顆定時炸彈，他渾身一栗，嚅嚅地說道：「兒臣請求父皇，放了吉安侯的長子吉浩。」

朱元璋這次估計得很準確，因為他知道吉浩曾是朱標的伴讀，兩人關係很好。雖然有些生氣，但看到朱標這麼講情誼，倒也有點兒動心。朱元璋對朱標的感情是非常深厚的，所以早早地便將他立為太子，精心地加以培養，希望他成為一代明君。

朱標自幼跟著朱元璋，見識過腥風血雨，與大臣們有著良好的關係，學

會了許多處理政務的經驗，特別是他從老師宋濂那裡學得為人謙恭，善良寬容，深得許多老臣的喜愛。這也是朱元璋看重朱標、信任朱標的原因。

朱元璋曾對別人說過，在他身旁最信任的兩個人就是妻子馬秀英和兒子朱標。早在西元 1377 年，當時朱標僅有 22 歲，朱元璋就將許多政事交他處理，並告訴了他處理國家大事的四字訣：「仁、明、勤、斷。」可是，朱標的做法似乎使他非常失望。

有一次，朱元璋讓朱標去斷一個案子，臨行時他特別交代朱標說：「如今天下剛剛太平，應該嚴刑，只有這樣，才可以讓那些賊人感到懼怕。」

朱標認真地點點頭說：「兒臣記下了。」

朱標告別父皇后便去提審犯人，問過之後他才知道，原來這些案犯都是為了能夠生活下去，才去割他們自己辛辛苦苦種植的麥子。之所以說他們有罪，是因為這些麥子快要成熟時，被官府圈了去作為公地。朱標看到那些餓得面黃肌瘦的百姓，心中再不忍將他們治罪，於是將所有的犯人都減罪一等，從輕發落。

朱元璋知道後，心裡感到相當的不滿，又不好當著兒子的面發作，因為他曾經一再告誡兒子，要做一位「仁德之君」，兒子確實也是這麼做的，這也是在按他的要求辦。為了這事，朱元璋費盡腦子，他真想大聲地告訴兒子：一個君王，仁德只能掛在嘴上，該怎麼做時，還得怎麼做！

朱元璋不忍心再折磨兒子，更加溫和地問道：「我關了這麼多人，你為何單要我放出吉浩？」

「父皇關他們，自有父皇的道理，只是吉浩與皇兒伴讀 10 多年，朝夕相處感情甚篤，倘若被殺，孩兒心中實在痛苦。」朱元璋望著兒子，許久，都一動不動。

忠厚的人總是這樣，在他們表達自己的意見之前，總是疑慮重重，一

且將意見表達出來，也就無所顧忌了。朱標正是這樣，他把想說的話說了出來，膽子反而也大了，見父皇盯著自己不回答，竟也抬起頭來看著他的父皇。

朱元璋很明白兒子目光中的意思，不由微微地笑了。此刻，朱元璋想到了一個能讓兒子明白他苦心的辦法。朱元璋讓太監去砍來一根棘條，放在地上。朱標正有些大惑不解，聽見父皇對他輕輕地說：「皇兒，你把它給拿起來。」

這是一根滿是利齒的赤棘，朱標看看赤棘又看看父親，面帶難色。朱元璋威嚴地再一次說道：「拿起來！」

朱標心頭微微一震，稍遲疑了一會兒，有些不安地伸手去拿，手剛觸到赤棘，他便啊喲一聲，又縮回手來。

「為什麼要這麼喊？」朱元璋問道。

「痛！」朱標苦著臉，用另一隻手將這只帶血的手托起。此時，他又痛又難受，不知父皇為什麼要這麼折磨他。

「你為什麼會流血呢？」朱元璋提高聲音問道。

「扎手。」

「是什麼扎你的手？」

「棘，赤棘！」

朱元璋聽了，冷冷地笑了笑，朝一邊站著的太監說道：「快去把上面的棘都給削乾淨。」太監應聲去了，不大一會兒，拿著削去了棘的那根赤棘回來。

「給他！」朱元璋吩咐太監，然後又回過頭來對朱標說，「拿著。」

朱標小心地拿著那根棘條，朱元璋見了，又大聲喝道：「給我握緊了！」朱標只好緊緊地握著棘條，朱元璋見了，滿意地笑了笑，又恢復了原來的溫和，問道：「現在還扎手嗎？」

此時的朱標，已經知道是怎麼回事，但還是遵了父皇的旨意搖了搖頭，回答說：「不扎手了！」

「我要交給你的江山就如這赤棘，我殺的那些人就是這赤棘上的棘頭，我若不趁早把它們都削乾淨了，你能輕鬆地拿穩它嗎？」朱元璋說完後得意地望著他的兒子，希望他能夠明白自己的一片苦心。

朱標從小就跟著宋濂學習儒家文章，仁義之理，已然深於心間，這時，聽到父皇這麼說，他想了想便輕輕地回答道：「我記得聖人曾說過，有什麼樣的皇帝，就有什麼樣的臣民，如果皇帝以仁慈治國，臣民也就爭相仿效，跟著仁慈起來。父皇怎麼能夠單單將臣民比作是棘頭呢？」

此時的朱元璋已經將全部的希望寄託在朱標的身上，見朱標如此，氣得一時竟說不出話來，只用手指著朱標：「你……你……」

朱標第一次見父皇對自己發這麼大的火，嚇得渾身直出冷汗，愣愣地站在那兒。情急之下，朱元璋大拍御案，忽然他脫下一隻鞋子，狠狠地朝朱標扔去。

朱標挨了一鞋子跪倒在地上，朱元璋見了更加氣憤，他此時再不願看著這忤逆自己的兒子，終於吼出一個字來：「滾！」

朱標聽了連滾帶爬往後退去，太監們見了趕忙前去攙扶。當朱標出了殿外時，他已經走不了動。後來，還是在隨從的攙扶下回到了太子殿，隨即便病倒了。

由於少小沒讀過書的朱元璋只注重兒子的學問，卻忽視了他的身體，以致朱標的身體一直都很屏弱。加之近幾年來朱元璋一路大開殺戒，太子眼巴巴地看著一個個與自己關係很好的人被殺戮而幫不了他們，活得也是十分壓抑，因此，他的身體也是越來越差了。

這次，朱標頂撞了父皇，而又感到自己說的是對的，因此，心理負擔很

重，非常痛苦。生了重病之後，雖然有好的御醫和藥品，可他的心病卻始終是沒人能除。

成年以後的朱標遵照父皇的指示，立朝班，閱奏章，密切關注朝政國事。但是，不久他就發現，自己跟父皇在許多方面有分歧，特別是對待人的生命上，更是南轅北轍。

面對大批的殺戮，朱標認為身為皇帝應該實行仁政，以禮儀治天下，而不是依靠屠刀。為此，朱標曾多次跟朱元璋進行密談，勸他網開一面，甚而以「救人一命勝造七級浮屠」的佛家偈語相勸。

可是，朱標的苦口婆心不僅沒有打動朱元璋，還被他罵作女人心腸。父子之間的談話一般都是不歡而散，而且往往還會受到嚴厲的斥責。有幾次，他實在忍不住，輕聲辯駁了幾句，便被朱元璋拿著木棍甚至寶劍追打。

當「胡覺案」的罡風颳起時，特別是當他的師傅宋濂、長輩李善長等都被株連進來時，朱標更是寢食不安，憂心如焚，以這樣的一種精神狀態生活著怎麼會不生病呢？

開始時，朱標極力隱瞞自己的病況，等到病得連床也爬不起來時，他才不得不向父皇報告。得知太子病倒後，朱元璋五內如焚，嚴命御醫精心診治，他幾乎天天都到病榻前探視。

來到太子臥榻前的朱元璋，在問過寢食情況後，他握著太子的手，眼圈紅紅地囑咐道：「孩子，你一定要打起精神來，大明朝的萬斤重擔，還等著你來挑呢！」

「父皇，孩兒只怕不能為你老人家盡孝了。」太子兩眼含淚唏噓作答。

「不，不！我的好孩子，你的病不久就會好起來的。我會派最高明的御醫，用心地給你醫治的。」朱元璋極力忍住就要奪眶而出的熱淚撕心裂肺地說道。

洪武二十五年四月二十五日，39歲的太子朱標與世長辭。朱元璋扶棺痛哭，幾乎哭暈在兒子的靈柩前。而此時，遠在雲南鎮守的西平侯沐英，早在馬皇后去世時，就痛哭得嘔血，現在得知一向感情交好的太子也英年暴死，更是悲痛萬分。痛哭極哀的沐英，舊疾復發病死在雲南，此時他年僅48歲。

沐英名義上是朱元璋的義子，實際上則是朱元璋在流浪途中留下的骨血。因此，當朱元璋得知沐英病亡的消息時，也是無比地哀傷，他命令隆重致祭，厚殮發喪，並追封沐英為黔寧王。埋葬了沐英後，朱元璋命沐英的長子承襲了西平侯的爵位。從此，沐氏子孫代代鎮守雲南，世襲罔替，貴侔親王。

朱元璋把兒子們都封了王，可是後來，他覺得皇族的俸祿太優厚，不利於他一貫主張的廉潔從公原則。洪武二十八年，朱元璋決定酌情減少。但是，即使是這樣也絲毫沒有影響到皇族們優越的生活，因為除了俸祿之外，還有官吏們數不盡的「孝敬」。

朱元璋對皇子們的要求很嚴格，與皇太子年齡相仿的，同皇太子一起在名師的教導下讀書。除了學文之外，他們還要習武，學習「武經六韜」，馳騁射殺。朱元璋諄諄教誨兒子，不要辜負了自己的期望，因為他們將來要協助皇帝震懾四方，讓萬里江山億萬斯年永遠是朱家的。

當皇子們到了18歲時，就要離開京城到封地去，他們被稱為藩王。他們不但有著極其豐厚的待遇，而且是封地最高的掌權者。朱元璋希望朱家江山千秋萬世，子孫承襲不替。

皇帝的長子是將來皇位的繼承人，江山社稷最終都要託付給他，他一身維繫著皇朝的興衰與安危。誰能成為身繫重任的皇太子，不取決於他的智慧或品德，而是取決於降臨人世的時間。朱元璋在登基一開始，便封了朱標為皇太子，這年朱標才15歲。

在朱元璋的 24（除去早夭的 2 個）個兒子當中，雖然有不少也是醉生夢死、欺壓百姓的惡少，但是也有幾個堪稱是飽學之士，甚至是文武全才。比如說，五子周王朱橚不僅著有《元宮詞》百首，還是著名的植物學家。他寫的《救荒本草》將 400 餘種可以食用的植物繪成了圖譜，並加注文字說明，為百姓度荒提供了極大的方便。

朱元璋的第十子魯王朱檀是一個「好文禮士，善詩歌」的才子。可惜，因信奉道教而誤食了金丹，雖然最後保住了性命，但是卻落了個雙目失明的下場，他 20 歲時就病死了，朱元璋給了他一個「荒王」的諡號。第十一子蜀王朱椿博覽群書，學富五車，朱元璋稱他為「蜀秀才」。

此外還有四子燕王朱棣、十二子湘王朱柏，更是文韜武略皆備。尤其是燕王朱棣，更是智謀超群。

無奈，如今白髮人送黑髮人，人算不如天算，正當盛年的朱標，突然不治而亡。朱元璋花費了半生心血培養出來的皇位繼承人，竟然先自己而去。這猶如泰山傾倒，大廈崩塌。朱元璋痛苦萬分，不能自已。

朱元璋清醒地知道，太子的死影響巨大，嚴峻的局面不容憂鬱和徬徨，當務之急就是要儘快確立新的皇位繼承人。按照當時的傳統，朱元璋有兩種選擇：可以立皇子，也可以立皇孫。但是不管立誰，都必須遵照長幼的順序。不然，輕則使朝臣們非議，重則會引起諸王之間的爭鬥。這樣，人選就集中在二兒子朱樉和孫子朱允炆的身上。

朱樉比朱標小 1 歲，洪武三年被封為秦王，23 歲時就到了封地西安。朱樉是個不肖子，在封地為所欲為，凌辱軍民，親近小人，荒淫無度。朱元璋對他進行過嚴厲的警告，可是朱樉仍然置若罔聞。朱元璋不得不把他從西安召回京城，放在身邊進行監視。

此刻，朱元璋想如果將重任托以這樣的一個頑劣之徒，那國家豈不要毀

在他的手中了嗎？再說說老三晉王朱棡，他同樣也不是個良善之輩，性情驕奢，橫行霸道，而且早就有人告密說他企圖謀反。當時如果不是朱標極力地維護，朱棡早就受到朱元璋的嚴懲了。老五吳王朱橚、老六楚王朱楨，也是皆不成氣候。

朱元璋覺得活在世上的前幾個兒子，多數不是繼承大業的材料。只有四子朱棣是個例外，此人外柔內剛，足智多謀，氣宇不凡。朱元璋曾一度考慮立四子朱棣為太子。

就在朱標死後的第三天，朱元璋駕臨奉天殿，對眾臣黯然說道：「朕老矣，太子不幸，遂至於此。朕四子燕王朱棣，賢明仁厚，英武似朕。朕欲立為太子，眾卿以為如何？」

翰林學士劉三吾跪奏道：「陛下所言雖是，但置秦、晉二王於何地？」

「陛下，劉翰林說的是。」又有一名大臣附和，「自古長幼有序，棄長立幼，不唯違禮，也恐使諸王不睦呀！」

朱元璋指著其他大臣問道：「你們也是這麼認為的嗎？

「吾皇聖明！」眾人異口同聲。

朱元璋本想打破長幼的順序確立繼承人，不料卻遭到眾臣的一致反對。此時，朱元璋真是進退兩難，久久拿不定主意。

後來，由於聰明反被聰明誤，朱棣想利用受寵的李賢妃為自己當說客，反而弄巧成拙，使朱元璋看到了他對皇權的種種野心。朱元璋就是這麼一個人，他可以恩賜給你高官厚祿，甚至龍墩皇位，但絕不允許你自己去爭一絲一毫。朱棣的急切和耍弄權術，使他厭惡無比，立刻將目光集中到了孫兒朱允炆身上。

朱標的長子早亡，朱允炆是朱標的第二個兒子，他便成了當然的承重孫。朱允炆自幼聰慧好學、孝親敬上，朱元璋諸多繞膝之樂，正是來自這個長孫。

在朱允炆 14 歲那年，朱標患痛疽惡疾，朱允炆日夜守護在病榻前，為了減少父親的痛苦，他竟然不止一次地用口吮吸瘡口的濃血。朱標病逝後，他好幾天湯水不進，身體虛弱得都站不起來了。

朱元璋很受感動，他心疼愛孫，只得親自勸慰：「孫兒呀，你為你的父親已經是盡禮盡孝啦。你繼續這樣不愛惜自己的身體，你的父親在天之靈會不高興的，你也應該為年邁的皇爺爺想想呀！」說著，朱元璋的聲音便哽咽了起來。

為了穩定政局，徹底打消諸皇子的覬覦，洪武二十五年九月，16 歲的朱允炆被冊立為皇太孫，成了大明皇位的合法繼承人。確立了一件大事，摒除了折磨人的煩惱，朱元璋不但沒有志得意滿，反而增添了新的憂慮。

年長的君王有著舉重若輕的威嚴與能力，而幼君臨朝，很難令鬍鬚滿腮的臣工們敬重。當初，朱元璋對太子的善良、荏弱就十分不滿，現在，對孫兒的擔心，比起太子在世時沉重了不知多少倍。

朱允炆剛強不足，敦睦仁厚，不善於心計。許多地方，酷似他的父親朱標。但是，朱標畢竟經過許多歷練，對治國馭下，學到了不少經驗，也變得日益果斷起來。而朱允炆卻只是個不諳世事的孩子，誰會把這個孩子放在眼裡呢？那些手握重兵、專橫跋扈的勛戚將帥，不正是對皇太孫最大的威脅嗎？

「如果哪一天，朕撒手而去了，小皇孫該怎麼辦呀？」朱元璋從內心中發出了一聲嘆息。

看著稚氣未退的儲君，朱元璋的心不由得陣陣緊縮。功勛將帥們覬覦自己耗盡半生心血得來的朱家王朝，南倭北虜不斷發動侵襲，周邊的強弓勁弩不時騷擾，使他寢食難安，健康狀況也一天不如一天。

心火上升，加上外感風寒，剛入六月，朱元璋突然病倒了。高燒寒噤，好幾天湯水不進，好藥用盡，才好不容易有了一些轉機。

御醫們剛剛要休整一下，朱元璋又腹瀉不止。於是，御醫們又緊灸緩補，多方調理，總算再一次起死回生。誰知剛剛緩過一口氣，又開始便祕。大便不通，情況十分危急。御醫們戰戰兢兢，不敢放手用藥，害怕萬一把皇帝治死了，招來殺身滅族之禍。

這時，一位御醫急中生智，想出了一個推卸責任的妙招。他建議請道行高的「仙人」，為皇帝治病。此時，真是有病亂投醫，一向不相信道家長生之術的朱元璋，被病痛折磨得六神無主，立刻答應派人到廬山五老峰下去請道行高的「仙人」。周顛寫了一封信，附上幾粒「仙丹」，讓使者帶回了應天。

得到周顛的「仙丹」，朱元璋將信將疑。直至把周顛的親筆書信反覆看完，方才覺得冥冥之中有神靈護佑。服下「仙丹」後，果然靈奇無比，過了不到半天，二便通暢，關竅開舒，朱元璋從死神的魔爪下又逃了回來。

朱元璋異常高興，急忙派人到廬山重謝周顛。無奈鶴去樓空，來人撲了個空。後來，聽寺僧說周顛害怕自己的「仙丹」沒治好皇帝的病，卻把人害死，早已躲得不知去向。朱元璋得知後只得親自寫了一篇〈周顛仙傳〉，命書法家寫出來，刻石鐫碑，立於廬山五老峰上。

朱元璋雖然躲過了一場劫難，但是他的精力和健康狀況卻大不如前了。此時的朱元璋經常會感到四肢綿軟無力，一行動便會氣喘吁吁。此後，朱元璋除了祭祀太廟和天地壇等大典外，他便不再出宮，每日的臨朝問事也不能再繼續堅持下去了。

在養心殿裡，朱元璋若有所思地望著剛剛刷新的屋頂：所有的棘頭朕差不多也都替朱允炆殺完了，朕應該可以稍稍地喘口氣了。朱元璋一邊想著，一邊聽著太監李虞跟他講朱允炆的狀況：「他很孝順，一直在痛哭，哀毀骨立，人也消瘦了許多。」

朱元璋有些感動，但更多的則是擔心。孝順是很好，可是作為一個未來

的皇帝，他是不能夠太過於仁慈的，皇帝注定是要殺人的，這樣才能夠樹立皇威。這時，朱元璋突然想起了一件事，他問李虞：「你還記得那次對對子的事情嗎？」

「記得，皇上的上句說『風吹馬尾千條線』。」

「當時皇孫是怎麼對的？」

「他對得很工整，是『雨打羊毛一片氈』。」

「雨打羊毛一片氈？」朱元璋重複著，「風對雨，吹對打，馬尾對羊毛，是很工整。可是，『一片氈』是多麼軟弱，多麼無力啊！皇帝是不應該這麼軟弱無力的，皇帝應該比任何人都堅強有力。你記得他的四叔朱棣是怎麼對的嗎？」

「日照龍鱗萬點金。」李虞脫口而出。

「日照龍鱗萬點金！」朱元璋又一次重複，點著頭說，「這可不是一般的氣魄喲，在朕看來這其中倒有些帝王之氣，這才是皇帝應該對出來的對子呀！」

人生在世，常會有難遂人願的事情，皇帝也是一樣的。朱元璋懊惱地想著，不由得便睡著了。人老了精神也差了許多。所幸的是，朱元璋每一次都不會迷糊得太久就會醒過來，而且剛醒過來時的精神也總是很好的，他常常趁這種時刻來處理一些費神的事。

朱元璋用眼睛示意李虞走近他，然後輕聲地說：「你去宣皇孫來見。」朱允炆很快就來到了朱元璋的身邊，行過君臣之禮後，朱元璋讓他緊挨他坐著，並久久地瞅著他消瘦的面容，說道：「不要太過悲傷，你要替我把將要傳給你的江山坐好。」朱允炆點點頭。

「你自己認為，如果現在我走了你來當皇帝有什麼難處？」朱元璋問道。

「皇上萬壽無疆……」

「別說這些客套話。」朱元璋打斷了孫兒的話說，「人總是要死的，我知道我活得不會太久了。」

朱允炆的淚水嘩嘩地流下來，很快就濕透了衣襟。朱元璋看著他，知道孫兒的淚水全是真的，一時也很傷心。但他很快定了定神，溫和地提醒孫子說：「你還沒回答我的話呢。」

朱允炆垂下頭來，肩胛一抖一抖的。皇上的問話他實在難以啟齒，因為眼下他已經非常明顯地感覺到威脅他的，是他的那些叔叔。在大殿上，當他與爺爺在一起時，他便是不久就要接任皇帝寶座的人。可是一旦下了朝，他得給這些叔叔行跪拜禮，而每當這個時候，他就能夠感受到他的叔叔們對他一點兒敬畏都沒有，反而是高高在上地壓著他一頭，朱允炆時刻都在感受著諸王對他的威脅。

朱元璋見孫兒久久說不出話來，便開口引導他說：「朝廷的刺頭，我都給你削光了，甚至連後子輩藍玉的威脅也沒有了，放眼當今朝廷大臣，沒人有能力來反對皇室了，你看還有沒有？」

「沒有。」朱允炆說，「我沒有感到有大臣的威脅。」

「至於邊界，南邊是平安無事的，北邊的蒙古勢力雖然經常來騷擾，但再也沒有辦法威脅皇室了。」朱元璋說到這裡，自豪地笑了，「我分封了諸王，這些藩王也是你的叔叔們，他們都很能幹，完全可以確保邊界無恙，你說是不是啊？」朱允炆連連點頭。

朱元璋覺得老天爺留給自己的時間已經不多了，於是，他下定決心必須在有限的時間裡，趁著精神還能支持時，打點好一切後事，給小孫兒開闢出一條通暢而安全的路途。

朱元璋一面屠殺著權位很高的大臣，一面又把他的兒子們分封到各地為王。有些藩王在他們的封地裡可以設置官府，擁有軍隊。朱元璋認同他們這

樣做，他認為這樣做可以鞏固王朝的統治，誰知這樣做後果卻是引發了一場大禍。

太子朱標的英年早逝，使身在塞北的燕王朱棣關注起太子的繼承事宜。朱棣認為這是天賜良機，於是，他更加積極地行動起來。此時的李賢妃已經接管了六宮，這一天，她伺候朱元璋用過晚飯後，讓宮娥、太監退下，李賢妃關切地問道：「這幾天，臣妾見皇上茶飯不香，莫非是為東宮虛位而煩惱？」

「知我者愛妃也。」朱元璋握著李賢妃的手，久久沉默不語。

朱元璋又說道：「朕本意立老四，可是大臣們眾口一詞，都說不妥，怕老二老三不平，惹得弟兄之間不和。立小孫兒呢，又害怕眾王子不服，也擔心他擔不起萬斤重擔。」

「您是一國之君，何必聽信外人的閒言碎語呢？」

「這麼說，愛妃也主張立老四朱棣啦？」

「這不只是臣妾一個人的看法，許多大臣也都十分敬仰燕王。而且，燕王也有繼承大統、重振朝綱的宏圖大志……」無知的李賢妃，一語洩露了天機。

朱元璋瞪著李賢妃問道：「朱棣想繼承大統，你是怎麼知道的？是不是朱棣買通了你？快說！」

「皇上恕罪，臣妾實在是礙不過燕王的面子，不然……」

「滾出去！再敢多言，郭寧妃就是你的前車之鑒！」朱元璋扭身便走了出去。

後來，經過多方的思考，朱元璋決定將朱標的兒子朱允炆以長孫的名義立為皇太孫。朱允炆即位導致了明朝統治上層的爭權鬥爭明顯加劇，以致後來釀成了一場大規模的全面內戰，從而使燕王朱棣登上了皇帝寶座。這下也徹底打破了朱元璋對身後之事的安排，也改變了嗣後的皇位傳承系統。

其實，當時富有遠見的朱元璋，並非是杞人憂天。現在，分封各地的藩王，大部分已經是嶄露頭角的成年人，鎮守元朝舊都北平的燕王朱棣更是野心勃勃。太子剛剛去世，朱棣就四處進行活動，企圖立自己為儲君。如今，二子秦王朱樉與三兒子晉王朱棡又相繼病亡，這樣，老四朱棣不僅成了年齡最長的王子，而且他也是北方萬里封疆的首席統兵大元帥。

當一個不到二十歲、毫無閱歷的文弱皇孫，在面對深謀雄武、虎視眈眈的四皇叔時，怎能不使朱元璋感到憂心忡忡，如坐針氈呢？

晚年的喜事憂事

陰曆八月時，正是一年之中的黃金季節，朱元璋決定要與民同樂一番。為了顯示此次活動的聲勢，朱元璋下令工部，在江東諸門之外建立 15 座酒樓，使市民們能夠在酒館飯店之間穿梭，並且還能用以接待四面八方前來的賓客，保障其吃喝住宿。所有設置的酒樓，不僅要裝飾華麗、氣勢雄偉，而且還要有特殊的文化韻味。

洪武二十七年，也就是西元 1394 年，所建的酒樓全部竣工。朱元璋再次發布詔書，賞賜文武百官大明寶鈔，並下令在醉仙樓舉行隆重的宴會。

朱元璋晚年有此興致，也絕非是偶然的，大明王朝經他的創建、鞏固和發展，至此的確取得了令人可喜的成就。明朝建立後的前 10 年，掃除元朝的殘餘勢力，削平群雄，統一全國，成為了國家當時的首要任務，為此付出了巨大的努力。

第二個 10 年的重點則轉移到了發展經濟上，農業、手工業、工商業都在有條不紊地發展著，從而逐漸發展成為富強的國家。第三個 10 年則是在社會安定和經濟實力增長的基礎上，振興文教、擴大對外友好關係。這三個階段是不能夠分開的，只能從重要方面做一些區分而已。

　　在朱元璋的晚年，也就是第三個 10 年，這是個開花結果的時期，那些好的方面仍在繼續發展著。這一時段，第一便是財富充足。耕地面積猛增，糧食增產，軍儲除軍餉外還有剩餘。水利工程也是大有起色，各種災害也在逐步減少，這所有的一切都充分證明了明朝實力的增強。

　　第二是明朝社會安定。社會安定是每個帝王都在追求的目標和理想，但是其中能夠達到目的的帝王卻是少數，而且有些堅持的時間也不長久。而朱元璋則是達到這種目標的少數者，為此他除了大力發展社會經濟外，還千方百計地解決了貧困人民的衣食之需。

　　晚年時期的朱元璋更有條件並致力於社會的安定團結。其中最常見的措施就是在遇到有水旱天災時，隨時都會免除賦役，同時，還會發放糧食、布帛和錢鈔等進行救濟。

　　洪武二十八年二月時，朱元璋聽到了建立互助社的建議。朱元璋是非常肯定人民之間需要相互幫助的，特別是富人幫助窮人尤為必要。但是朱元璋不提倡幾十家「團為一社」的主張，他只想利用政府基層組織——鄉、里，他可能怕的是人民聚眾造反。

　　第三是教育文化廣泛盛行。首先提出的是學校教育，這在洪武末年時也是非常興盛的，不僅是在南方，而且還擴大到了北方及邊疆地區，各地府州縣學辦得一派生機，並與中央的國子監形成有序的階梯。

　　更值得一提的是，朱元璋還使招收的少數民族地區的學生入國子監讀書和參加科舉考試。這不僅是對少數民族的一項重要的待遇和恩惠，而且也加強了對少數民族的統治。洪武末年，送入國子監讀書的人越來越多，甚至把國外的學生也招到中國來學習，從而加強了彼此之間的文化交流和友好關係。

　　此外，科舉考試與學校教育是並行的，每次都是由朱元璋親策於朝廷。應會試的舉人多者為 600 人，少者為 97 人。無論人數是多還是少，如果能

夠一次次地舉行，那也是社會安定、教育發展的很好表現，朱元璋對此也是十分高興的。

教化不單是學校教育，在官吏中推行教化尤其令朱元璋關注，因為這是和整個社會風尚緊密相連的，同時也是與統治的穩定分不開的。另外，朱元璋在用刑方面，也總是令人感到太重了，甚至有時還是矛盾的：即重犯輕判或重罪輕罰的事例可舉者不少，而輕犯重判或輕罪嚴懲的則是更多。更有甚者，認為自己沒有犯罪的卻一下子就被殺頭了，這主要以文字獄的事件最為突出。

在文字獄出現時，好像寫篇文章用個詞都會讓朱元璋感到憤怒，本來是無意攻擊朱元璋的，結果卻被視為了十惡不赦的罪人。對於所犯的罪給予的懲罰，或輕或重，也並沒有一個統一的標準，好像是以朱元璋的喜怒無常來代替了法律上的嚴格規定。但是，晚年時的朱元璋在這方面也是有所改變的。由此可見，對一個帝王來說，喜和憂在其心中始終是並存的。

繼文字獄以後又出現了科場案，它是朱元璋實行專制獨裁，有意吸引北方儒士入朝為官，以壯大自己的勢力的又一表現。當時江浙一帶的富豪大戶比較多，那裡又是張士誠的老巢，因此許多人都與張士誠有關係。朱元璋有著極為強烈的仇富心理，他對於江浙一帶的讀書人，也懷有深深的敵意。

朱元璋為了打擊江南士人，培植拉攏北方的知識分子，還搞了一場驚動全國的科場大案。這也是朱元璋晚年時的一場較大並且特殊的文案。全案的首犯為年逾80歲的學士劉三吾，這位大器晚成的儒士是茶陵人。

洪武十八年，也就是西元1385年，當時已經73歲的劉三吾入朝拜見朱元璋，被授左贊善，官至翰林學士。當時正趕上制定各種規章法律，劉三吾也參與其中。

劉三吾為朱元璋的大作《大誥》及《洪範注》等作序，奉敕主編《省躬錄》、《書傳會選》、《寰宇通志》、《禮制集要》等書。朱元璋很是滿意，

因而劉三吾受到了禮遇。劉三吾在朝中與汪睿、朱善並稱為「三老」，其為人慷慨率直，不懷成見，自號坦坦翁，尤其是大節不虧。

西元 1397 年，劉三吾受命與紀善、白信蹈等主考會試。劉三吾主考榜發，宋琮等 51 人考中，他們都是江南士人，北方則無一人考中。於是，北方士子議論紛紛，說劉三吾等考官都是南方人故意偏袒鄉里，歧視北方人。

在此時，朱元璋也心下生疑。於是，他就命侍講學士張信等重新審閱北方落榜舉子的試卷。結果，仍然沒有一個及格的，證明劉三吾等是出以公心，判卷也並無錯誤，錄取名額的不同，是地區間文化差異造成的。

可是，北方的士子依然不服氣，他們不相信北方人都是笨蛋。於是，他們把矛頭指向了以張信為首的覆審官，誣陷他們受了劉三吾的賄賂和囑託，故意拿一些低劣的卷子進行覆審。

朱元璋本來就對南方人懷有巨大的成見，而此時北方舉子的誣告正中他的下懷。於是，朱元璋不問青紅皂白怒降嚴旨，把副考官通通殺掉了。主考官劉三吾已經是 85 歲的老翁，念其年事已高，「從寬處理」，免死而充軍。才華橫溢的宋琮也因為考了個第一，而被發往邊疆服苦役去了。

由此一來，朱元璋對誰也不再相信。於是，他親自命題入闈另考。奇怪的是，三場考完，皇榜一出，取中的 61 人，清一色都是北方人，南方人全部名落孫山。這個被當時人稱作「南北榜」，又稱「春秋榜」的事件，無疑是一場鬧劇。這也是朱元璋對遍布朝野的南方文人士大夫進行大刀闊斧的限制與削弱，他不能允許一個江南文人網對朝廷構成牽制與威脅！

當然，在江南才子中也有死裡逃生的，他就是松江花亭人袁凱。有一天，朱元璋命袁凱將一批判罪案卷送到東宮太子那裡覆審。太子嫌處置過重，因而給不少案犯減了刑。

袁凱如實回報後，朱元璋不露聲色地問道：「袁凱，依你看，朕與太子誰判得是？」

袁凱略加思忖，字斟句酌地答道：「陛下從重，乃執法嚴正；東宮趨輕，是心存仁慈。」這個不偏不倚的回答，使朱元璋十分不快，覺得袁凱老奸巨猾，兩邊討好。

袁凱偷眼看到皇上面露不悅之色，知道事情不妙。為防大禍臨頭，回去便假裝瘋癲。家人傳出話來，說是受了驚嚇得了瘋癲症。但朱元璋不信，命人將袁凱拖來進行當場查驗。

袁凱被綁來了，只見他頭髮蓬亂，滿臉鼻涕汗垢。朱元璋命使者用鐵錐子狠刺他的手指，袁凱的痛楚可想而知，但他卻望著雙手，放聲大笑。朱元璋雖然心存疑惑，只得放他回家。

回到家，袁凱瘋得更厲害了，他命家人用鐵鏈鎖了脖子，蓬頭垢面滿嘴瘋話，還四處亂走。朱元璋果然又派人前來打探真假，只見袁凱跟跟蹌蹌走過來，對著使者又唱又舞。然後爬到籬笆邊，撿起一截黑乎乎的狗屎填進了嘴裡，大嚼特嚼，一副香甜無比的樣子。使者看到後捂著鼻子扭頭就走了。朱元璋得到了使者「目睹」的確切情報，才不再對袁凱進行追究了。

聰明的朱元璋還是上了當，其實，袁凱的一切反常行為都是設計好的，他吃的那個黑色狗屎橛兒，其實也是用炒麵拌糖稀做成的，放在那裡備用的。

朱元璋的帝位是經過十餘年拚殺，用鮮血換來的。因此，在朱元璋的眼裡，皇帝寶座就是一座金山銀庫，沒有一個人不是虎視眈眈，垂涎欲滴，時刻伺機搶劫掠奪的，稍不留神，它就會成為別人的囊中之物。

因此，朱元璋的雙眼始終都是瞪得大大的，他警惕地注視著周圍的一切。朱元璋不但不相信任何口頭上的忠誠之詞，而且對此還產生了一種反抗心理，他認為愈是信誓旦旦地宣稱效忠於皇帝的人，愈是懷有二心的危險之徒。

洪武二十九年正月的一天，朱元璋向左右侍臣問起民間事，回答皆是「天下之民幸蒙至治」等吹捧之詞。朱元璋晚年儘管自認未達「至治」，但

也的確流露出了對社會經濟發展的自滿情緒，他認為誰也做不到徹底消滅「窮民」的現象，就連人人最崇拜的堯舜之君也沒有做到。

朱元璋問及民間事說明了他對下層人民的不放心，這也是他的憂慮之處。繼而在廣東發生的一起「山賊」起事，就更加加深了朱元璋的警惕。首領袁萬山聚眾劫掠，後來發展成為有根據地和一定組織的團體。他們與官軍進行作戰，打敗了就躲藏到洞中，官軍退兵了他們又出來。後來，經廣東都指揮王才設伏，才將袁萬山斬首，官軍又將袁萬山的「巢穴」給搗毀了。

但是，令人震驚的是在洪武三十年正月，漢中府沔縣吏高福興及民人田九成、僧人李善治又發起了動亂。到了九月，在官軍窮追猛打的進攻之下，才將高福興等 5 位首領擒殺，被俘的 4000 餘人也當了兵勇。

農民起義出身的朱元璋，對來自社會最底層的反抗總是特別地敏感，他時刻都懷有警惕之心，更何況現在這種反抗還在不斷地爆發著。此時，在朱元璋看來解決農民的流徙及反抗，最根本的辦法是要保證他們的衣食供給，同時還要取消苛政。

朱元璋雖然認識到了農民需要實惠，但是在那個年代還沒有切實可行的辦法提供這種實惠，洪武帝的擔憂雖然合乎情理，但是卻難以解決。

憂中之重應屬國本未固，中國的封建社會經常把皇太子和首都稱為國家的根本，從而使人們認識到二者與國家長治久安和前途命運有著很大的關係。朱元璋晚年在皇太子與首都的確立上都很不理想，這也反映出了他對未來的憂慮。

朱元璋對皇太子朱標按著皇室的規定，對其進行了全面的教育。皇太子朱標確切涉足政事是在 23 歲的時候，朱元璋曾下令告知群臣自此大小政事，都先奏請皇太子處置，然後再奏報他。

然而，皇太子與他的政見並非是完全相同的。洪武十五年，在給囚犯定

罪輕重的問題上就暴露出了朱元璋與皇太子不同的思想。有一天，朱元璋審理完囚犯，命御史袁凱送到皇太子處覆審，結果皇太子依次做了減輕的處置。

袁凱返回向朱元璋奏報，朱元璋異常生氣，其實這件事錯誤並不在於袁凱，而是皇帝與皇太子之間存在著思想上的分歧。皇帝發問的本身就是問題，難為臣下更是錯上加錯。不過絕不能因此認為朱元璋對朱標已失去了信心，他依然認為朱標是永保基業的接班人。後來皇太子朱標逝世了，朱元璋覺得用心培養出來的接班人就這麼沒了，他感到極為悲痛。

皇太子朱標的逝世，在明朝引起了震動，其實很清楚，這其中的焦點都集中在了接下來由誰來繼承大統。後來，繼承人儘管按程式確立了，但也因如此，明朝統治上層的爭權鬥爭逐漸白熱化，朱元璋又多了一份憂慮。

與此同時，首都還未選定，也同樣給朱元璋增添了煩惱。明朝建國於南京，也就以南京為首都了。朱元璋在晚年時，又向南京內遷徙富民。直到洪武二十四年七月，朱元璋責成由工部負責遷富民 5300 戶到南京。

朱元璋這麼做，其實一方面是想用他們充實京師，從而達到居重馭輕的目的；另一方面也是想對他們進行控制，免得他們在地方上作亂。朱元璋所做的這一切都反映出了他的憂慮之心。

在朱元璋撒手人寰之前，他最放心不下的就是皇太孫朱允炆，不知他能否支撐起大明王朝的江山，也不知他能否降服眾多的長輩。朱元璋的這些擔心，在他的遺囑中也表現了出來。

朱元璋在臨終之際，為了防止出現諸王爭權鬥爭，他便在遺詔中禁止諸王至京奔喪；諸王駐蹕國中，不得到京；王國範圍內的文武吏士聽朝廷節制，唯護衛官軍聽王，其他命令與此有不符的，以此令為準。還特別申明，王國所在文武吏士，聽從朝廷節制，王府護衛官軍聽諸王指揮調遣。這也算是朱元璋為皇太孫所能做的最後一件事了。

朱元璋把大明視為自家產業，這也是封建帝國小農觀念的侷限性所在。朱元璋為了使其子孫把持對明朝的統治，因此大肆剷除異己，從而進一步維繫朱家的天下。

早在封王之初，朱元璋就收到過鞭辟入裡的諫勸。擔任山西平遙訓導的浙江寧海儒生葉伯巨，曾上書指陳朝廷三大弊病：「分封太侈，用刑太繁，求治太速。」

大封王子，濫用典刑，急功近利，正說到朱元璋的病根上，但他卻認為這是用心惡毒，中傷朝廷。尤其是「分封太侈」的指責，更違背他依靠親生兒子保障朱家江山的初衷。

朱元璋當即拍案怒喝：「葉伯巨竟敢離間朕的骨肉，快快把他逮來，我要親手射死他！」後來，由於胡惟庸的勸阻才使葉伯巨免了頸上一刀，但他卻很快「病」死在牢獄中了。

想到這裡，朱元璋暗暗讚賞葉伯巨的先見之明，後悔不該對逆耳之言如此反感，並使耿忠的進言人冤死在獄中。此時，對於殺掉那麼多功臣宿將，朱元璋也產生了幾分悔意。朱元璋想：如果他們還活著，也未必敢於覬覦皇位。其實，最為可怕的不是外人，而是自己的親生骨肉！他們現在已經羽翼豐滿，不再是曾經伸手可捉的雛鳥了。

「這該怎麼辦呀？」朱元璋一遍又一遍地心口相問，「像解決勛臣武將那樣，將他們通通除掉，可我怎麼能向親生骨肉下手啊？！」

揮拳擊胸，抓疼頭皮，仍然找不到答案。憂煩困心，茶飯難進，使得年已古稀的朱元璋又一次病倒了。

大臣們紛紛進宮問安，朱元璋伏在龍床上，氣喘吁吁地囑咐道：「近者失調受疾，卿等頻來問安，禮也。堯、舜、禹、湯、文、武之世，皋、夔、稷、契、伊尹、周、召為之臣，其有志匡王也。朕以此示卿，卿等宜竭忠修

職，副朕至懷！」

朱元璋的諄諄勉勵，與其說是要臣僚對自己竭忠修職，毋寧說是要他們對皇太孫忠誠，希望他們能像周公、召公輔佐周成王一樣，對年幼的繼承人忠貞不貳。

其實，在冊封皇太孫的同時，朱元璋已經開始物色可以託孤寄命的大臣了。有一天，朱元璋向兵部右侍郎齊泰詢問邊防諸將的情況。齊泰不僅將他們的姓名、履歷、個性、功過等說得清清楚楚，而且還將各地的山川要塞及布防情況，也一一作了陳述。

齊泰一邊介紹，一邊從袖中取出了自己繪製的山川關津以及兵力部署圖。朱元璋看過之後令他感到大開眼界，他對獻圖人刮目相看，並不由得感嘆道：「看來，齊泰不是等閒之輩，他是個可以委以重任的良才啊。」

按照規定，每年的四孟即孟春、孟夏、孟秋、孟冬以及除夕，皇帝都要親去太廟上香。可是眼下的朱元璋已經是步履蹣跚，行動已是十分困難了。

大臣及嬪妃們都勸皇上愛護龍體，可以派遣皇太孫代他行祭禮，但朱元璋卻執意不肯。朱元璋虔誠地相信，從一個放牛娃、乞鉢僧，到大明天子，並且安享皇位 30 年，都是祖宗的在天之靈降福蔭佑的結果。因此，無論如何他都要親自乞求祖宗神靈，護佑自己祛病延年，保佑皇太孫福綏雙至，皇運綿長。

在 4 月西元 13 日的這一天，春風駘蕩，朝陽和煦，路旁枝頭的鳥兒一聲接著一聲地鳴唱著。鋪滿金色陽光的街巷也被打掃得乾乾淨淨，寬闊的街道上闃無一人，行人和小販也不知被驅趕到什麼地方去了。在浩浩蕩蕩的儀仗鹵簿導引下，皇帝的龍輦緩緩駛出皇宮，向著東南方的太廟走去。

這時的天氣已經相當燥熱了，袞冕袍服的朱元璋在侍從的攙扶下走下了龍輦，此時他已經是熱汗涔涔了。朱元璋在侍從的攙扶下，虔敬地行三跪三

獻之禮，默默祈禱祖宗神靈，保佑小孫子皇位久安，保佑朱家江山千秋永固。

在休息的時候，朱元璋對隨侍的太常寺卿等說道：「當年太廟建成，祖宗神主遷入供奉。朕行罷祭禮，稍事休息，不覺睡了過去，夢見皇考喊著朕的名字，急急地說道：西南有警。朕隨即回官，果然有西南緊急邊報。足見，祖宗神明，無時不照臨朕的頭上。爾等掌管祭祀，定要加意敬慎。早晚灑掃，務必心誠事恭，以安神靈。」

臣下們諾諾連聲，然後勸朱元璋早些回宮休息，但他卻仍然流連徘徊不忍離去。朱元璋見到環立太廟庭院中的檜、柏、桐、梓等名木古樹，此時已經是盈抱合圍，亭亭如蓋，他無限感慨地指著說道：「當年太廟初建，它們不過是幼枝嫩條。經過多年的養護，不覺林蔭滿地。鳳陽皇陵一定也是如此。朕的皇考、皇妣離我而去已是五十餘載，可惜呀，朕卻不能親自到皇陵上，為他們燒上一陌紙錢！」

說到這裡，朱元璋竟然淚流滿面，久久嗚咽不語。臣子們齊聲勸解，方才揩淚登輦。自太廟歸來後，朱元璋更是渾身無力，精神倦怠，一閉上眼睛，紛亂的往事便交替地在眼前閃現。

低矮黢黑的茅草屋，雜草叢生的牧牛場，母親慈祥的面容，父親彎曲的脊背，在郭子興手下的委曲求全，與孫德崖周旋的幾度歷險，和州城裡的雙嬌美緣，鄱陽湖中的生死決戰等等，又在朱元璋的眼前重新溫習了一遍。

開國前夕，朱元璋對群臣說過的一段話驀地浮上心頭：「朕每每想到百姓遭受離亂之苦，心中翻騰惻然。決心十年平之，十年富之，十年和之。眼下雖不敢說物阜民豐，但倉有粟米，巷有肥駒，百姓們大多得以溫飽。同元當政時的路有餓殍，民有菜色相比，真是不可同日而語了。難怪，民謠說，『洪武爺坐南京，風調雨順。』這就是百姓的心聲，大明天子的政績呦！」

多日未見的幸福微笑，掠過了朱元璋枯黃的長臉。父母泉下有知，理應

為自己兒子所取得的非凡業績而喜悅。身上的倦怠忽然消失了，這時，朱元璋從臥榻上坐了起來，侍從給他穿上靴子後，他便扶杖向庭院走去了。

夕陽已經銜山，落日的餘暉，鋪灑在殿閣飛檐和高高的宮牆上，宛如鍍上了一層金色。巍峨的皇家宮苑，今天更加燦爛悅目。朱元璋真想讓這奪目的景色，多停留一陣子。但是，滿眼的金碧輝煌，很快便淡了下去……

如今活在世上的還有 30 多個兒女，50 多個孫子。但是，他們卻都不在眼前。那幾十個聲聲甘做忠順奴才的妃子，卻一個也幫不了自己，朱元璋感到無比的寂寞和冷清，連乾清門宮外的漢白玉臺階也比往日寒冷了，摸了一下，就像摸著一塊冷冰……

那些少年時代一同玩耍的夥伴，那些並肩浴血征戰的弟兄，如果還能聚到一起，說一說當年戲耍時的惡作劇，攻城略地時歷經的艱辛，挫折失敗時的安慰鼓勵，夢想成真時的舉杯狂歌，那該是多麼賞心快意的事啊！但是，現在他們在哪裡呢？這紫禁城頭的落日熔金、紅牆血色，莫不是他們的鮮血染成的？

夕陽已經被遠山吞噬，晚霞從西方悄然幻出，紅霞越鋪越大，已經瀰漫了整個西半天，偌大個紫禁城像被一團火焰籠罩著，就像當年鄱陽湖上那股紅的血水，無邊的火海。朱元璋忽然想到了北部邊塞的烽燧狼煙，恨不得，騎快馬，挽長弓，與元朝殘餘再拚殺一番……朱元璋越想越多，回憶著他一生的經歷。

這時，皇太孫帶領著幾名大臣走了過來。一則是問候平安，二則是請示如何處理幾件緊急政事。皇太孫把朱元璋攙進屋內躺好，開始娓娓講述所請示的事情。

朱元璋閉著雙眼靜靜地聽著，彷彿睡了過去。當談到四叔朱棣上本要求來京城探病時，朱元璋怵然一驚，掙扎著坐了起來，問道：「有沒有邊情的報告？」

朱允炆答道：「沒提到有邊警。」

「他為什麼不照著剛頒布的《祖訓條章》辦事呢，還不到朝見的日期便自行要來京？」

「孫兒不知道。」

「孫兒呀，」朱元璋呻吟似的說道，「你這個四叔呀，可真是挺厲害噢！」說罷，他癱倒在臥榻上久久無語。等到皇太孫及大臣們退下去，朱元璋扭頭吩咐道：「傳李賢妃來！」

朱元璋所說的李賢妃，不是早已被處死的那個李賢妃。這一位，是揚州衛指揮的女兒。她美麗聰明，知書達理，侍奉皇上和代管六宮，恭謹有禮，妥帖周到，很討眾人喜愛。

李賢妃辦起事情來更是沉穩果斷，頗有幹練重臣的風範。朱元璋十分寵愛她，委託她管理六宮，同時提升她的二哥做了親軍金吾衛指揮，同錦衣衛指揮一起掌管錦衣衛詔獄，也就是皇家的監獄，正可謂是恩寵有加。

眼下朱棣的行為十分異常，朱元璋不由得想到了當初曾為朱棣遊說的那個李賢妃。由彼及此，繼而又想到眼前的這位李賢妃，她比之前的那個，智慧、才能不知高出了多少倍。在自己百年之後，萬一這位女才子緊步呂皇后、武則天的後塵，那麼輕而易舉就能將朱氏江山搞成李家天下了！

「咳！我怎麼早沒想到這一層呢？」朱元璋嘆著氣說道。

想到這裡，朱元璋立刻吩咐傳李賢妃前來。李賢妃聽到召喚，馬上來到了乾清宮。她快步來到床前，俯身柔聲問道：「皇上好些了嗎？不知喚臣妾來，有何吩咐？」

「愛妃，這段時間你都在忙些什麼呢？」朱元璋直瞪瞪地望著她，淒切地說道。

「沒，沒忙什麼呀。」李賢妃的眼角掛上了淚珠，「聖上欠安，臣妾做什麼事，也安不下神。」

這時，朱元璋拉過她的手突兀地說道：「愛妃，難為你十多年來與朕朝夕相伴，任勞任怨……」

「皇上！」李賢妃淚流滿面，認為皇上是在做最後的囑咐，急忙攔在前面，「放心吧，皇上的龍體一定能康復的。」

「不，朕自己心裡有數，朕的日子已經不多了。愛妃，我真是捨不得你呀！」

李賢妃泣不成聲地說道：「妾妃，更捨不得離開皇上呀！」

「咳，捨不得也得捨呀！」朱元璋閉上了雙眼，「今天，你把你的兩個哥哥喚進宮來，與他們見見面，敘敘兄妹之情吧。」

聰明過人的李賢妃立刻明白了皇上的意思，身子一搖晃幾乎跌倒在地上。她萬萬沒有想到自己竟然落到這樣的一個結局，此時，她還不到 30 歲呀！可是皇上一言九鼎，誰敢不遵？美好的世界已經不屬於自己了，她的花容月貌、聰明智慧等等，也都要隨風而去了！

想到這裡，李賢妃從朱元璋的手中抽出手來，揩揩滿臉的熱淚，躬身一拜，苦笑著答道：「聖上不必勞神，不必敘什麼兄妹之情了。」說罷，便轉身而去。

過了不大一會兒，太監慌急地奏報：「李娘娘懸梁歸天了。」聽到稟報，朱元璋躺在那裡一動沒動，用力咬著下唇，兩滴老淚從眼角上緩緩滲出。

剛才，李賢妃轉身離去時，朱元璋的心裡陣陣刺痛。幾次張口想把她喊回來，但終於沒有出聲。現在，朱元璋聽到李賢妃懸梁自盡了，滿懷的痛苦和憐惜一起在心頭湧動。朱元璋真想大哭一場，但終於還是忍住了。

李賢妃之死給朱元璋帶來了悲傷，他的精神每況愈下，經常陷於恍惚之中，一閉上眼便看到李賢妃在縹緲的雲霞中一再出現，彷彿是在迎接他共登仙界。

「賢妃，安心去吧，不要埋怨朕偏心，她們所有的人都要陪伴朕去天上！」

諸王跋扈，不把皇太孫放在眼裡，幾乎是盡人皆知的事。朱允炆更是心知肚明，心裡萬分驚恐卻只能裝作若無其事。今天聽到皇上說「四叔厲害」，方才知道，無比聖明的皇爺爺正在為自己擔心呢。

隨後，朱允炆在東角門裡祕密召見太常寺卿黃子澄，黃子澄曾做過自己的伴讀，他想聽聽親密朋友的看法。朱允炆命左右退下了，便悄悄地問道：「諸王都是我的長輩，他們手握重兵，虎視眈眈，我該怎麼辦呢？」

年輕的黃子澄搖頭答道：「臣覺得沒有確鑿的把柄，不便採取行動。」

「還是有備無患的好呀。」朱允炆又說道。

黃子澄低頭沉思了一陣子，肯定地答道：「諸王的護衛，數目並不大，至多可以應付警戒自衛，倘若貿然舉事，天子以六師問罪，哪個能夠抵抗？漢代諸侯作亂，七國不謂不強盛，終於身敗名裂，原因在何？一在大小強弱不同，二在順逆正邪有別，望殿下毋憂。」

後來，朱允炆的防範舉動被燕王朱棣刺探了去，朱棣簡直恨死了這個皇侄兒。

進入炎熱的五月，朱元璋已經起不了床了。朱允炆晝夜守護在床邊，進奉湯藥，伺候坐臥，連痰盂溺鉢都不讓宮女動手。皇帝疼痛的呻吟中，聲聲呼叫的也都是皇太孫。好多個晚上，朱允炆徹夜坐在病榻邊目不交睫。

看著仁愛孝敬的皇太孫一天天地憔悴消瘦，朱元璋又憐又痛，他越來越擔心傳給皇太孫的江山社稷會被別人奪走。此時，最大的威脅就是燕王朱棣。雖然朱元璋已經把老四的危險明白地告訴了小孫兒，但仍然覺得防範不足。

思來想去，朱元璋決定立即降旨給諸藩王：不準借奔喪之機聚集京城，封地的所有人馬，也一律歸朝廷調遣。讓你們遠離京師，手裡又沒有人馬，

看你們如何奈何得了我的皇太孫？

　　與此同時，朱元璋還在思考著一個智謀超群，忠貞不貳，可以託孤寄命的大臣。經過一番推敲比較，他早已留意的兵部右侍郎齊泰是最為理想的人選。

　　於是，朱元璋便命人將齊泰召到病榻前，無比信賴地對齊泰說道：「齊泰，你德才耿忠俱全，不愧是朕的好臣子。朕早就打算重用你，在我歸天之後，就由你做新皇帝的顧命大臣吧！」

　　「陛下託以重任，微臣感恩不盡，只恐力不勝任呀！」齊泰慌忙跪地推辭。

　　「齊泰，你不必推辭。只有你才是朕信得過的人，你可不能辜負朕的重託呀！」隨後，朱元璋又口授著，讓齊泰寫下了他的遺詔：

朕受皇天之命，庸大任於世，定禍亂而偃兵，安生民於市野，謹撫馭以膺天命。三十一年，憂危積心，克勤不怠，務有意於民。奈何起自寒微，無古人之博智；好善惡惡，不及遠矣。今得萬物自然之理，其奚哀念之有。皇太孫允炆，仁明孝友，天下歸心，宜登大位，內外文武臣僚同心輔政，以安吾民。喪祭儀物，毋用金玉。孝陵山川因其故，毋改作。天下臣民，哭臨三日，皆釋服，毋妨嫁娶。諸王，臨固中，毋至京師。王國所在文武吏士，悉聽朝廷節制。唯護衛官軍聽藩王節制。諸不在令中者，推此令從事。

　　垂危的朱元璋，深感諸王跋扈難訓，不惜囑告再三。無奈，已經沒有人願意聽他的嘮叨了。第二天，翁妃與李淑妃前來侍奉湯藥。朱元璋怔怔地望著兩位亭亭玉立的愛妃，欲言又止。

　　翁妃是一位蒙古族女子，14歲入宮，今年25歲。李淑妃今年26歲。翁妃猜到皇上有話要說，便俯身問道：「皇上有何吩咐？」

　　朱元璋伸出一雙大手，一手一個，牽著兩位妃子粉妝玉雕般的纖手，斷

斷續續地問道：「你們……願意……長久地……侍奉朕嗎？」

「願意，願意。」兩位妃子一起跪到地上齊聲回答。

「來呀，每人，給她們每人一條白練！」

二妃一聽，方才恍然大悟：皇上所說的要她們「長久侍奉」，原來是要她們死！兩人幾乎同時癱倒在地上。兩人在太監的幫助下，緊步李賢妃的後塵，懸梁自盡了。隨後，朱元璋又降旨：在他升天之後，所有嬪妃都要跟梓宮（棺槨）一起走，到天界去陪伴自己。殉葬官人的父兄重重賞賜：官升三級，輩輩世襲。

朱元璋感到自己終於要走到生命的盡頭了。這一天的天氣非常好，太陽溫暖地照著整個皇宮。當朱元璋睜開細長的雙眼時，太陽已經將皇宮曬得暖烘烘的了。朱元璋想爬起來，但自己卻怎麼也爬不起來。貼身的太監張衛侯一直在注意著他，這時便走到了朱元璋的龍榻前。朱元璋對他說道：「去傳皇孫來見。」

朱元璋見到朱允炆後，似乎感覺精神了許多，他把目光向左右一掃，那兒原來站著的宮女、太監立即消失得無影無蹤。朱元璋提醒他的孫兒說：「燕王不可不考慮啊！」

其實，在最近的這些日子裡，朱元璋都在考慮燕王的事。昨夜，他竟然夢見燕王龍袍加身，他這才一起身就喚來皇孫，企圖亡羊補牢。朱允炆聽到爺爺提起他的叔父燕王朱棣，不由得眼睛一亮。

近年來，朱允炆協助朱元璋打理朝政，越來越明顯地感到：親王們的翅膀已經很硬了，年輕的自己幾乎是掉進了狼群之中。這一段時間來，爺爺又常常生病，許多時候朝政是他在代表爺爺打理，由此，朱允炆更感到了親王們特別是叔叔朱棣的壓力。

說完這些話後，朱允炆突然看到朱元璋呼吸急促起來，他驚慌地看著爺

爺，看著這威嚴無比的皇帝，大聲呼喚著：「爺爺！爺爺！」但是，一切都已經來不及了。世上所有的人都會有所遺憾，獨裁的皇帝同樣也是如此，當朱元璋的生命已經走到了最後的那一刻時，以後所有發生的事情，他也只能眼巴巴地任其發生了。

西元 1398 年，閏五月乙酉的這一天，朱元璋在自己的孫子朱允炆面前，帶著深深的遺憾走完了生命的最後一刻。

皇帝駕崩，喪事辦得很隆重 —— 朱元璋早就已經安排好了自己的後事。他的陵墓修在了鐘山南麓，被稱為孝陵，方圓 45 華里，規模也是十分地宏偉。皇后馬秀英在孝陵中已經等了 15 年，朱元璋這一去，二人便可以團聚了。

朱元璋即使是死後，也充分地暴露出了他的殘忍與自私。按照朱元璋生前的遺願，為他進行了嬪妃的殉葬制。40 個嬪妃，除了李賢妃和兩個死在朱元璋之前的，其餘 37 個年輕鮮活的生命，都活活地為他殉葬而死。這簡直太殘酷了！

或許是得了朱元璋的血統，承接了他這種殘忍自私的個性，到了朱元璋的子孫後代，成祖、仁宗、宣宗和景帝等，這種殉葬方式竟然成了皇室公開的慣例，以致幾代下來，死於殉葬的嬪妃人數竟然達到了 800 多人。

活人給死人陪葬，本是萌芽於氏族社會末期。在春秋以後，人殉之事並不多見了。但是，到了秦始皇時，又出現了以人殉葬的制度。後來，隨著秦朝的滅亡，這種制度基本上就已經消失了。可是誰又能想到，大明朝的皇帝朱元璋又使其再一次興起。

在皇上的龍體被運往孝陵時，似乎舉國都在為他傷心地落淚。但其實不然，就連他最親的人也沒有表現出半點的傷心。朱元璋用盡了所有的手段來讓朱家的後裔順利接班，而正式走到政治舞台的朱允炆卻偏偏遇到了最棘手的大麻煩，那就他的眾多的叔叔對他的皇位都在虎視眈眈。

　　朱允炆依據遺詔，禁止諸王奔喪。也因如此，諸王顯得很不高興，從而加深了對朱允炆的不滿。洪武三十一年閏五月十六日，皇太孫朱允炆即皇帝位，詔以明年為建文元年。同日，葬朱元璋於孝陵。從此，大明開國之君便長眠於南國金陵鐘山之陽，謚號高皇帝，廟號太祖。

　　皇帝歸天，朱允炆繼承大統的消息很快便傳到了北平。燕王朱棣搶在遺詔送達之前，急忙南下奔喪。為了防止變生於萬一，朱允炆接受了齊泰的建議，把皇帝的靈柩只停放了7天便匆匆進行了安葬。當朱棣一行人趕到淮安的時候，新皇帝便以皇帝入土為安的名義，敕令他遵照遺詔立即返回防地。朱棣無奈，只得悻悻而歸。

　　閏五月十九日，齊泰被任命為兵部尚書，黃子澄被提升為太常寺卿兼翰林學士，參與機密的商討。晉封的時候，朱允炆問黃子澄：「先生還記得東角門的話嗎？」

　　「臣不敢忘記。唉，當時，臣低估了燕王！」

　　「亡羊補牢，猶未為晚。愛卿，你趕快為朕設法削藩。」

　　一個月後「削藩」付諸行動，朱棣的同母弟周王朱橚，犯有謀反罪，被廢為庶人。隨即，湘、代、齊、岷諸王，也相繼被廢。與此同時，緊急調兵遣將，預防燕王有不軌的行動。

　　而朱棣悵然返回北平後立即準備起事，他遴選將帥，收羅軍卒，在元故宮的樹蔭深處，日夜操練兵馬，在道地裡趕造兵器……一場奪位戰，緊鑼密鼓地展開了。

　　在朱元璋死後的第二年，改元建文。朱元璋生前雖然把杖上的棘刺都去掉了，可他最不願意看到的事情還是發生了：兒子和孫子動起了刀槍！這年六月，正當建文帝準備向燕王開刀時，朱棣搶先動手，以「清君側」；討伐奸臣齊泰、黃子澄為名，舉兵造反。他率領著「靖難之師」，浩浩蕩蕩地向南方撲來，多災多難的北方百姓，重新陷入了戰火兵燹之中。

建文帝先後派出耿炳文、李景隆為征北大將軍，率領數十萬大軍北上迎敵。無奈，師老無功，節節敗退。建文四年，朱棣率部渡過長江，一舉攻下金川門。建文帝自知大勢已去，帶領全家舉火自焚。

京城成了一片火海，沖天的烈焰，滾滾的煙塵，攜帶著建文帝的龍床御案、畫棟雕梁，以及朱元璋書寫在殿壁上的典章祖訓，也攜帶著朱元璋的憂心和朱允炆的冤魂，向邈遠的太空飄去……

作為明朝的開國皇帝，朱元璋全面奠定了明朝的政治、經濟、文化格局，其影響之深不僅在於上層，而且通達於普通人民的社會生活，不僅是在明朝，而且及於後世。

朱元璋提出的恢復漢官之威儀，全面改變了元朝以蒙古貴族為主體的政治結構。他實行的愛民及與民休息的政策，使國計民生得到了迅速地恢復發展，為大明盛世奠定了基礎。

朱元璋建立了皇權極端專制的統治，對人性的張揚特別是對民主意識、民主社會的發展有著極大的破壞性和阻礙性，以此來說給後世留下了惡劣的影響。

朱元璋的分封諸王的政策，給後世發生宗室動亂埋下了禍根。朱元璋建立的一套國家管理制度，加強了中國君主宗法制國家管理，維持了明朝200多年的統治，為後來的清朝所繼承，是中華傳統政治的一個經典。

朱元璋促進了中國統一多民族國家的發展，他保持了中國和周邊國家的和平友好往來，從而極大地推動了更大範圍內國際秩序的建立。

總之，朱元璋是一個極具傳奇色彩、極具個性的人物。朱元璋對中國的歷史發展產生了重大的影響，同時，他也是中國歷史上對後世影響最大的幾位重要帝王之一。

附錄：朱元璋年譜

元天曆元年（西元 1328 年），農曆八月初八，朱元璋生於江蘇省盱眙縣靈跡鄉紅廟裡，乳名重八。

天曆二年（西元 1329 年），李善長父親李秀才和宮員外與懷遠軍聯合，共建江淮義軍，保兩淮人民安全。而後，朱元璋啟蒙之師—皇覺寺長老為他起名叫朱之璋。

至正四年（西元 1344 年），因水災、旱災、荒災和瘟疫，半月內，父母長兄相繼死亡，朱元璋無依無靠，南尋長姐無音，汪氏老母，送他入皇覺寺出家為僧。得到文德祝、武高彬二位長老傳藝。

至正八年（西元 1348 年底），朱元璋回皇覺寺，再次學藝。

至正十一年（西元 1351 年），五月，韓山童被捕遇害，其妻楊氏與子韓林兒逃脫。潁州劉福通起義，以紅巾為號，陷潁州。

至正十二年（西元 1352 年），全國十四支農民軍爆發起義，朱元璋投奔濠州郭子興部隊，改名朱元璋，字國瑞。郭子興將義女馬秀英嫁給朱元璋。同年九月，元相脫脫率十萬大軍攻打徐州，大將徹裡不花占臨淮鎮，又圍攻五河縣城，朱元璋率兵救五河，回兵全殲徹裡不花，收復臨淮鎮。年底，朱元璋返鄉招募義士七百人參加紅巾軍回來，救出被趙君用、孫德崖囚困的郭子興，小明王升朱元璋為江淮紅巾軍鎮撫總監。

至正十三年（西元 1353 年），朱元璋略定遠，下滁州。張士誠起義，攻占泰州、高郵，稱誠王，國號大周，建元天佑。

至正十四年（西元 1354 年），元丞相脫脫大敗張士誠於高郵，分兵圍六合，朱元璋率兵赴援。

至正十五年（西元 1355 年），小明王封郭子興為滁王，朱元璋為副帥，郭子興病故，由子郭天敘為都元帥。五月初五，朱元璋聯合巢湖水軍強渡長江，直取採石，繼而又攻下太平。

至正十六年（西元 1356 年），因元軍降將出賣，都元帥和右副元帥遇害，湯和、蔣忠率江淮義軍收復濠州。朱元璋攻打集慶，元將陳兆先所部三萬六千人投降，五月初十攻下集慶。元水寨元帥康茂才領眾五十萬人歸降。朱元璋改集慶路為應天府。

北紅巾軍統領稱帝，封朱元璋為樞密院同僉、中書省平章，朱元璋檄文拒之，自稱江淮義軍明公。

至正十七年（西元 1357 年），北紅巾軍主力北上進攻元軍，同時朱元璋以應天為基地兵分三路，陷鎮江、克長興，親自率兵攻下寧國，掃平了東面、東南和南面的元軍、張士誠、徐壽輝的勢力，壯大了自己的軍事力量。其間為解決部隊缺糧問題，他命康茂才為營田使，組織將士五十萬人屯田萬頃，緩解徵賦過重的矛盾。

至正十九年（西元 1359 年），朱元璋兵克諸暨、衢州、處州等地，命寧越府立郡學。

至正二十年（西元 1360 年），陳友諒攻應天，朱元璋大敗之。

至正二十一年（西元 1361 年），元順帝和北紅巾軍龍鳳帝（小明王）同時加封朱元璋為吳國公。

至正二十三年（西元 1363 年），朱元璋延小明王居滁州，張士誠自立為吳王，停止運糧至元都。

至正二十四年（西元 1364 年），朱元璋自立為吳王，建百官。

至正二十六年（西元 1366 年），五月，朱元璋命徐達、常遇春攻張士誠根據地。十二月，朱元璋遣廖永忠迎小明王於滁州，中途沉之於江，宋亡。

至正二十七年（西元 1367 年），徐達等執張士誠，吳亡。

明太祖洪武元年（西元 1368 年），朱元璋四十一歲，正月初四，在應天府登基，國號大明，年號洪武，立馬氏為皇后，朱標為太子。命李善長為左丞相，徐達為右丞相。同年八月，義軍占領元大都，改名為北平府，統治中國九十八年的元朝宣告滅亡。

常遇春在開平奪回傳國玉璽，回大都途中，中暑而亡。胡大海征安南得勝還朝途中，中毒而亡。徐達兵出玉門，征天山，把蒙古察哈爾國趕到印度去了。

洪武二年（西元 1369 年），朱元璋制定內侍官制，編撰《祖訓錄》，決定興建中都—鳳濠府，下管八個州。

洪武三年（西元 1370 年），二月，明軍兩路北征。四月，徐達率西路軍大敗擴廓帖木兒部於沈兒峪口，戰果甚大。四月二十八日，元順帝駕崩於應昌。五月，李文忠所率東路軍克應昌，元太子逃竄。七月，楊憲被誅。十一月，朱元璋大封功臣，李善長、徐達、常茂（常遇春之子）、李文忠、馮勝、鄧愈等六人封公，湯和、廖永忠等三十人封侯。

洪武八年（西元 1375 年），詔天下立社學。劉基被毒死。元將擴廓帖木兒卒。

洪武三年至九年（西元 1370—西元 1376 年），朱元璋重點抓三事。第一，發展生產，洪武三年從蘇州、松江、嘉興、湖州、杭州等地強行遷移無業農民四萬戶到濠州墾荒，又號召黃河以北的山西、山東居民到淮河兩岸開墾，發農具，規劃土地，免徵三年稅賦，結果山東等地遷到兩淮居民達二百萬人。

朱元璋認為「養兵而不病於農者莫若屯田」。同時沒收元蒙古貴族財產，在鳳陽地區圈

地強迫他們從事農業生產，最多時達到六十萬戶，洪武八年正式頒布《屯田法》。

第二，堅決殺貪除暴安民，禁止流民流動，就地安排生產自食。

第三，加強中央集權制，大封諸子為王，鎮守邊防要塞。同時大封功臣，提倡興辦社學，設科舉取士廣攬天下人才。最有名的著作是《拔儒僧入仕論》、《儒道佛三教合一論》。

洪武十年（西元 1377 年），李善長辭官，告老還鄉。

洪武十三年（西元 1380 年），左丞相胡惟庸以擅權誅，坐其黨死者甚眾。廢中書省及丞相等官，提高六部官秩。安置宋濂於茂州，死於道。

洪武十五年（西元 1382 年），皇后馬氏卒。空印案發，誅傷者數萬人。

洪武十七年（西元 1384 年），曹國公李文忠被毒死。

洪武十八年（西元 1385 年），魏國公徐達亡。戶部侍郎郭桓坐盜官糧誅，被殺者數萬人。

洪武二十三年（西元 1390 年），韓國公李善長黨胡惟庸案發，坐誅，牽連被殺者甚眾。

洪武二十五年（西元 1392 年），四月，太子朱標薨，年三十八，謚曰「懿文」。六月，沐英病卒於雲南，年四十八，追封「黔寧王」。沐英系朱元璋養子，自小陪伴朱標一起長大，感情異常親密，因哀傷太子過度而染病。

洪武二十六年（西元 1393 年），二月，「藍玉案」發，涼國公藍玉等被殺，此案牽連被殺者前後達一萬五千餘人。鑒於殺戮過重、枉法難制，朱元璋正式廢除錦衣衛。

洪武二十七年（西元 1394 年），潁國公傅友德坐誅。

洪武二十八年（西元 1395 年），二月，馮勝被逼死。三月，二子秦王朱樉病死。八月，湯和病死，年七十，追封「東甌王」。截至朱元璋生前，開國元勛僅剩下長興侯耿炳文與武定侯郭英。

洪武三十年（西元 1397 年），正月，耿炳文為征西將軍，郭英副之，巡西北邊。八月，命李景隆（李文忠之子）為征虜大將軍，練兵河南。「南北榜事件」發生，劉三吾等考官被打成了替罪羊，或充軍或被殺。

洪武三十一年（西元 1398 年），朱元璋七十一歲，病死南京，葬鐘山孝陵，與馬皇后合葬深山處，謚號高皇帝，廟號太祖。長孫朱允炆繼位，年號建文。

和尚起義明太祖

從前功高震主，一朝兔死狗烹，嗜殺臣下卻仁愛百姓

作　　者：陳深名，鹿軍士

發 行 人：黃振庭

出 版 者：崧燁文化事業有限公司

發 行 者：崧燁文化事業有限公司

E-mail：sonbookservice@gmail.com

粉 絲 頁：https://www.facebook.com/
　　　　　sonbookss/

網　　址：https://sonbook.net/

地　　址：台北市中正區重慶南路一段六十一號八
　　　　　樓 815 室

Rm. 815, 8F., No.61, Sec. 1, Chongqing S. Rd.,
Zhongzheng Dist., Taipei City 100, Taiwan

電　　話：(02)2370-3310

傳　　真：(02)2388-1990

印　　刷：京峯彩色印刷有限公司（京峰數位）

律師顧問：廣華律師事務所 張珮琦律師

定　　價：420 元

發行日期：2022 年 08 月第一版

◎本書以 POD 印製

國家圖書館出版品預行編目資料

和尚起義明太祖：從前功高震主，
一朝兔死狗烹，嗜殺臣下卻仁愛百
姓 / 陳深名，鹿軍士著 . -- 第一版 .
-- 臺北市：崧燁文化事業有限公司，
2022.08
　面；　公分
POD 版
ISBN 978-626-332-598-2(平裝)
1.CST: 明太祖 2.CST: 傳記
626.1　　111011612

電子書購買

臉書